교사에게 강요된 침묵

: 정치적 중립의 역설

교사에게 강요된 침묵

: 정치적 중립의 역설

초판 1쇄 인쇄 2022년 10월 13일
초판 1쇄 발행 2022년 10월 24일

지은이 설진성
펴낸이 김승희
펴낸곳 도서출판 살림터

기획 정광일
편집 이희연
북디자인 이순민

인쇄.제본 (주)신화프린팅
종이 (주)명동지류

주소 서울시 양천구 목동동로 293 22층 2215-1호
전화 02) 3141-6553
팩스 02) 3141-6555
출판등록 2008년 3월 18일 제313-1990-12호
이메일 gwang80@hanmail.net
블로그 https://blog.naver.com/dkffk1020

ISBN 979-11-5930-238-1 03370

교사에게 강요된 침묵

: 정치적 중립의 역설

설진성 지음

알림터

교사정치기본권 회복 운동의 기폭제가 되기를

곽 노 현 징검다리교육공동체 이사장. 전 서울시교육감

몹시 기쁘다. 꼭 필요한 책이 나왔다. 내가 알기로는 교원의 정치기본권 문제를 다룬 국내 최초의 단행본이다. 대학교수가 아니고 직접당사자인 현장 교사가 내서 더 의미 있다. 2등 시민의 지위를 강요받는 50만 교원에게도 경사가 아닐 수 없다. 공통의 관심사에 대해 쉽게 접근 가능하고 탄탄한 논거를 갖춘 책이 드디어 나왔기 때문이다.

저자 설진성은 현직 초등교사다. 일찍이 교육학 박사학위를 취득했을 만큼 학구열이 강하고 연장할 수 있는 수석교사직을 내려놓고 혁신학교를 자원했을 만큼 교육 열정이 남다르다. '징검다리교육공동체', 『교육정치 그 밖에』, '교사정치학교' 등 교육 시민단체에서 임원으로 활동하며 실천 근육도 키웠다. 이 모든 것이 힘을 합해서 이 책을 만들어냈다.

현행법은 교사들의 집단행동, 정당가입, 선거운동, 선거출마, 정치후원을 금지한다. 다시 말해서 50만 교원은 선거권을 제외한 정치적 시민권을 박탈당한 채 2등 시민의 삶을 강요받는다. 결과적으로 유·초·중등교육을 다루는 각급 의회에선 교육 전문가인 유·초·중등교사 출신을 찾아보기 어렵다. 대표되지 않는 것이다.

이는 첫째, 민주주의 문제다. 무려 50만이나 되는 교원 집단이 국가의 주인으로 인정받지 못하고 대표되지 못하기 때문이다. 결과적으로 우리나라의 정치과정에서는 교사의 목소리가 들리지 않는데 그의 가장 큰 피해자는 아이들이다. 교육 전문가인 교원의 목소리가 잦아들면 아이들의 올바른 성장과 발달이라는 교육의 본질과 가치가 정치과정에서 대변되기 어렵기 때문이다.

둘째, 인권 문제다. 정치기본권은 기본권 실현을 위한 중핵적 기본권이라서 제약이 필요하더라도 최대한 신중하게 최소한의 제약에 그쳐야 한다. 그런데도 현행법은 교육의 정치 중립성을 위한다는 명분으로 과도하고 부당한 제약을 가한다. 교원에게 요구해야 하는 것은 교사의 교육활동 중 정치 중립성이지 근무시간 밖 정치 중립성이 아니다.

셋째, 교육 문제다. 각급 의회는 교육 전문가 출신이 없는 탓에 포퓰리즘에 빠져 교육 잡법/잡정책/잡예산/잡무를 양산한다. 다시 말해서 교육정치가 교육 본질과 가치에서 벗어나는 경우가 많은데 이는 교사는 물론이고 아이들에게 좋지 않다. 미시적으로는 교사들의 정치활동 기회가 차단돼 교사들이 생생한 민주시민교육을 하는 게 어렵다.

교사의 정치기본권을 우리나라처럼 전면 금지하는 선진국은 없다. 교사들이 정치적 시민권을 쟁취하기 위해서는 교사 집단이 일치단결해서 요구할 뿐 아니라 세뇌 교육에 대한 막연한 불안 심리를 덜어낼 비책을 내놓아야 한다. 이래야 무사안일 국회를 움직일 수 있고 이래야 대중 추수 헌법재판소도 덩달아 움직일 것이다. 피해 주체의 각성이 최우선이다.

해법은 단순명쾌하다. 근무시간 중 교사로 활동할 때는 정치중립성을 요구하되 근무시간 밖, 학교 밖에서 시민으로 활동할 때는 정치적 자유를 인정하는 방안이 그것이다. 어떤 본격적인 캠페인도 설득력과 선동성 있는 책의 출판으로 첫발을 떼는 법이다. 설진성 선생의 이 책이 50만 교사의 필독서로 떠올라 교사정치기본권 회복 운동의 새로운 기폭제가 되기를 학수고대한다.

교사가 읽어야 할
정치기본권 회복 이야기

강 신 만 『교육정치, 그밖에』 대표

『교사에게 강요된 침묵: 정치적 중립의 역설』 출간을 진심으로 축하합니다. 그리고 환영합니다. 이 책은 향후 교사의 정치시민권 회복 운동에 큰 힘이 될 것입니다. 무엇보다 '홍길동교사당', '교사정치기본권찾기연대', 『교육정치, 그밖에』, '교사정치학교' 등 교사의 정치기본권 회복을 위해 함께 단체를 결성하고 함께 투쟁해온 설진성 선생님이 출간하는 책이라 더욱 신뢰가 갑니다.

내년이면 50만 교원의 정치시민권이 박탈된 지 60년입니다. 긴 시간 동안 교원의 정치시민권을 박탈한 사회가 어떻게 대한민국 교육 발전을 가로막아왔는지, 그리고 교사의 사회적 권위를 무너뜨려 왔는지 많은 사람이 이 책을 통해 이해의 폭이 커졌으면 좋겠습니다. '무슨 엉뚱한 소리?' '교사의 정치시민권 박탈과 교육 발전이 무슨 상관이람?'이라고 주장할 사람도 있겠습니다. 그리고 더 나아가 교사의 정치기본권 회복을 주장하면, '교사가 무슨 정치?' '정치적 중립을 지켜야 할 교사가?'라며 비판할 사람도 있겠습니다.

이런 현실 속에 설진성 선생님은 이 책에서 다른 나라의 구체적인 사례와 자료 탐구, 그리고 자신의 투쟁과 논쟁의 장에서 형성된 철학을 바탕으로 모두가 궁금해하는 많은 내용을 담아냈습니다. 50만 교사들이 한 번은 꼭 읽어보길 소망합니다.

교사, 공무원, 정치인의 필독서로
자리매김하길

박 동 국 전 서울시교육청 및 서울시청 교육자문관

교사의 정치기본권을 떠올리면 할 말이 정말 많다. 한마디로 정치에 대해 차분하고 깊이 있게 바라봤으면 하는 생각과 바람이 매우 크다. 우리가 매일 접하는 방송과 신문에서 첫 번째 기사는 대부분 정치 분야이고 국회에서 교섭단체 대표연설과 대정부 질의도 정치가 첫 번째이다. 국립국어원 표준국어대사전에서 '정치'를 검색하면 "나라를 다스리는 일. 국가의 권력을 획득하고 유지하며 행사하는 활동으로, 국민이 인간다운 삶을 영위하게 하고 상호 간의 이해를 조정하며, 사회 질서를 바로잡는 따위의 역할을 한다"라고 설명하고 있다. 이처럼 우리의 일상생활에 정치가 차지하는 비중이나 사전적 정의를 보더라도 정치의 중요성은 차고도 넘친다. "대한민국은 민주공화국이다. 모든 권력은 국민으로부터 나온다"라고 헌법 1조에서도 말하듯이 정치를 비틀어 보지 않았으면 좋겠다는 생각이다. 정치가 발전되어야 민주주의가 발전되고 민주주의가 발전된 국가가 행복 지수가 높다는 사례를 늘 접하고 있기 때문이다.

교사의 정치기본권 보장과 관련하여 지금으로부터 3~4년 전에 주목할 만한 일들이 있었다. 2018년 3월 26일 문재인 대통령은 개헌안 7조 3항에 "공무원은 직무를 수행할 때 정치적 중립을 지켜야 한다"를 신설하였고, 2019년 4월 29일 국가인권위원회는 공무원·교원의 전면적 정치적 자유 제한은 인권 침해라 규정하고 국회의장과 정부에 공무원·교원 정치적 자유 제한 관련 법규를 개정할 것을 권고하였다. 하지만 지금까지도 현실적인 변화가 이루어지지 못하고 있는 안타까운 상황이다.

마침 설진성 선생님의 『교사에게 강요된 침묵: 정치적 중립의 역설』 출간 소식을 듣고 정말 기뻤고 또한 놀라기도 했다. 설진성 선생님은 그간 교사의 정치기본권 보장을 위해 교사정치기본권찾기연대 집행위원, 교사정치학교 교육과정위원장 등을 맡아 헌신적으로 활동하는 중이라 이렇게 책까지 내기는 쉽지 않은 일이었으리라 짐작된다. 이 책은 교사의 정치기본권에 대해 모든 것을 담았다고 할 수 있다. 정치적 중립에 대한 개념과 배타적 정치 중립이 아닌 참여적 정치 중립의 필요성, 참정권 회복을 위한 앞으로의 과제도 자세히 소개하고 있다. 교사와 공무원 및 국회에서 일하시는 분들은 꼭 읽어보시기를 적극적으로 권유한다. 한국 교육의 상상력을 더하기 위해서라도 교사의 정치기본권은 하루빨리 확보되어야 한다.

강요된 침묵이라는
덮개를 열어보자

'정치'라는 낱말은 학교 교육 분야에 종사하는 분들에게는 왠지 부담스러워서 불편한 낱말들이 뒤이어 연상되는 것 같습니다. 당장 교육을 대표하는 학교 안에서의 문화를 보더라도 그렇습니다. 학교의 구성원이 교원, 학생, 보호자인데 이들의 공동체가 바라보는 학교는 단순히 교과서의 내용을 가르치는 곳이라는 좁은 시선에 사로잡혀 있는 것 같다는 생각도 듭니다. 정치는 우리가 사는 생활세계와는 무관하고 여의도 국회의사당이나 정부청사, 용산 대통령실에나 어울리는 말인 것처럼 느껴지니까요.

학교를 규정하는 제도가 정치라는 낱말을 더욱 낯설게 만들기도 합니다. 교육제도를 규정하는 것이 교육 관련 법과 교육정책이라고 볼 수 있을 텐데, 정치와 관련해서 가장 흔하게 연상되는 낱말이 '금지'이지 않을까 합니다. 국가공무원법, 정당법, 공직선거법, 정치자금법, 교원노조법 등이 교사의 참정권을 금지할 수 있던 기반은 대한민국헌법이라고 보는 것이 일반적인 시선입니다. 그러나 대한민국헌법은 교육의 정치적 중립과 공무원의 정치적 중립을 법률로 보장하라고 선언하였습니다. 국민을 위한 보장 방법은 헌법정신에 맞아야 하는데 여러 법률이 서로 매우 어긋나 있습니다. 물론, 저는 주권재민과 만민평등을 위해 정치적 중립 정신이 꼭 필요하다는 점에 동의합니다.

그러나 헌법의 정치적 중립을 근거로 하여 교사의 참정권을 금지한 현행법들은 대한민국의 민주주의 지표를 낮추고 있습니다. 민주주의 사회는 새로운 민주시민이 계속 충원되어야 하는데 그 법들이 민주시민 재생산 역할을 하는 학교와 교사의 활동을 억누르는 기제가 되는 점이 역설로 작동하고 있습니다. 국민이 온전하게 교육받을 권리를 위해 정치적 중립성을 보장해야 할 법들이 엉뚱하게도 교사의 참정권을 부정하고 억눌러 국민의 교육권마저 위협하는 상황이 된 것입니다.

교사가 학생을 민주시민으로 키우려면 학교 안에서는 배움이 있는 모든 교육과정, 학교 밖에서는 교육정책 속에서 자율성과 전문성을 발휘하여야 하는데 이 법들이 헌법이 보장하는 교육의 자율성과 전문성을 옥죄는 족쇄가 되고 있습니다. 심지어는 학생들이 학교와 학급 안에서 벌어지는 중요한 일에서도 민주적 의사결정을 배울 기회를 잃어버리기도 합니다. 교사들도 학생보다는 보호자, 보호자보다는 학교, 학교보다는 교육청, 교육청보다는 교육부가 정해 놓은 규정과 규칙에 따라 움직이는 것을 선호하게 됩니다. 따라서 학생들은 갈등이 있는 사회적 현안을 마주하면서 나타나는 갈등과 감정을 어떻게 해소하고 공동체의 가치를 높일지 배우는 기회를 잃어버립니다.

이 책은 헌법이 규정한 교육의 정치적 중립성과 제반 법률이 규정하는 공무원의 참정권 금지가 서로 어긋나 유발하는 모순성에 주목하였습니다. 교육의 정치적 중립성은 교사가 중립적으로 교육과정을 펼쳐서 실현할 수 있는 것이므로 사적인 생활에서 교사의 참정권을 구속하는 것으로 달성하지 못한다는 점입니다. 오히려 교사의 사적인 생활세계에서 참정권을 박탈하는 현재 구조는 교사의 민주시민성을 약화하고 민주시민교육 역량을 떨어뜨리는 등 교육의 전문성과 자율성을 위협하는 요인이 되고 있습니다. 또한, 교육이 고립되면서 정치 세력이 교육 영역에 무관심하거나 교육을 함부로 다루는 부작용이 나타나고 있습니다. 교사만 교육을 잘 아는 것은 아니지만 적어도 교육 현장에서 비롯되는 실천적 대안들이 정당과 정부의 교육정책에 반영될 가능성을 떨어뜨립니다.

저는 이러한 모순적인 상황이 왜 개선되지 않는지, 언제부터 이런 구조가 고착화되었는지 알아보고자 하였습니다. 시원(始原)을 밝히는 차원은 다양하겠습니다만 먼저 교육제도를 규정한 법률이 변화되는 과정을 중심으로 살펴보았습니다. 법률은 사회의 보편적 문화가 변화하는 것을 담는다고 하지만 참정권은 예외인 것 같습니다. 1987년 6월 민주화운동, 군부 정권의 종식과 선거에 의한 정권 탄생, 진보 세력의 집권, 2016년 촛불혁명, 진보 정당의 국회 점유 등 우리나라의 민주주의가 한 걸음씩 전진하는 마당에도 박정희 군사정부 시절에 박탈된 교원의 참정권은 회복되지 않았고 그런 채로 무려 60년이 되어갑니다. 국제적으로도 교사의 참정권이 박탈된 모습은 대한민국의 성숙한 민주주의 지수에 걸맞지 않은 것으로 사회의 여러 부분에 숨겨진 비민주적 구조 중에서도 으뜸이지 않을까 싶습니다.

그러면 교사의 참정권을 회복하기 위해 교사 진보 세력은 어떻게 사회의 공론장에 접근해야 할까요? 기본권이라는 것이 타협의 대상은 되지 않겠지만, 교사의 참정권이 미치는 영향력, 지속성, 접근성 등에 따라 일반 시민에게 동의를 쉽게 혹은 어렵게 구할 수 있을 것 같습니다. 그와 더불어 앞으로 어떻게 교사 운동을 전개해 나가야 할지 그 방향성에 대해서도 답을 구해 보고자 했습니다.

이 책이 나오기까지 많은 분에게 도움을 받았습니다. 사실 감사할 분이 차고 넘쳐서 누구를 고른다는 것이 황송한 일이 분명하지만, 그래도 이렇게 지면상으로 감사를 드리지 않으면 배은망덕을 저지를 것 같아 몇 분을 들어 감사를 드립니다. 언급하지 못한 많은 분께 가슴 깊이 감사를 드립니다.

『교육정치, 그밖에』 강신만, 김지용, 박의현, 유정혜, 김지영, 노현경 선생님과 '징검다리교육공동체'의 곽노현, 윤우현, 이창국, 손명선, 박영윤, 경복수 선생님에게 감사드립니다. '교사정치학교'의 박동국, 신현덕 선생님에게 감사드립니다. 2022년에 교사의 정치 중립성 인식에 따른 민주시민교육 실천 의지를 분석하고 있는 정옥희, 전상훈, 이명진 선생님께도 감사를 드립니다. '교사정치기본권찾기연대' 활동을 함께 한 이일권 선생님께 감사드립니다. 여러 선생님과 함께 다양한 활동과 의사소통 속에서 교육 문제의 원인과 해법을 함께 고민하였습니다. 그리고 많은 깨달음을 주셔서 고맙습니다. 교사의 참정권 박탈이 맨틀 대류처럼 상부 교육제도를 속박하는 근본 원인이라는 데 동의하고 꾸준히 함께 노력하고 있는 점에 감사드립니다.

돌이켜보면 '교사정치기본권연대'를 시작으로 하여 '징검다리교육공동체', '실천교육교사모임', '교장승진제 개혁모임', '홍길동교사당', 『교육정치, 그밖에』, '교사정치학교' 등 다양한 교원단체 활동을 진행하면서 만나는 분들과의 인연이 모두 소중합니다. 과제를 앞두고 치열하게 논쟁하기도 하고 술자리에서 동감을 나누기도 하면서 그렇게 저의 생각은 깊어진 것 같습니다.

정광일 대표와 보이지 않는 곳에서 책의 완성도를 높여준 살림터 출판사 분들께 감사드립니다. 여러 번의 환류를 통해 북돋아지는 원고의 모습을 보았습니다. 생각은 많은 데 비해 부지런하지 못하여 책이 나오는 데 오래 걸린 것 같습니다.

20년 넘게 함께 살면서 큰 힘이 되어준 아내에게 한없이 감사합니다. 일터가 학교인 공통점으로 인하여 아내의 관점이, 회전할 때마다 클릭 소리 내는 렌치 공구가 되어 어디쯤 발을 딛고 있는지, 얼마나 드라이브를 돌렸는지 깨닫게 했습니다. 자기 앞길을 찾아서 개척하고 있는 우리 아들과 딸에게도 고마운 마음이 큽니다. 필요할 때는 바쁘다고 자리에 없어서 서운했을 법도 한데 그런 티 한번 내지 않아서 고맙습니다. 집에서 권위적으로 굴 뻔해도 항상 아들과 딸이 거울이 되어서 깨닫게 해주니 고맙습니다. 특히 교정과 내용 편집을 도와준 딸에게 고마움을 전합니다.

2022년 8월 여름의 한가운데 앉아서.

설 진 성

차 례

1장

정치적 중립은
강요된 침묵

파당성이란 굴레를 쓴
교사 참정권 운동

20세기 초 영국 서프러제트(suffragette)들은 왜 선거권을 획득하고자 끈질긴 투쟁을 하였을까요? 당장 여성들이 투표권을 가진다고 하여 무슨 특별한 이익을 갖게 되었을까요? 이에 반하여 여성들에게 투표권을 주지 말아야 한다는 사람들의 명분은 너무도 뚜렷했습니다. 그들은 여성들이 감정적이고 쉽게 냉정을 잃는다고 보았고, 가정에서 자녀들에게 정치적으로 편파적인 영향을 줄 것이라고 염려하였습니다. 오히려 여성의 정치적 권리는 그들의 남편이나 형제를 통해 발휘되고 있다고 강변하였습니다. 지금 생각해 보면 참으로 우스운 논리입니다. 그러나 그 당시에 여성에게 투표권을 주지 말아야 할 이유는 차고 넘쳤으며 서프러제트 운동을 하는 여성들은 영국 사회를 불안하게 만드는 과격분자로 취급받았습니다.

2016년에 개봉한 "서프러제트" 영화 속 여성들이 가장 괴로웠던 것은 그들의 가족이 보여주는 몰이해였습니다. 주인공의 남편은 주인공의 마음을 이해해 주고 아들과 놀아주는 자상한 아빠였지만 주인공이 불복종 시위를 하는 모임에 나가면서부터 차가워지기 시작합니다. 심지어는 아들이 엄마를 볼 수 없도록 하고 집에서 쫓아내 버립니다. 이런 여성은 나쁜 영향을 주기 때문에 엄마 노릇을 할 수 없을 것이라 여기는 것 같습니다.

돌을 던져 가게의 창문을 부수고, 우체국에 폭탄을 던지며, 심지어 경마장에 뛰어들어 목숨을 내놓는 운동을 하던 그들은 밖에서는 가차 없이 시민 불복종운동을 벌이는 여성들이었지만 집에서는 한 남편의 아내요, 자상한 엄마로서 헌신적으로 아내와 엄마의 역할을 수행합니다. 이들에게 가정은 정치적인 마당이 아니므로 참정권 주장을 펼치지 않습니다. 억압적인 사회가 여성을 선별하여 차별하였기 때문에 서프러제트 여성들은 사회에 대해 불복종을 한 것이지만, 그들의 가정은 그들 스스로 보호하고 돌볼 곳이기 때문입니다.

오히려 서프러제트 여성들은 그 당시 영국 사회가 가지고 있는 선거권 차별에 대한 통념이 수직적 통제사회 구조에서 비롯되었음을 간파하고 그 폭력이 그들의 가정을 파괴하는 것을 막고 싶었던 것입니다. 영국 사회는 사람들을 왕족과 천민, 귀족과 평민, 통치자와 피치자, 경제권자와 미성년자, 남성과 여성 등으로 구별하고 어느 한쪽이 권력을 쥐고 열등한 쪽을 강력하게 통제하여 사회 질서를 유지하는 모습이었습니다. 서프러제트 여성들은 수직적으로 통제하는 사고방식과 차별의식이 그들의 가정을 장악하고 아이들의 머릿속을 채우는 것을 막고 싶었을 것입니다. 자신들의 자녀들이 여성이든 흑인이든, 심리적, 태생적, 환경적 낙인을 찍고 스스로 다스릴 수 없는 부류로 매도하고 억압하는 그런 어른으로 성장하지 않기를 바랐을 것입니다. 그들은 자신들의 아이들이 차별에 저항하는 태도, 평등한 자유를 존중하는 마음, 우리 각자가 스스로 중요한 의사결정을 할 수 있는 자치적 태도, 좀 더 많은 사람이 국민 주권을 나눌 수 있는 제도를 지지하면서 성장하기를 바랐을 것입니다.

이러한 민주적 가치는 억압적 지배 구조가 아니라 관용과 대화 속에서 피어납니다. 서프러제트 여성들은 관용과 대화의 태도로 민주적 가치를 가지고 자신들의 자녀들을 교육하고 돌보았다고 봐도 틀림이 없습니다.

이런 생각은 20세기 서프러제트이든 21세기를 살아가는 현대 여성이든 같이 가질 것입니다. 마찬가지로 현대를 살아가는 교사들도 학교에서 학생들을 정치적 중립을 지키며 가르칠 것입니다. 설령 그녀가 어느 정당에 가입한다고 할지라도, 어느 정치인을 후원할지라도, 어느 선거 후보를 지지할지라도 그녀가 학교 안에서 공무를 수행하는 순간에는 비당파적이고 중립적으로 학생들을 대하는 것은 자명합니다. 이는 사회의 양식 있는 시민들이 믿는 것처럼 거의 모든 교사가 당연하게 여길 것입니다.

물론 교사에게 빼앗은 참정권이 선거권은 아닙니다. 그러나 교사로부터 정치적 의사 표현권, 정당 가입, 후원권, 선거운동권, 출마 등을 가로막은 이유는 분명 서프러제트 여성들에게서 투표권을 빼앗은 이유와 일치하는 면이 있습니다. 그것은 자라나는 청소년에게 파당적인 영향을 줄 것이라는 점입니다. 그런 면에서 교사의 정치기본권 회복 운동은 쓸모없는 파당성 프레임을 극복한 서프러제트 운동과 비슷한 굴레를 갖고 있습니다.

교사의 참정권 회복 운동은 일반 시민과 제도권 정치를 향해 어린이와 청소년을 가르치는 것과 교사 참정권이 무관하다는 점을 설득해야만 하는 처지가 되었습니다. 마치 서프러제트가 영국 여성의 투표권은 영국 가정의 어린이와 청소년에게 파당적인 영향력을 주지 않는다고 설득하는 모습과 닮았습니다.

그런데 현대 시민의 관점으로 보면 이러한 걱정은 참으로 우스운 기우에 불과하다고 평가할 수 있습니다. 성숙한 민주주의 사회에서 각 가정의 부모들은 일방적으로 자녀에게 자신의 정치적 입장을 강요하지 않아야 합니다. 대부분 부모는 자녀의 정치적 자유를 존중할 것이며 오히려 부모의 정치적 신념을 강요하여 자녀가 선택하도록 억압할 것이라는 생각을 매우 쓸데없는 걱정이라며 우습게 여길 것입니다. 부모 자신이 정치적 신념을 자유의지에 따라 선택한 만큼 그들의 자녀도 정치적 신념을 자유롭게 선택할 수 있도록 지켜주어야 한다는 시민의식이 있기 때문입니다. 그렇다면 일반 시민들이 교사가 학생들을 파당적으로 가르치는 교육을 하리라 의심하는 것은 너무 과장된 것이 아닐까요? 일반 시민들도 다 아는 상식임에도 불구하고 어쩌다 교사가 감시당하거나 금지당하지 않으면 학생들의 기본적 인권을 침해할 것으로 의심할까요?

이 책을 읽는 모든 독자가 교사는 아닐 것이고 또한 다양한 견해를 가지고 있을 것이기 때문에 일방적으로 저의 의견을 전달하지는 않으려고 합니다. 다만 교사에게 참정권을 부여하는 것에 대하여 염려하는 목소리의 뿌리에 대해 근본적으로 검토할 시간을 가져볼 것을 권유합니다. 다음과 같은 생각을 통해 교사의 참정권을 부정하는 이들의 입장을 가늠해 봅니다.

첫째, 정치적으로 편향된 교사가 학생을 선동할 가능성을 염려합니다. 일반 국민이 가진 시선은 자신들이 공부하였던 80년대, 90년대 초반 학교 교실의 모습을 투영시킨 것입니다. 이 시기는 군사 병영 문화, 수직적 통제구조가 교실 현장에도 그대로 적용되었기 때문에 교사의 일방적인 훈육이 학생들에게 그대로 투영되던 시기였습니다. 교사의 성향이 그 당시 문교부의 교육지침을 충성적으로 따르는 것이던지, 통일과 민주화를 주장하는 것이던지 막론하고 일방적으로 작동하였던 것입니다. 과연 현재 학교와 교실 안에서도 이러한 일방적인 훈화 및 세뇌 교육이 가능할까요? 20세기 관점으로 21세기 학교를 평가하는 것은 합리적인가요?

둘째, 교육은 정치가 영향을 미치지 않는 곳이어야 한다고 생각합니다. 보호자와 국민은 현실 정치 세력이 학생들에게 직접적 영향을 미치는 것에 대하여 거부하고 싶어 합니다. 1987년 민주화운동을 거치고 탄생한 헌법은 교육의 정치 분립을 선언하고 있고, 현재 교육감 직선제 선거는 정당이 후보를 공천할 수 없도록 막고 있습니다. 이러한 모습은 교육은 정치로부터 독립해야 한다고 생각하는 국민 정서를 담은 것이라 볼 수 있습니다. 그런데 자고로 하늘 아래 국가가 관리하는 모든 영역에 정치가 영향을 미치지 않는 부분이 있을 수 있을까요? 만약 교육이 정치로부터 독립하는 것이 불가능하다면 교육을 잘 아는 교사들이 정치 세력이 과도하게 교육에 영향을 미치지 않도록 전문적으로 방어하는 것이 맞지 않을까요? 오히려 교육을 정치로부터 방어하는 든든한 벽이 없어서 정권에 따라 교육정책은 흔들리고 있는 것은 아닐까요?

셋째, 교사가 정치에 신경을 쓰면 아이들을 제대로 교육하지 않을 것이라 염려합니다. 대학교수 중에는 교수의 직을 그대로 유지하면서 각종 공직에 출마하는 경우가 있고 이들을 '폴리페서(polifessor)'라고 부릅니다. 이들에게 교수가 정치를 하는 것에 대하여 어떻게 생각하느냐 물어보면 무엇이라 답할까요? 자신의 전문영역에 대한 지식으로 무장하고 사회의 공익을 위해 정치 활동하는 것은 오히려 학생들 교육에 도움이 될 것이라 주장하지 않을까요? 적어도 교사가 오랫동안 유·초·중고등학교에서 일하면서 생긴 전문성을 견지하면서 교육정책에 목소리를 내는 것이 자신이 가르치는 아이들의 이익을 위해 바람직한 것은 아닐까요? 그렇게 사명감이 투철한 교사가 수업 현장에서 더 열심히 아이들을 가르치지 않을까요?

넷째, 교사들이 너무 이래라저래라 이야기하면 국가의 질서가 흔들린다고 염려할 수 있습니다. 교사들에게 참정권을 준다면 그들이 교육 전체의 공익을 추구하는 것이 아니라 교사 집단만을 위해 노력하는 이익집단이 될 것이라는 걱정입니다. 물론 그렇게 될 가능성이 아예 없다고 말할 수는 없습니다만 이런 현상은 민주주의 사회 안에서 모든 계급 및 계층 집단이 가지고 있는 공통적인 현상입니다. 지금 존재하는 모든 시민단체가 가진 문제점을, 미래 교사 집단에게 그 책임을 물을 수는 없지 않을까요? 그러한 염려에 비할 바 없이 큰 정도로 참정권을 가진 시민단체들은 사회 공익을 위해 여론을 이끄는 것 아닐까요? 집단 이기주의 문제에 대해서는 대안을 제시하는 것이 바람직하지, 미래의 교원 집단에 그 책임을 물어서는 안 된다고 생각합니다.

2022년 2월 현재 징검다리교육공동체 단체는 교사의 정치기본권에 대한 다큐멘터리인 "나무에 오를 수 있어요"를 만들었습니다.[1] 이 다큐멘터리 속에는 공무원의 참정권을 금지하고 있는 공직선거법을 위반하여 처벌받았던 교사들, 교사의 참정권을 회복하기 위해 헌법소원을 낸 교사들, 현재 정치적 중립이라는 굴레 때문에 자율권을 발휘하지 못하고 있는 교사 등 다양한 사람들이 등장합니다. 그중 교사가 꼭 이야기를 나누어야 할 사

회적 현안을 다루지 못하는 현실을 소박하게 고발하는 전직 교사 손명선의 이야기가 있습니다.

"2016년 촛불 시위가 매주 주말마다 이어지고 있을 때 월요일만 되면 교실이 난리 나요. 아이들이 부모들 따라서 많이 참석을 해서 그런지 시끌벅적해요. 수업 시간에 민주주의라는 말만 나오면 아이들이 책상 위로 올라가서 손을 흔들면서 …… 교실이 흥분의 도가니가 되어요. 제가 말릴 수가 없어요. 그런데 한 아이가 '선생님도 가셨어요?'라고 물어보는데, 선생님도 갔다 왔다고 말하려는데, 뭔가가 내 입을 틀어막는 거예요. 애들 표현대로 '입틀막'을 하는 거예요. (웃음)"

2016년에 교사였던 그는 왜 '입틀막'을 할까요? 아이들 앞에서 정치적 중립을 지키려는 것 아니었을까요? 아마도 아이들 앞에서 정치적 중립을 지켜야 한다는 매우 자연스러운 교사의 행동이라고 생각합니다. 아이들에게 자신의 정치적 입장을 보이지 않음으로써 교사가 혹시라도 미칠 파당성을 미연에 방지하려는 마음이었을 것입니다. 이는 당연히 교사가 아이들의 자유로운 정치적 시민의식을 지켜주기 위해 견지해야 할 마음입니다.

그런데 과연 그가 퇴근 후에 광화문 시위 현장에 나가서 정치적 신념을 외치는 시위에 참여하는 행위도 금지당해야 할까요? 이러한 행동이 학교의 근무시간 내에 행여나 학생들에게 파당적으로 가르치는 것으로 연결될 것이라 단정할 수 있나요? 교사라면 퇴근 후에 개인으로서 정치적 표현도 금지되어야 하는지 묻고 싶습니다. 교사의 정치적 중립이 퇴근 후 학교 밖에서까지 연장되어야 할 이유가 무엇일까요? 사실 교사는 교육공무원으로서 학교 안에서 철저히 정치적 중립을 지키려고 노력하는 것만으로 정치적 중립성 책무를 충분히 완성한 것은 아닐까요?

교육을 퇴보시키는
법률들

2021년 11월 8일에 교사정치학교[i]가 출범하였습니다. 2020년 4월 23일에 헌법재판소는 국가공무원법 제65조 제1항이 부분적으로 위헌이라고 결정하였습니다. 공무원이 정당 외에 정치단체에 가입하는 것을 금지한 조항이 명확하지 않아 헌법의 명확성을 위배하였다고 판단한 것입니다. 이에 힘을 얻은 교사들이 교사정치학교에 수강을 신청한 것이었습니다만, 거기에 모인 1기생 교사들의 이야기 속에서 풍겨 나오는 막연한 두려움을 느꼈습니다. 이들은 자신들이 이 학교에서 배우는 행위 자체가 정치적 중립을 위배한 것인지 궁금해하며 막연한 두려움을 표현하였습니다. 20대부터 퇴임한 사람까지 다양한 연령대 교사들의 의사 표현을 억누르고 있는 이것은 무엇일까요? 또 정당한 것일까요?

국가공무원이 대부분이었던 그들이 느끼는 공포는 사실 과장된 것이 아닙니다. 국가공무원법은 유달리 정치운동에 대해서만 강력한 벌칙 조항을 가지고 있는데, 제65조의 정치운동 금지를 위반한 자는 벌금형도 없이

---

i) 교사정치학교는 2021년 12월에 세워진 학교로 현직 및 전직 교사들이 제도권 정치에 들어가서 교육을 바꾸게 하고자 수립된 학교로 곽노현 전 서울시교육감이 이사장으로, 강신만 전 전교조부위원장이 교장으로 재임하고 있다.

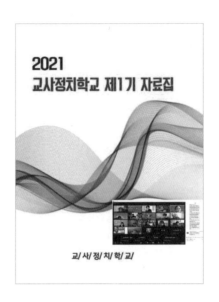

3년 이하의 징역과 자격정지를 규정하고 있으며 공소시효 기간도 일반적인 1년을 넘어 10년으로 하는 상황입니다. 이렇게 엄격한 벌칙에 비하여 정치적 중립에 관한 기준은 불명확하기만 합니다.

원래 법은 막연하면 안 되는 것이지요? 법은 어떤 사항을 분명하게 규정해서 시민이 해도 되는 것과 해서는 안 되는 것을 구분해 주는 기준이어야 할 텐데요. 그러나 점쟁이가 아닌 이상 교사의 한마디를 어떻게 학부모가 해석할지 미리 알 수 없는 노릇입니다. 예를 들어, 수업 중에 박근혜 씨라고 부르는 것은 정치적 중립에 위배될까요? SBS에서 조선 초기에 간도지역을 배경으로 '조선구마사'라는 드라마를 2회 방영하다가 중단한 일이 있었습니다. 이 일에 관해 교사가 중국의 동북공정에 대한민국 국민의 여론이 비판적이라고 할지라도 "드라마의 허구성을 폭넓게 인정해 주어야 합니다."라고 말하면 정치적 중립성을 위배하는 것일까요? 교사의 교육 경험에 근거하여 "자사고를 줄이고 일반 학교를 늘려가는 정책에 찬성합니다."

라고 말하면 정치적 중립에 위배되는 것일까요?

교사가 자기가 가르치는 학생을 존중하기 때문에 편견을 보이지 않아야 하는 것은 매우 중요한 모습이라고 생각합니다. 그러나 정치적 중립을 지키기 위하여 교사가 가르쳐야 할 민주시민교육을 회피한다면 옳은 모습일까요? 시민성을 가르친다는 것 자체가 정치가 어우러져 범벅이 되어 있는 사회 그 자체를 수업에 들여오는 것이 아닐까요? 앞의 손명선 교사의 소위 말해 '입틀막' 사건은 '촛불혁명'이라는 시기에 학생들이 합헌적인 대통령과 정치인의 모습이 어떠한 것이어야 하는지 이야기 나눌 기회를 빼앗기고 있는 현실을 잘 보여줍니다. 교사가 수업과 관련하여 중대재해처벌법이 통과된 것을 얘기하며 학생들이 노동자 인권과 기업의 이익을 두고 어떤 합리적인 선택이나 가치를 고민해 볼 수 있게 하는 것이 부적절한 것일까요? 안타깝게도 한국 교단의 현주소는 교사가 말하는 한마디, 교사가 제시하는 자료 한 개가 정치적 중립성을 위배할지 염려하며 사는 모습입니다. 교사 상당수가 아예 현실 사회에서 정치적으로 갈등하는 모습은 수업에서 다루지 않으려 회피하거나 혐오하는 반응을 보이기까지 합니다. 때로는 교과서의 서술 자체가 진실이고 외워야 할 것인 양 단정 짓고 넘어가 버립니다. 이렇게 가르치는 것은 오히려 민주주의의 위기를 불러오지는 않을까요?

한때 저는 정치적 의사 표현 자체가 막혀 있다는 생각에 좌절감에 빠지기도 하였습니다. 좌절감이 오는 곳은 다름 아니라 교사인 제가 서 있는 교실이었습니다. 어느 때이든 아이들과 막힘 없이 이야기하다 보면 어느새 가치, 규범, 정의, 불공정 등 우리 사회의 민얼굴을 마주하게 됩니다. 가끔 저는 아이들에게 힘주어 "너희들이 어른이 되어서 사회문제를 바꾸라!"라고 말합니다. 과연 저는 아이들에게 민주성을 현명하게 일깨우는 것일까요? 왜 미래 세대가 현재 사회문제를 해결하는 짐을 져야 할까요? 교사의 무기력한 태도는 잠재적 교육과정이 되어 학생들에게 정치 무관심을 가르치고 있는 것은 아닐까요?

저의 무력감은 제가 수업하는 교실 공간 안에서 의사 표현의 자유를 누리지 못한다는 점에만 국한된 것은 아니었습니다. 제가 수업하는 방식과 학교가 돌아가는 방식에서 모순점이 눈에 보이고 있음에도 불구하고 교사의 목소리를 경청해 주는 곳이 없어서 사회에서 인정받지 못하는 존재가 되어 간다고 느꼈습니다. 물론 교사도 노동조합이나 교원단체에 가입할 수 있어서 교육에 대한 목소리를 작게나마 낼 수는 있습니다만 매우 제한적이라는 것을 알게 되었습니다.

전국교직원노동조합에서 부위원장을 역임하였던 강신만 교사는 자신이 대외협력 부위원장으로 있으면서 국회를 방문했던 시기를 '읍소의 시기'로 생각하고 있었습니다. 국회의사당의 국회의원들을 만나 그가 전교조가 가지고 간 정책의 중요성을 실컷 설명하여도 그냥 묻혀 버리기 일쑤라고 하였습니다. 그는 국회의원들이 교사들의 목소리에 귀를 기울이지 않는 이유로 교사가 정치자금 후원과 정당 가입이 금지되어 있기 때문이라고 판단하였습니다. 정치인은 국민 각자가 발휘하는 투표권과 정치에 필요한 자본을 제공하는 후원권에 의해 선택을 받는다는 점에서 볼 때 그의 해석은 타당성이 매우 높다고 여겨집니다.

이 책을 읽는 분들에게 분명히 전하고 싶은 말이 있습니다. 아마도 독자 중 많은 분은 교사가 아닐까 생각하지만, 대한민국 국민이라면 누구나 교육과 떼려야 뗄 수 없는 관계에 있다고 생각하기 때문에 함께 알아두시면 좋겠습니다. 교사가 수업 중에 표현하는 발언과 자료를 이유로 국가공무원법 제65조를 위반하는 경우는 거의 없으리라는 것입니다. 왜냐하면 헌법이 보장하는 교육의 정치적 중립을 위반하는 것은 국가공무원법이 아니라 교육기본법 위반이라고 보는 것이 타당하기 때문입니다. 수업 중에 발생한 사안은 교육기본법을 판단 기준으로 삼는 것이 적합합니다. 또한 국가공무원법 제65조가 말하는 것은 정치 선동 행위에 해당하는 경우이기 때문에 수업 중에 대놓고 특정 정당을 지지하거나 헐뜯지 않은 이상 정치운동으로 볼 가능성이 적습니다. 더 자세한 사항은 이후의 장에서 논의하겠습니다.

현재 교사들에게 금지된 권리는 사립 교원이냐, 공립 교원이냐, 국립 교원이냐에 따라 다른 점이 다소 있습니다. 그러나 사립 교원은 사립학교법 제55조 1항에 따라 복무에 관해서는 공립 및 국립 교원에 따르는 법적인 적용을 받고 있고, 국립 교원은 그 수가 매우 작아서 국가공무원법을 살펴보는 것만으로도 타당할 것입니다. 한 가지 예외적인 사항은 대학교의 교원은 고등교육법의 적용을 받아 모든 참정권을 가지고 있다는 것입니다. 이것은 헌법이 보장하는 평등권을 침해하는 상황으로 이해될 수도 있습니다.

교사에게 금지된 참정권은 매우 다양하고 폭넓습니다. 첫째, 정당을 만들거나 가입 및 활동을 할 수 없습니다. 둘째, 일체의 정치단체를 만들거나 가입할 수 없습니다. 셋째, 선거운동을 할 수 없습니다. 넷째, 공무 외의 일을 위한 집단행위를 할 수 없습니다. 다섯째, 정치 후원회의 회원이 될 수 없습니다. 정치후원금을 낼 수도 없습니다. 여섯째, 공직 선거에 출마할 수 없습니다. 이렇게 원천적으로 금지된 참정권 모두는 교사의 정치적 중립을 충족하기 위한 필요조건일까요?

서울시 교육감을 지냈고 현재 징검다리교육공동체의 이사장으로 활동하고 있는 곽노현은 교사들이 정치적 천민의 삶을 자각해야 한다고 주장합니다. 민주주의 사회에서 참정권은 누구도 포기하지 못할 기본적인 인권이라고 말입니다. 그런 기본적인 인권을 빼앗겼기 때문에 교사의 교육 전문성은 억제되어 있고, 교육정책과 교육 관련 법들은 '교육 잡법'이 되어 공교육 제도와 교사의 실행을 왜곡시키고 있다고 주장합니다.[2]

본격적으로 여러 개념과 용어를 사용하기에 앞서 이 책에서 다루는 중요한 용어들인 정치적 중립성, 정치적 기본권, 참정권에 대해서는 명확히 할 필요가 있습니다. 여기 시작하는 장에서는 개념 정립보다는 이 책에서 사용하는 여러 용어의 대략적인 의미를 소개하는 것이 적절할 것 같습니다.

정치적 중립성은 영어로 하면 폴리티컬 임파셜리티(political impartiality)로서 어느 쪽으로 치우치지 않은 상태를 의미한다고 할 수 있습니다. 즉, 현실 정치권력에 비교적 독립적으로 공무를 수행해야 할 공무원이 가져야 할 태도로서 정치적 중립성이 논의되고 있습니다. 다양한 이견이 존재하고 있는 것이 사실이지만 정치적 중립성의 핵심 개념 두 가지에 대해서 동의하는 자가 많습니다. 첫째, 국민이 투표에 의해 선택한 자가 대표 정치인이 되고 정치조직을 구성한다고 할 때, 직업공무원들은 선출된 대표자의 정권 이익과 국민 공익이 충돌하는 경우 국민 공익을 수호하는 정치적 중립성을 발휘해야 합니다. 둘째, 집권 세력이 공무원 자신의 정치적 신념과 대치되는 정책을 결정하고 집행하라고 명령한다고 할지라도 공무원은 그 정책을 충실히 집행해야 할 의무가 있다는 의미입니다.[3]

정치기본권은 참정권과 같은 용어로 이 책 전반에 걸쳐 사용할 것입니다. 정치에 참여하는 방식은 직접 정치인이 되기 위하여 출마하거나 국민의 대리자가 되는 방식이 있고, 간접적인 방식으로 자신의 정치적 신념을 표현하는 방식도 있습니다. 이 글에서 말하는 정치적 기본권 혹은 참정권은 두 가지 모두를 포함한 것입니다. 직접 정치에 참여하는 방식으로 공직 선거에 출마하는 피선거권을 들 수 있습니다. 우리나라는 국회에서 운영하는 '국민동의청원'과 청와대에서 운영하는 '국민청원'을 온라인으로 운영하고 있습니다. 이 두 가지 방식은 국민이 직접 정부의 정책을 제안하거나 변경할 것을 요구한다는 점에서 국민발안제라고 할 수 있습니다. 또한 주민소환법을 만들어 지방자치제 안에서 주민이 직접 참여할 방안을 확대하고 있습니다. 2007년에 하남시민은 광역화장장 설립을 추진하는 시장, 시의회 의장, 시의회 의원 2명, 이렇게 4명의 지방자치단체 정치인을 대상으로 주민소환 선거를 벌였고 그 결과 2명의 시의회 의원이 소환된 일이 있었습니다.[4] 우리나라는 직접 정치의 방식으로 출마, 국민발안제와 주민소환제를 운영하고 있습니다. 그중 국민발안제와 주민소환제는 어디까지나 보완적인 방식에 불과합니다. 따라서 대한민국의 현대정치사에서 대통령, 국회의원, 지자체장과 시도의원과 같은 대의자들에 의해 정치는 결정되고 있다고 해도 과언이 아닙니다. 현재 공직선거법은 공무원이 출마할 때는 90일 전에 사퇴해야 한다고 못 박고 있으므로 출마를 위해서는 교직을 포기해야 합니다.

국민이 간접적으로 정치에 참여하는 방식도 여러 가지가 있는데 대표적으로 시민단체나 정당에 참여하여 의견을 표현하는 방법이 있습니다. 자신이 지지하는 정치인이나 정당을 후원하는 것도 한 가지 방법일 것입니다. 이렇게 간접적으로 참여할 수 있는 참정권으로는 정당 및 정치단체 활동권, 후원권, 선거운동권 등을 들 수 있습니다. 현재 교사는 중요한 직접 정치 방식인 피선거권을 금지당하고 있을 뿐만 아니라 여기에서 열거한 모든 간접 참여 방식을 금지당하고 있습니다.

정치적 중립이
역설로 다가오는 경우

들어오는 제목에 역설이라는 말을 붙인 이유가 있습니다. '정치적 중립성'을 이유로 하여 교육을 수호하려고 교사에게서 다양한 참정권을 박탈하였지만 정작 교육을 퇴보시키는 기능을 하는 점을 역설이라고 명명하였습니다. 법이라는 제도를 이용하여 교사와 학생들을 정치로부터 멀리 떼어놓으려고 교사의 참정권을 박탈하였지만 실제로는 학생이 민주시민으로서 배워야 할 교육 기회를 박탈한 셈입니다. 정치를 무시하거나 혐오하는 교사의 태도를 보면서 학생들은 정치를 회피해야 할 대상으로 보는 태도를 닮아갈 수 있습니다. 학생들은 정치 회피라는 암묵적인 잠재적 교육과정을 배우고 있는 것입니다.

정치적 중립은 매우 소중한 교육의 원칙입니다. 그러나 중립성이 원래 가지고 있는 개방적인 토론과 토의를 보장하는 취지를 상실하고, 정치 회피와 혐오의 코드로서 읽히며 우리 사회의 중요한 현안들을 외면하려고 한다면 학생은 민주주의의 가치를 받아들일 기회를 잃는 것이고 우리 사회는 전체주의나 극우주의, 극좌주의에 대한민국의 미래를 고스란히 저당 잡힐 가능성이 커집니다. 왜냐하면 사회 현안에 대한 민주적 비판과 판단을 내릴 역량을 기르지 못한 학생은 결국 미래의 민주시민으로 성장할 가능성이 작기 때문입니다. 히틀러의 나치즘이 바이마르 공화국과 같이 민주주의적 헌법을 가진 국가에서 민주적인 절차에 의해 국민의 선택을 받았다는 점을 생각해 보면 분명 정치 회피와 혐오의 코드가 얼마나 위험한 것인지 경각심을 가져야 할 것입니다.

또한 교사도 '정치적 중립성'을 지킨다는 핑계로 정치적 사안을 회피하고 정치인들을 깎아내리면서 은연중에 학생들에게 정치 무관심과 혐오를 가르칠 수도 있습니다. 민주주의 사회에서 모든 국민은 민주주의 가치를 존중하여야 하고, 거기서 끝나는 것만 아니라 민주적 정치가 이루어지도록 직접 혹은 간접적으로 정치에 참여해야 합니다. 또한 참정권을 박탈하는 것은 교사의 본질적 직무인 교육의 전문성과 자율성을 살리지 못하는 걸림돌이 되기도 합니다.

물론 반대편에서는 몇십 대에 걸쳐 피를 흘리는 투쟁과 혁명을 통하여 쟁취한 투표권마저도 쉽게 놓아버리는 대중의 인식이 있습니다. 선거 때마다 낮은 선거율을 걱정하면서도 이것은 시민의 또 다른 정치적 선택을 나타낸 것이라고 해석하기도 합니다. 그러나 기권을 통한 정치적 행위는 투표권을 가진 사람만 가능한 권리이지 18세 미만 청소년들은 가지지 못한 권리입니다. 마찬가지로 정당에 가입하지 않거나 탈퇴하는 행동으로 기성 정당에 대한 불만이나 반대를 드러낼 수 있는 자유는 정당 활동권을 가진 시민에게만 해당하는 내용입니다. 또한 정당이나 정치인을 후원하거나 하지 않을 자유는 정치후원권을 가진 시민에게만 해당하는 내용입니다. 또한 공직 선거에 출마하거나 하지 않을 자유는 출마권을 가진 시민에게만 해당하는 내용입니다.

사실 대한민국 국민에게 정당은 애증의 대상입니다. 정당정치를 정치 중심에 두는 대한민국 제도 정치권은 고쳐야 할 정당 폐습이 많고, 이런 모습 때문에 많은 시민이 정치를 불신하는 경향이 있습니다. 소선거구 제도가 줄곧 지속되는 동안 지역주의가 고착화되었고 득표율에 비해 다수 당이 현저히 많은 의석을 차지하게 되면서 다양한 가치를 지향하는 소수 정당을 지지하는 사표(死票)가 많이 발생하고 있습니다. 이렇게 거대 정당이 편익을 누리고 있는 점은 확실합니다.

뉴스를 통해 드러나는 정치인의 모습은 하루가 멀다고 원색적인 비난으로 점철된 언쟁을 벌입니다. 마치 뉴스를 보고 있노라면 총과 칼만 들지 않았지 두 패로 나뉘어 쌈박질을 벌이는 조직폭력배를 연상시키기도 합니다. 그 근본에는 거대 양당 구도가 있어 정치인 자신들마저도 전문성을 발휘하는 데 어려움이 있습니다. 현재 국민의힘 정당 소속 정치인은 자신의 충성도를 더불어민주당을 공격하면서 보여주려고 합니다. 또한 그 반대도 똑같이 적용되는 기제입니다. 이런 풍토는 국회의원들이 자신의 소신을 담은 정책을 내보이기 어려운 구조적 문제를 발생시킵니다.

그러나 정치인이 보여주는 여론몰이와 내부 정치활동을 구분해서 바라볼 필요가 있습니다. 정치인은 미워할지라도 정치의 역능을 무시할 필요는 없을 것입니다. 실제로 고소득, 고학력, 장년층은 제도권 정치에서 더 큰 목소리를 내고 있습니다. 현대 민주주의를 추구하는 국가들은 정당정치를 토대로 삼고 있기에 정당 가입률은 특정 계층이 과소 대표 되는지 과대 대표 되는지 파악할 수 있는 좋은 지표입니다. 우리 사회의 고소득층, 고학력층, 장년층은 다른 계층보다 더 많은 수가 정당에 참가하고 있습니다. 이런 관점으로 보면 교사도 정당에 참가하여 자신의 목소리를 내야 하지 않을까요?

교사는 학교 현장에서 활동하면서 대한민국 교육을 혁신할 수 있는 많은 아이디어를 가지고 있습니다. 이런 아이디어가 교육정책에 반영된다면 얼마나 공익이 증가하겠습니까? 설령 교사가 정치인이 되는 직접 정치 참여를 제한하는 것이 공무원의 정치적 중립성을 지키는 수단으로 적합하다고 인정한다고 할지라도 정당에 가입하거나 후원금을 내는 간접적인 방식까지 가로막는 것은 참정권을 지나치게 금지하는 것은 아닐까요?

이 책은 교사가 정치적 중립을 지켜야 한다는 원칙에 대하여 도발적인 질문들을 던지는 것으로 시작한 것입니다. 현장 교사로서 수십 년의 경력을 가진 저는 교사가 빛의 속도로 변화하는 사회와 교육에 대응하여 휘둘리지 않고 정치적 중립을 지키기 위해서는 현실 교육정책이 어떻게 변화하고 있는지 알아야 한다고 봅니다. 한발 더 나아가 자신이 발 딛고 있는 학교 현장의 변화를 담고 있는 교육정책에 참여하여 목소리를 내는 것이 더 바람직하다고 생각합니다. 특히 4차 산업 혁명기를 살아가는 학생과 호흡하며 살아가는 교사는 누구보다도 사회 변화에 민감하게 느껴야 하고 반응할 줄 아는 시민성을 갖추어야 한다고 생각합니다. 반대로, 시민과 정치인 그리고 교육정책 입안자는 현장에서 비롯되는 전문성을 담은 교사의 목소리에 귀를 기울여야 한다고 봅니다.

지금 이 글을 쓰는 때, 2022 대선을 맞이하여 더불어민주당 이재명 대선 후보가 소확행(소소하지만 확실한 행복) 공약으로 '초등학생 3시 동시 하교제'를 들고나왔습니다. 이에 대하여 초등학교 교사의 의견을 모으는 게 당연합니다. 그러나 현재 법률상 초등학교 교사의 의견은 어디까지나 개인의 의견이어야 합니다. 설령 전교조나 교총이 제안하거나 의견을 낸다고 할지라도 이재명 선거본부에서 공식적으로 선거운동 차원의 것으로 받을 수는 없습니다. 왜냐하면, 교원이나 교원노동조합은 원천적으로 선거운동을 할 수 없고 단체행동도 할 수 없기 때문입니다. 이것은 모든 후보의 대선 선거본부에 대해 동일하게 적용되는 것인 만큼 교사는 정치적 발언권이 없다고 보면 될 것입니다. 그러나 다른 면에서 보면 교육 공약을 만드는 데 교사가 참여하는 것이 당연해 보이기도 합니다. '초등학생 3시 동시 하교제'는 대한민국 보호자에게 끼치는 영향이 거대한 교육정책인 만큼 아이들의 심리와 행동을 누구보다 가까이 보아온 교사들이 큰 목소리를 내야 함에도 이제까지 모든 교육정책에서 전문적 역량을 발휘하지 못하고 소외되어 있습니다.

교실에서도 교사가 무소불위의 권력을 휘두르던 시대는 군사정권의 몰락과 함께 사라졌습니다. 학생인권조례에서 보듯 학생과 교사가 수평적이고 민주적으로 대화하고 토의하는 문화가 정착되어가고 있습니다. 학급의 중요한 일에는 항상 민주적 합의 과정이 필요하고 교사는 절차적 민주주의를 지킬 수 있을 만큼 정치적 역량을 갖추어야 합니다. 정치적 역량을 갖춘 교사라야 생활 정치의 공간인 교실에서 학생과 교사가 함께 학급 임원도 뽑고 청소 당번, 자리 배정, 체험학습 장소, 학예회 행사 준비 등을 민주적으로 협의하고 결정할 것입니다. 이런 면에서 오히려 교사에게는 더 많은 정치역량이 요구되는 것입니다.

참정권이라고 하는 것이 특정한 자격이 마련되었을 때 가지게 되는 권리는 아닙니다. 헌법에서 보장하는 의사 표현의 자유가 제도권 정치영역 안에서 규정되는 것으로 마치 만 16세가 되면 정당에 가입할 수 있는 권리를 저절로 주고, 만 18세가 되면 투표할 수 있는 권리를 저절로 갖는 이치입니다.

그러나 교사에게 참정권이 필요한 이유를 말하다 보면, 자연스레 국민이 의심하는 종류의 파당성과 독점성이 근거가 없는 것이라고 구구절절 변명하는 상황이 됩니다. 원래 사회에서 소외된 자들의 입장을 변호하는 글은 답답한 마음을 바탕에 깔고 시작하는 것 같습니다. 이 책을 서술하고 있는 저도 교사의 비파당성과 비독점성을 어떤 수로 증명해야 하는지 막막할 따름입니다. 애초 역사적으로 보면 교사가 파당적이거나 독점적이어서 국가가 참정권을 박탈한 것이 아니라 1963년 박정희 군부가 독재에 대항하는 목소리를 차단하고 교사를 종속시키기 위해 국가공무원법을 수정한 것이기 때문입니다. 참정권을 법으로 박탈했던 첫 시기부터 교사가 파당성과 독점성을 가진 것이 아니었기 때문에 어떤 과정을 거쳐 교사가 비민주성을 극복했노라고 말하기도 어렵다는 말입니다. 교사들의 파당적 혹은 독점적 행위가 문제가 되었을 때 이러한 법이 나왔다면 명확히 그러한 행동을 제한하기만 하면 되었을 것이고, 파당성과 독점적 행위의 경계를 나누기도 쉬웠을 것입니다.

민주주의를 추구하는 대부분 국가가 교원과 공무원의 근무시간 외 참정권을 허용하는 이유가 무엇일까요? 교원과 공무원에게 근무시간 외 참정권을 준다고 할지라도 행정과 교육이 정치에 독립적으로 유지될 수 있고 국가체제가 안전할 수 있어서 허용하는 것이 아닐까요? 이런 이유로 이런 집단의 자유를 배제하고, 저런 이유로 저런 집단의 자유를 배제하면서 자유 시민의 범위를 축소하는 것은 헌법정신이 아닙니다. 사회의 공익을 지킬 수 있는 다른 수단이 존재한다면 법적으로 개인의 근본적인 자유권을 제한하지 않는 것이 헌법정신입니다. 교사의 권리를 제한하여서 얻어낼 수 있는 사회의 공익이 불분명합니다. 학교 밖 사적인 시공간에서 교사가 정당에 가입하고 선거운동을 한다고 해서 그가 학교에서 공무를 파당적으로 수행하는 경우는 거의 없을 것입니다. 교사 대부분이 학교 밖 참정권과 학교 안 공무를 명확히 구분하여 행동할 것입니다. 이것이 현대를 살아가는 공직자의 태도이고 교사도 그 준칙에 따라 공무에 있어 중립성을 유지할 것이 자명합니다.

본능적 불안에 사로잡힌
정치적 중립 담론

오늘도 TV 속 많은 드라마는 시청자의 눈길을 받기 위하여 여러 이야기를 각색해 냅니다. 우리가 연쇄살인마에 대하여 떠올리는 프로토타입은 똑같은 수법으로 잔인하게 여러 희생자를 살인하고 시체를 유기하는 모습입니다. 실제로 SBS 방송의 "꼬리에 꼬리를 무는 이야기", "당신이 혹하는 사이", MBC 방송의 "실화탐사대" 등은 연쇄살인범 유영철, 지존파, 정남규, 이춘재 등 연쇄살인을 저지른 자들에 집중하여 사이코패스 성향을 조명합니다. 그래서 이들은 보통 사람들과는 너무도 다른 세계를 살고 있다는 점을 부각합니다. 그러나 이들 사이코패스의 대표적인 성질들은 우리 인간성의 가장 잔혹한 심리들을 한군데 모아 놓은 결집체라고 할 수 있지 않을까요? 실제로는 이들이 양들 속에 숨어 있는 늑대처럼 평범한 사람들의 모습을 너무도 잘 흉내 냈기 때문에 그렇게 많은 사람을 죽일 수 있었을 것입니다. 사이코패스라는 프로토타입은 그 실제와 유리되어 사람들의 머릿속에서 전파되는 일종의 신화 혹은 설화가 되고 있습니다. 과연 우리는 신화의 시대를 극복하고 과학의 시대를 살고 있을까요? 법이 '파당성 가면을 쓴 교사'라는 허수아비 신화를 만들고 이를 꺼리는 마음을 모아 교사의 참정권을 박탈하는 신화 속에 빠져 있지 않은지 생각해 보기 바랍니다. 일반 시민의 보기 드문 나쁜 행동들만을 모아서 사이코패스의 악마성을 만들어 놓듯, 희소한 파당적 행위들만 모아서 '파당성 가면을 쓴 교사'라는 허수아비를 만들어 그것을 때리는 것 아닙니까?

리차드 도킨즈(2011)는 『실제의 마법(The magic of reality)』이라는 책에서 과학의 근본적인 목적은 신화적 사고를 극복하고 인간이 사는 이 세상에 대한 이치를 증거에 기반하여 밝히는 일이라고 하였습니다.[5] 점성술이 신화적 사고라면 천문학이 과학적 사고이고, 골상학이 신화적 사고라면 뇌신경학이 과학적 사고이며, 주술이 신화적 사고라면 의술이 과학적 사고입니다. 과학은 신화와는 다르게 반증가능성과 정상과학이라는 두 가지 기준을 만족해야만 합니다.[6] 칼 포퍼가 말한 반증가능성은 어떤 과학원리가 사실이 아닌지 증명할 수 있어야 한다는 것입니다. 즉, 만유인력이 과학원리인 까닭은 임의의 어떤 두 물체가 서로 끌어당기지 않은 경우를 한 가지만 발견하기만 하면 만유인력은 폐기될 가능성을 품고 있기 때문입니다. 반증가능성이 없는 선언은 신화적입니다. 토머스 쿤은 패러다임을 이야기하면서 과학의 탐구과정은 그 시대의 수많은 과학자가 인증하는 방식이어야 한다고 말합니다. 과학자는 그 시대에 정상과학으로 인정하는 방식을 도구로 하여 탐구해야 합니다.

그러나 우리가 사는 사회적 세상 안에서는 사람들의 믿음과 신념에 따라 사회적 실재가 결정되는 것 같습니다. 예를 들면 "비동시성의 동시성"[7]을 겪고 있어서 절대 동시대에 같이 존재할 수 없는 신화와 과학이 한 개인의 의식을 지배하고 있습니다. 신화는 과학의 실증주의적 세계관을 부정하고, 과학은 신화의 신비적 세계관을 부정하기 때문에 두 세계관은 절대 서로를 용납할 수 없습니다. 그러나 실제로는 인간과 사회 안에서 신화와 과학이 교차하여 한 개인의 정체성, 소속된 공동체들, 지역사회들, 국가라는 사회적 실재를 구성하고 있다고 보는 것이 맞을 것 같습니다. 사회적 실재는 과학원리처럼 반증가능성과 정상과학의 패러다임으로 그것의 과학성을 따져볼 수 없습니다. 마르크스의 자본론이 어느 한 지역에서 통계적으로 들어맞지 않았다고 해서 마르크스의 자본론을 사회과학의 원리가 아니라고 폐기할 수는 없습니다. 또한 마르크스의 계급이론을 사회의 주류 이론으로 받아들임과 동시에 악셀 호넷의 인정 투쟁 이론을 한 사회에 적용한다고 해서 정상과학이 아니라고 말할 수는 없습니다.[8] 오히려 이 이론들의 경합 속에서 현재의 사회적 실재를 해석할 능력을 갖추게 되면 다원주의적 실용성을 갖추는 것이기 때문에 더욱 바람직하다고 말하기도 합니다.

이 대목에서 우리는 질문해 보아야 합니다. 과연 개인적인 참정권을 주면 교육 및 행정 공무를 파당적으로 수행할 위법적인 교사가 많아질까요? 그래서 이들을 통제하는 것이 사회적 문제가 될 수 있을까요? 일반 시민에 비하면 교사들이 더 준법적으로 행동하거나, 아니면 적어도 일반 시민 정도의 수준으로 준법적으로 행동하지 않을까요? '파당성의 가면을 쓴 교사' 허수아비 신화를 세우고 때려댄다고 교사의 파당성이 사회문제가 될 수 있을까요? 과연 '파당성의 가면을 쓴 교사' 프레임 논리는 사회적 실재를 해석할 수 있나요? 사회적 문제가 되지도 않을 일을 미리 염려하면서 시민의 기본권을 박탈하는 혐오 및 회피 현상에 사로잡히지 않기를 바랍니다.

어떤 개인이라 할지라도 낯선 상황과 동물, 큰 소리, 화학물질 냄새, 차갑거나 뜨거운 물체 등에 대하여 본능적으로 공포, 불안, 회피 반응을 보입니다. 반면, 곱셈 문제 앞에서 우리는 길게 시간을 들여 이성적인 노력을 기울여 질서정연한 사고를 만들어냅니다. 행동경제학으로 노벨상을 수상한 대니얼 카너먼(2011)은 비자발적이고 즉각적인 반응을 1차 체제로 두고 의식적이고 자발적인 반응을 2차 체제로 나누고 이들의 상호작용에 따라 인간의 경제적 행동이 결정된다는 이론을 내놓았습니다.[9]

실제로 신경물리학자인 존 레덕스(1998)는 1차 체제와 2차 체제로 구분하는 행동경제학자의 모형을 지지할 만한 파페즈 회로를 제시하였습니다.[10] 물론 지속적인 학습에 의하여 점차 중립적인 자극과 정서 반응이 연합되기도 하고 생소한 자극에 대하여 의식적인 사고가 연결되기도 합니다만, 인간 두뇌의 변연계는 두 가지 신호를 따로 처리하는 파페즈 회로가 있어서 환경의 자극에 유용하게 대응할 수 있습니다. 편도체(amygdala)는 감각한 신호에 대하여 시상(thalamus)과 시상하부(hypothalamus)를 거쳐 즉각적인 방어 행동을 통제하고, 해마(hippocampus)와 측두엽은 대뇌 감각피질을 거쳐 대상 피질에 이르는 회로를 거치면서 자발적이고 집중하는 의식을 형성합니다. 인간은 편도체가 반응하는 회로를 변화시킬 수는 없으나 학습을 통하여 해마와 측두엽을 변화시켜 의식하는 회로를 변화시킬 수 있습니다.

한 가지, 의미 있는 사실은 실험실의 생쥐이든지 사회의 개인이든지 1차 체제가 과도하게 2차 체제를 억누르게 되는 상황이 되면 개체의 생존이 보장되지 못한다는 것입니다. 자연환경에 무의식적인 반응을 보이는 1차 체제에만 의지하여 즉각적 방어 행동만을 보이는 유기체는 2차 체제와 함께 주의 집중을 동원하는 유기체에 비하여 변화하는 자연 및 사회환경에 적응할 가능성이 현저히 떨어집니다. 즉 1차 체제와 즉각적인 방어에만 의존하는 동물은 도태하게 된다는 것입니다.

21세기 들어서 대한민국 사회는 미래 교육을 논하는 담론이 교육계를 주름잡고 있습니다. 생소한 사회환경 안에서 사회의 생존과 지속가능성은 1차 체제에 경도되어서는 안 될 것 같습니다. 당면한 전 지구적인 기후위협을 해결하는 데에는 한 번도 만난 적 없는 전 세계인에 대한 신뢰에 바탕을 둔 2차 체제가 인류의 행동을 지배하는 것이 바람직합니다. 선진국과 개발도상국 간 탄소 배출 논쟁, 세계은행의 자금을 둘러싸고 신재생에너지 편향적 지원에 대한 논쟁[11], 북극권 개발에 대한 국가 간 경쟁 등 복잡한 지구촌의 문제를 해결하는 데 세계시민으로서 공감대와 도덕성이 요구되기 때문입니다.

민주주의가 성숙하지 못한 사회일수록 정서가 지배하는 신화적 사고, 본능적인 1차 체제, 편도체 회로가 우세하게 사람의 행동을 지배하는 것 같습니다. 민주주의가 성숙한 사회일수록 이성이 지배하는 과학적 사고, 의식적인 2차 체제, 대상 피질을 동반하는 해마 회로가 1차 체제와 함께 작동하면서 균형을 이루어 사람의 행동을 지배하는 것 같습니다. 우리는 생면부지의 사람이라고 할지라도 법을 지킬 것이라 믿고, 외국도 국제법을 지켜 국제 평화와 경제 질서가 당분간 유지될 것이라 신뢰합니다. 따라서 우리는 난민, 이주노동자, 성소수자, 북한 이탈 주민 등 사회적 약자라 일컬어지는 사람을 바라볼 때, 우리의 시선 속에 신화적 사고, 본능적인 1차 체제, 편도체 회로가 독차지하여 회피 반응에 사로잡히지 않는지 점검해 보아야 합니다.

우리 인류사회는 세계화, 국제화, 정보화, 다원화되면서 다양한 가치관이 경쟁하고 충돌하는 정치적 공론장을 형성하고 있습니다. 민주주의는 자연환경과 사회환경이 인류에게 주는 공포를 극복하고[12] 발전시킨 최종적인 정치체제라는 점에서 신화적 사고에 대항하여 구축한 과학적 사고에 가깝고, 본능에 의해 통제되는 1차 체제를 극복하고 2차 체제와 함께 균형적으로 통제하는 공간이며, 학습에 의해 정서를 통제하는 태도입니다. 민주주의는 자신과 타인의 자유와 평등을 소중히 하기에 지리, 경제, 정보, 인종, 연령 등 여러 요인이 만들어내는 격차가 유발하는 차별을 당연한 것으로 보지 않고 평등한 관계로 개선하려고 합니다. 국적이 다른 사람, 피부색이 다른 사람, 종교가 다른 사람 등이 모두 평등하며 인간적인 삶을 누릴 수 있는 권리가 있기 때문에 우리는 생소한 타자에 대한 1차적인 혐오나 기피 정서를 극복하고 우호적인 정서로 전환합니다.

국민의 의식과 국가의 제도 속에 내포되어 있어서 교사를 배제하려는 정치적 중립성은 신화적 사고와 1차 체제, 그리고 의식을 동원하여 통제하기 어려운 회피적 정서 반응이 작동한 결과라고 생각합니다. 참정권을 박탈한 법들을 가만히 들여다보면 교사가 사적인 삶을 살아갈 때 정당에 가입할 수 있는 권리, 정치후원을 할 수 있는 권리를 주면 대다수 교사가 악마적으로 학생들에게 정치권력을 휘두를 것이라는 염려가 담겨 있습니다. 현재 대한민국의 교사는 일반 국민이 가진 민주시민성의 정도만큼 비슷한 양식을 갖추고 있음에도 불구하고 공적 생활에서 파당적으로 행동할 것이라는 의심을 합니다. 공직 선거에 나갈 수 있는 권리를 주면 학교를 정치색으로 황폐화할 수 있다고 예측합니다. 법과 국민이 가진 이런 예측과 의심, 염려는 잘 알지 못하는 대상에 대한 선입견에 근거한 신화적 기제, 회피 행동이 작동하는 면이 있습니다. 만약 극히 소수의 교사가 그럴 염려가 있다면 해당하는 교사만 콕 찍어 처벌하는 것이 적합하지 않을까요?

종교와 정치는 모두 인간의 신념에 기반을 두고 작동한다는 점이 공통점입니다. 또한, 인간 문명의 시원과 깊숙이 관련되어 있다는 점에서 비교하기 쉽습니다. 서구적 근대화와 미군정이 근대 학교 교육의 토대를 마련한 것 때문에 대한민국 학교는 기독교에 관대합니다. 여타 다른 종교는 교사 사회 안에서 그 움직임이 미약하여 비교하기 어려운 면이 있습니다만, 과거 학교 안에서 특정 종교를 찬양하거나 반대하는 교사의 행동을 용인하는 경우가 많았습니다. 일방적인 교사의 종교적 행동은 지금은 성인이 된 그때의 학생들에게 거부감이나 친밀감 등을 강하게 유발하였을 것입니다. 그러나 권위주의를 청산하고 있는 현대 사회와 학교, 그리고 학생은 종교의 자유를 억압하거나 특정 종교를 편파적으로 선호하는 교사의 행동을 용납하지 않습니다. 그만큼 학교의 민주성은 점차 강화되고 있습니다. 마찬가지로 파당적인 교사의 발언과 행동을 그냥 보아 넘겨줄 학생과 보호자도 그리 많지 않습니다.

교육의 정치적 중립에 대한 모순, 역사, 그리고 희망

국가가 18세 선거권과 16세 정당 가입권을 주기까지는 참 오랜 시간이 걸렸습니다. 어제까지만 해도 상당수 국민은 미성년인 청소년들이 선거나 정당 활동에서 민주적 시민성을 발휘하여 판단하지 못할 것이라는 선입견이 있었습니다. 그러나 이들이 60세 이상의 고령층보다 미숙하여 정치적 판단을 하지 못할 것이라는 합리적 근거가 있습니까? 당연하게도, 어른들의 정치적 역량이 천차만별인 것처럼 청소년들의 정치적 역량도 천차만별일 것으로 예측할 수 있습니다. 어른 중에 어리석은 자가 많을지라도 대부분 시민성을 발휘할 것이라 믿기 때문에 투표권을 주는 것처럼 청소년 중에 어리석은 자가 있어도 대부분 시민성을 발휘할 것을 믿어야 합니다.

1919년 3·1운동, 1960년 4·19혁명, 1987년 6월 민주화운동, 2016년 촛불혁명 등 대한민국의 역사가 한 번씩 도약하는 그 자리에서 청소년은 변화를 주도하는 세력이었습니다.[13] 적어도 16세 이상의 청소년들에 대한 국민의 우려와 의심은 근거가 부족한 신화라는 생각이 듭니다. 이러한 신화를 깨고 이들 청소년에게 참정권을 주는 것이 적절한지 합리적으로 따져보는 것이 과학의 세계를 살아가는 모습이라고 할 수 있지 않을까요? 마찬가지로 교사에 대해서도 이들에게 참정권을 주는 것이 정말로 공무원의 정치적 중립성을 위협할 것인지에 대한 과학적이고 합리적인 판단이 필요한 때입니다. 저는 이 책 전체에 걸쳐 이 질문에 대한 답을 찾아가 보려고 합니다.

2장에서는 교육의 정치적 중립을 이유로 하여 다소 왜곡되어 보이는 교사의 의사 표현 배제를 다루겠습니다. 정치적 중립의 역설이 말하는 바와 같이 사회 이슈에서 배제된 교사가 겪고 있는 어려움이 결코 대한민국 교육에 도움이 되지 않는 점을 드러내고자 합니다. 그리고 헌법이 보장하는 교육의 정치적 중립을 이루는 길이 결코 교사의 참정권을 배제하는 것으로 이어져서는 안 된다는 점을 보이고자 합니다. 그리고 교사에게서 공무 외 참정권을 박탈하는 것이 교사의 자율성과 전문성을 어떻게 억압하고 있는지 보일 것입니다. 종교와 정치는 둘 다 신념의 영역에서 작동하는 공통점이 있지만, 교사에게 종교의 자유만 허용되는 모순점도 드러낼 것입니다. 교사의 참정권 자유가 보장된 OECD 대부분 나라의 사례를 보면 교사의 참정권을 회복시키는 것을 미룰 이유가 없다는 것이 분명해집니다.

3장에서는 정치적 중립이라는 헌법적 개념을 탐색해 보려고 합니다. 교사는 교육의 정치적 중립을 수호하기도 하고 동시에 공무원으로서 정치적 중립을 준수하는 의무도 지고 있습니다. 그런데 두 역할은 매우 다른 성격을 갖습니다. 첫째, 헌법이 보장하는 교육의 정치적 중립성이란 학생이 중립적인 교육을 받을 권리를 보장하는 것으로 학교 밖 파당적인 정치외압을 방지하고 교사가 교육과정을 파당적이지 않도록 운영하는 것입니다. 둘째, 공무원으로서 교사의 정치적 중립성이란 교사에 대한 의무와 보장으로 구분하여 정의할 수 있습니다. 의무로서 교육공무원의 정치적 중립성은 특정한 정당 및 정치단체에 파당적이지 않고 어느 곳에도 치우치지 않는 공정성을 견지하면서 전문적이고 자율적으로 교육행정을 수행하는 것입니다. 반면, 보장으로서 교육공무원의 정치적 중립성은 정당 및 정치 단체, 교육 상위기관, 언론 등 정치 세력이 위법한 영향을 끼치지 않아서, 교사가 공정성, 전문성, 비파당성을 견지하고 공익을 위해 정책을 시행할 수 있도록 보장받는 것입니다.

문제점도 분명히 드러납니다. 공무원의 정치적 중립을 위해 만들어 놓은 각종 법이 과도하게 교사 개인의 참정권을 박탈하고 있습니다. 교육의 정치적 중립성을 공무원의 정치적 중립과 혼동하는 교사와 시민이 많아서 민주시민교육과 정치교육을 위축하는 효과를 발휘하기도 합니다. 또한, 교육의 정치적 중립을 이유로 교사를 배제하고 전문성과 자율성을 억제하는 상황이기도 합니다. 이에 잃어버린 교사의 목소리를 찾기 위해서는 공무 외 정치적 기본권을 회복하여야 합니다.

4장에서는 실제 교육 현장에서 교사가 어떻게 정치적 중립성을 유지하면서 민주시민교육을 할 수 있는지 살펴보고자 합니다. 헌법이 말하는 교육의 정치적 중립성을 보장하려면 외부 정치 세력의 영향력을 억제하여야 합니다. 학생을 민주시민으로 키우는 데 필요한 것은 배타적 정치 중립이 아니라 참여적 정치 중립이라고 제안하고자 합니다. 그러면서 일반 국민이 배타적 정치 중립을 지지하고 있는 까닭을 분석해 볼 것입니다.

현재 대다수 국민은 과거 권위주의를 온존하고 강화하기 위해 봉사하던 학교에 다녔던 경험이 있습니다. 그런 경험은 보호자들이 학생을 지키기 위해 교사가 권위적인 정치 세력으로부터 독립된 주체로 남아 있는 것을 선호하게 만듭니다. 상당수 국민이 거대 양당 구도에서 다투는 정치를 혐오하고 있습니다. 보호자들은 입시경쟁의 경마 트랙을 달리고 있어 입시경쟁에 방해되는 것들은 거부합니다. 심지어 교사의 기본권이라 할지라도 억제해야 한다고 보는 경향이 강합니다.

교사가 배타적 정치 중립을 극복하고 참여적 정치 중립을 추구하게 되면 더 수준 높은 민주시민교육을 지도할 수 있게 됩니다. 교사가 사회의 논쟁적인 사안을 중립적으로 지도할 방법으로 독일의 '보이텔스바흐 합의 (Beutelsbacher Konsens)'[ii]를 도입할 것을 추천합니다. 보이텔스바흐 합의는 교사가 강압적으로 주입하는 것을 금지하고, 논쟁적인 사회문제는 수업 중에 논쟁성을 재현하며, 학생의 입장을 구체적으로 실현하는 것을 지원할 것을 강조합니다. 보이텔스바흐 합의를 통해 교사는 민주시민교육과 정치교육을 개방적으로 할 수 있고 참여적 중립성을 달성할 수 있습니다.

일반 국민이 염려하는 내용인 수업의 파당성에 대하여 고찰해 보고자 합니다. 교육기본법은 전문성과 자율성을 별도의 조문으로 규정하였지만, 파당성이 무엇인지에 대해서는 특별히 조문으로 언급하지 않았습니다. 더욱 난해한 점은 주체를 명확히 규정하지 않아 누가 지켜야 할 것인지 명확하지 않다는 점입니다. 따라서 비파당성을 갖추어야 할 주체와 파당성의 성격에 대해 규명해 보고자 합니다.

5장에서는 교사의 참정권이 박탈되게 된 역사적 과정과 이에 저항한 투쟁의 과정을 정리해 보고자 합니다. 참정권 박탈의 시초가 민주시민성을 억압하고자 하는 불순한 의도로부터 비롯되었기 때문에 교사의 저항은 불복종과 헌법소원으로 나타났습니다. 사회문제에 비판적인 교사들은 시국선언으로 정치적 표현을 하였고 헌법소원을 통하여 참정권을 회복하기 위하여 노력하였습니다. 이 글을 쓰는 현재에도 이러한 노력은 여러 운동으로 나타나고 있습니다. 특히 교사들은 교사의 참정권을 억압하는 많

---

ii) 보이텔스바흐 합의는 독일이 2차 세계대전 이후 냉전으로 극심하게 정치적 대립을 겪을 때 여러 정치적 입장의 교육학자들이 보이텔스바흐 지역에 모여 정치교육에 대한 최소한의 합의를 마련한 것이다. 자세한 사항은 4장에서 소개하고자 한다.

은 법률이 헌법의 기본권 보장을 위배하고 있다고 판단하고 있습니다. 따라서 역사적으로 많은 헌법소원이 있었고 이에 대해 헌법재판소는 일정한 경향을 나타내고 있어서 이에 대해 살펴보고자 합니다.

6장에서는 교사 참정권을 회복하는 과정을 그려보고자 하였습니다. 그동안 집중하여 논의하였던 국가공무원법, 정당법, 정치자금법, 공직선거법, 교원노조법을 어떻게 바꾸어야 할지 변경할 조문까지 제안해 보겠습니다. 아무래도 입법가가 아니니 용어나 구조의 미숙성이 보일 수 있으나 법률 조문의 어느 곳에 문제가 있는지 확인하는 데에 의미가 있다고 봅니다. 또한, 일종의 로드맵으로서 교사 참정권을 회복하기 위하여 우선 요구할 것이 무엇인지, 장기적 목표로 두어야 할 것은 어떤 것인지 제안해 보겠습니다. 마지막으로 시민운동 차원에서 교원단체들이 참정권 회복을 위해 어떻게 접근할 것인지 방법론을 모색하여 보겠습니다.

7장은 교사의 참정권이 회복된 세상에서 무엇을 할 수 있을지 예측해 보려고 합니다. 가장 큰 일은 굴곡진 민주시민교육을 바르게 펴서 본연의 목적에 맞게 학생을 가르치는 일이라 생각합니다. 그동안 교육이 항상 경제와 정치 논리에 밀려서 교육 본연의 모습을 잃어버리고 좌초하는 모습을 바라만 보고 있었습니다. 이제는 교원의 참정권이 회복된 세상에서 교사의 현장 전문성이 지자체, 지역 및 광역의회, 국회를 통해 입법으로 제도화되기를 바랍니다.

참고문헌
------

1) 징검다리교육공동체 (2022). "나무에 오를 수 있어요" 다큐멘터리. [Online] https://youtu.be/DsCG41XFeFM.

2) 곽노현 (2017). 『인간의 기본권과 교육』. 2017 수석교사 직무연수 자료집.

3) 박천오 (2011). 『공무원의 정치적 중립: 의미와 인식』. 행정논총, 49(4), 25-50

4) 연합뉴스 (2007.12.13.). 하남시 주민소환투표의 뒷얘기. [Online] https://www.yna.co.kr/view/AKR20071213073900061

5) Dawkins, R. (2011). *The magic of reality for iPad.* Transworld Publishers and Somethin' Else.

6) 장하석 (2015). 『과학, 철학을 만나다』. 서울: 지식플러스.

7) 임혁백 (2014). 『비동시성의 동시성: 한국 근대정치의 다중적 시간』. 서울: 고려대학교출판부.

8) Fraser, N. & Honneth, A. (2003). *Redistribution or recognition: A political-philosophical exchange.* Verso.

9) 대니얼 카너먼 (2011). 『생각에 관한 생각』. 경기도: 김영사.

10) LeDoux, J. (1998). *The emotional brain.* Brockman inc.

11) 마이클 셸런버거 (2020). 『지구를 위한다는 착각(Apocalypse Never)』. 부키, 447-457.

12) Harari, N. Y. (2015). *Homo deus: A brief history of tomorrow.* London: Harvill Secker.

13) 공현, 전누리 (2016). 『우리는 현재다: 청소년이 만들어온 한국 현대사』. 서울: 빨간소금.

2장

정치적 중립에 대한
의문

학습자 중심 교육과정은
민주시민성이 충만한 교사를 원한다

학습자 중심 교육과정은 제7차에 개정된 국가의 교육과정에서 새롭게 강조한 방향입니다. "학습자 중심"이라는 말이 붙으니 이에 대한 해명이 필요하겠지요? 이제까지는 교수자가 중심이라 하든지 아니면 적어도 학생이 주변부에 머물러 있었다는 말로 해석할 수 있을 것입니다. 그도 그럴 것이 이제까지 국가가 제정하거나 개정하는 교육과정은 대학의 연구자가 그려 놓은 학생상을 기준으로, 일종의 학생 모델을 설정하고 학교와 교사가 표준적인 학생들을 어떻게 가르칠지 그 내용과 방법을 제정하는 것이기 때문입니다.

표준적인 학생을 가정하고 교육과정을 구성하는 옛날 방식은 마치 움직이고 있는 표적을 겨냥하는 사격처럼 쉽게 어긋날 수 있습니다. 방아쇠를 당기는 순간 표적은 이미 보았던 자리를 벗어나 있기 쉽습니다. 급격하게 변화하는 사회와 마찬가지로 학생들도 급히 변화하고 있기에 교육이 시대에 뒤떨어질 가능성이 큽니다. 오죽하면 X세대, Y세대, Z세대를 넘어 이들을 N세대, '디지털 네이티브(Digital Native)'라고 부르겠습니까? 이들은 학자들이 가정하는 것보다 훨씬 더 빠르게 정보통신 기술을 이용하고, 다른 방식으로 의사소통하며, 새로운 가치관을 창조하는 세대입니다. 즉, 이미 과녁에서 벗어난 학생이라는 말입니다.

특히, 인류는 새로운 밀레니엄과 더불어 나타난 지구온난화와 기후위협에 대하여 현재 전 세계의 기득권을 가진 국가의 정부 혹은 세대들이 해결할 수 있는지 그 능력과 양심에 대하여 회의를 던지고 있는 상황입니다. 탄소배출권을 두고 개발도상국이면서 인구 강대국인 중국과 인도 및 브라질은 제국주의 경험이 있는 OECD 강대국들, 미국, 영국, 프랑스, 독일 등에 그 책임을 물으며 본인들에게 탄소 억제를 강요하지 말라고 합니다. 지구 표면 온도는 산업혁명 이전보다 1.1도 올랐는데[1] 그것은 OECD 강대국들에 전적인 책임이 있다고 주장합니다. 반면, 선진국들은 개발도상국이나 인구 대국에게 교토의정서와 파리 기후협약과 같이 국제적인 협약을 준수하고 탄소 배출을 억제하라고 합니다. 이 와중에 최대 탄소 배출국인 미국의 대통령 도널드 트럼프는 파리 기후협약을 2015년에 탈퇴해 버렸습니다. 다행히 새롭게 미국의 대통령이 된 조 바이든은 2021년에 파리 기후협약에 복귀하겠다는 행정 조치를 취하였습니다. 매우 중차대하기도 하고 전 세계적인 협력을 도모해야 하는 사안임에도 불구하고 국제 협력의 끈은 너무도 느슨하고 헐겁습니다.

칼 짐머(2001)는 지구상에 존재했던 어느 한 종이 지속하는 기간이 평균 100만 년이라고 하였습니다.[2] 인류도 지구에서 탄생한 어느 한 종이라고 여기고 지속가능성을 가늠해 볼 수 있습니다. 우리 인류는 27만 년 동안 아프리카 어느 지역에서 출발하여 전 세계로 퍼졌다고 알려져 있습니다. 그런데 지구 평균기온이 산업혁명 이전과 비교하여 1.5도를 넘어 상승하면 인류의 생존을 장담할 수 없는 지경에 이를 것입니다. 즉, 이런 속도로 온실가스가 발생하는 상황이라면 겨우 30만 년도 못 가서 인류는 절멸에 이르게 된다는 암울한 미래를 점쳐 볼 수 있습니다. 지구가 온실가스로 가득 찬 금성을 닮지 말라는 법이 없지 않겠습니까? 기후변화정부간협의체(IPCC)의 2021년 보고서에 따르면, 지구 표면 평균온도 상승 폭 1.1도 중에서 인간의 활동이 유발한 상승분이 1.07도에 이른다고 합니다.[3] 온전히 인간 활동이 기후 상승 탓이라고 보는 것이 맞을 것입니다. 따라서 해법도 인류가 내야 하는 상황이라고 해야겠지요.

이에 OECD는 새로운 가치를 창출해 내고 사회적 갈등을 극복하는 의사소통을 하는 변혁적인 역량을 갖출 세대를 길러야 한다고 강조합니다.[4] 새로운 청소년과 학생들이 지금과는 다른 방식으로 미래의 대안을 생산하는 주도성을 가져야 한다고 말합니다. 이 목적은 특별한 카리스마를 품은 인재가 사회를 이끌어야 한다는 인재론이 아니라, 생각이 다른 수많은 의견이 갈등하는 가운데 민주주의 기제가 작동하면서 합의를 이끌 수 있는 민주적 리더십과 집단지성을 품은 인간을 그리는 교육을 해야 한다는 것입니다. 이것이 학습자 중심 교육과정이라고 말할 수 있겠습니다.

제가 교육이 변화하고 있다고 실감하게 된 계기는 교과서의 변화를 보았을 때입니다. 교사는 잘 가르치기 위하여 스스로 근면하게 연구해야 한다는 취지를 담은 연수제도가 있습니다. 그렇게 3년 동안의 파견으로 학교를 떠났다가 2007년에 학교로 돌아왔더니 학생들이 보는 교과서가 바뀌어 있었습니다. 대부분 교과서가 학생들에게 어떻게 생각하는지 질문을 합니다. 학생들이 생각하는 것이 무엇이 대수라고 그렇게 각 학생의 생각을 물어줄까요?

학습자 중심 교육과정은 학생 개인의 학습 과정에 주목합니다. 각 학생은 자신의 가정과 마을에서 경험했던 것과 배웠던 지식이 다릅니다. 다른 경험과 지식을 바탕으로 교사의 교육내용은 학습자의 머릿속에서 연결망을 형성하기 때문에 똑같이 교실에서 같은 내용을 배우더라도 홍길동의 인지구조와 임꺽정의 인지구조는 반드시 다르게 형성됩니다. 「물고기는 물고기야(Fish is Fish)」[i]라는 동화를 보면 이를 재미있게 묘사하고 있습니다.

물 밖 세상이 궁금한 아기물고기는 친구 개구리에게서 육지 세상의 이야기를 전해 들었습니다. 개구리가 새는 날개가 있고, 두 다리가 있으며, 참 다양한 색을 가지고 있다고 설명해 주면 아기물고기는 날개와 두 다리가 달린 물고기가 색깔 찬란한 비늘이 달린 날개를 퍼덕이며 하늘을 날아가는 것을 상상합니다. 또, 친구 개구리가 젖소에 대해 설명해 주면 아기물고기는 얼룩무늬가 있고, 뿔이 달리며 해초를 먹는 물고기를 상상합니다. 사람에 대해서는 어떠할까요? 아기물고기는 수직으로 몸을 세우고 두 다리로 강바닥을 걷는 물고기를 상상합니다.

어떤 모습을 말해 주든지 아기물고기의 머릿속에서 그려지는 생명체들의 모습은 여전히 아가미가 있고, 비늘이 있으며, 지느러미가 있는 것이 됩니다. 물고기로서 자기 모습이 투영되어서 나타나는 현상입니다. 또한 정보가 비어 있는 부분에 대해서는 자신이 이미 형성한 지식과 선입견으로 채워서 완성해 버립니다. 이렇게 보면, 새롭게 배우는 학습은 학생이 이전에 경험하고 습득한 지식에서부터 출발하여 연결 짓고 분류하여 새롭게

---

i) 도노반과 브랜스포드(2005)는 학생의 학습과정을 구성주의 교육철학 관점으로 설명하면서 라이오니(Lionni, 1970)의 책 「물고기는 물고기야(Fish is Fish)」를 인용하여 알기 쉽게 설명하였다. 개체의 학습은 철저히 신체 구조, 현재 사고방식, 주위 환경에 의존하여 구성되기 때문에 맥락적이지 못한 암기 및 암송 훈육은 효율성이 떨어진다.

만들어내는 것이기 때문에 학습자 중심 교육과정은 각 학생이 현재 배우는 교육과정 속에서 어떻게 학습해 나가고 있는지, 이전에 알고 있던 것은 무엇인지, 새롭게 알게 된 것이 적절하게 연결망을 형성했는지 파악해 나가는 것이 중요합니다. 그래서 계속 학생에게 질문을 합니다.[5]

이때 물어보는 질문의 의도는 옳고 그름을 판별하기 위한 것이 아닙니다. 소크라테스의 질문법은 노예는 무지하고 소크라테스는 진리를 소유한 상태에서 그 노예가 무지를 자각하고 진리를 전수 받는 과정을 교육이라고 말합니다. 그러나 학습자 중심 교육과정은 교사와 학생이 교육내용에 대하여 서로 이야기하면서 합의를 도출하게 됩니다. 지식을 둘러싸고 교사의 교육권과 학생의 학습권이 동등하게 상호작용을 벌여야 한다고 봅니다.

교사의 전통적인 지적 권위만 중요한 것이 아니라, 교실 안에서 교사와 학생이 질문, 대답, 설명, 대화, 글쓰기, 제작 등을 벌이며 사회적 상호작용 속에서 새롭게 재생산하는 방식이 중요합니다. 수평적으로 상호작용하면서 합의를 이루어 나가는 것이 학습입니다. 이렇게 지식과 학습을 정의하고 나면 이제까지 교사에게 부여하던 권위를 조정해야 한다고 느낄 것입니다.

이렇게 학생이 형성하는 지식을 보는 관점이 달라지면서 교사와 학생이 수평적인 관점에서 수업에 대한 권력을 나누어 가지게 됩니다. 학교에서 배우기 전 체득한 학생의 경험은 논리적인 사고를 하지 못한 채 형성된 것이기 때문에 학교 교문과 교실 문을 넘어올 때 모두 삭제할 것으로 보면 안 됩니다. 학생이 형성한 경험과 나름대로 이해한 것을 존중하면서 수업 장면에서 드러내 놓고 그 경험에 관하여 이야기하게 되어야 합니다. 애초에 국가가 제시한 교육과정에 담긴 목표를 달성하는 것만큼 비중을 두고, 교사는 교실 안 공동체 구성원의 자격으로서 학생들이 삶 속에서 끌어온 다양한 경험과 지식을 교실 마당에 꺼내 놓고 교과서의 내용과 비교해 볼 수 있도록 권한을 보장해 주어야 합니다. 다음은 제가 교실에서 하는 수업으로서 수평적 의사결정이 비교적 잘 드러났던 사례를 하나 소개하고자 합니다.

이 책을 읽고 있는 독자가 교사라면 학생들이 모르는 낱말이 많이 들어 있는 글을 이해시키는 것을 목표로 하는 국어 수업을 어떻게 시작하고 싶을까요? 학습자 중심 교육과정을 실현하려고 의도했던 저의 경험을 이야기하고자 합니다. 이런 사례는 교사가 수업을 실행하면서 어떻게 민주시민성이 발휘되어야 하는지 생각할 기회를 줄 것입니다. 저는 책, 신문, TV, 라디오, 잡지 등 학생들이 평소 읽을거리를 볼 때 모르는 낱말이 있는 경우에 어떻게 하였는지 물어보는 것으로 수업을 시작하였습니다. 그다음으로 학생들이 제시한 방식들과 교사가 제시한 방식 중에서 어떤 것이 유용한지, 장단점은 어떠한지 논의하였습니다. 초등학교 3학년 국어 교과서에서 제시한 방법으로는, 첫째 모르는 낱말의 앞뒤를 살피는 방식, 둘째 뜻을 짐작해 보고 바꿀 낱말을 넣어보는 방식, 셋째 그 낱말을 사용하여 문장을 만들어 보는 방식을 소개합니다. 그러면 학생들은 "그냥 넘어간다.", "비슷하게 발음되는 낱말을 떠올려본다." 등을 말하였습니다.

물론 교과서에 제시되어 있고 교사가 강조하는 방식들은 교과서와 교사가 가지고 있는 권위에 의해 뒷받침을 받기 때문에 모두에게 유용하다고 인정받습니다. 반면, 아이들이 제시한 방식들은 누구라도 모르는 낱말을 만날 때 한 번쯤 적용하는 방식일 것이고 때에 따라 의미 있게 작동되기도 합니다. 문제가 되는 상황은 교사가 일방적으로 제시하고 특별한 숙고의 과정이 없을 때입니다. 이렇게 일방적으로 가르치는 교수 방법의 문제점은 제시되고 있는 교과서의 읽기 방식들이 가지는 유용성을 체험하면서 자기의 것으로 만드는 기회가 없어진다는 점입니다. 아무리 교과서 방식들이 좋을지라도 말입니다. 학습에 있어서 민주적인 숙고의 과정을 빠뜨리면 진정한 학습이 이루어지지 않기 때문입니다.

배움이라고 하는 것은 철저히 학습자의 주도성이 발휘되어야 합니다. 이 책은 학습 이론을 설명할 목적이 없기 때문에 더 상세하게 서술하지는 않을 것이지만, 적어도 인지적 불균형과 사회적 내면화 기제가 작동하거나 허용되는 민주적인 수업풍토를 갖추는 것을 강조할 필요가 있습니다. 민주적 기제들이 없으면 애초에 교육이 목적으로 하는 고차적 학습은 이루어지지 않고 단어 암기에 가까운 수준으로 변질되기 때문입니다. 또한 교사 또는 동료와 생각을 나누는 깊고 폭넓게 사고할 기회를 잃을 수 있습니다. 따라서 교사가 수업 전반을 계획하고 진행하는 과정에서 민주적인 수업풍토를 조성하기를 바랍니다.

학습자가 새롭게 배우는 것과 기존에 배운 것 사이에 불일치가 발생할 때 학습자는 인지적 불균형을 경험합니다. 학생은 자기의 방식으로는 글을 이해하기 어려운 상황들을 성찰하는 기회를 가져야 하고, 교과서의 새로운 방식들이 독해에 유용할 때 인지적 불균형을 느끼고 인지구조를 조정하게 됩니다.[6] 중추신경 차원으로 말하자면, 무의식적으로 인과성과 관련성이라는 추상적 층에 적합하게 신경물리적 차원에서 뉴런의 연결망을 재조정하게 된다는 것입니다. 또한 인지적 불균형을 겪은 후 자신의 독서 습관을 바꾸는 것은 실제로 학생 자신이라는 것입니다. 그렇지 않으면 학생이 독서 행동을 변화시키는 데까지 나아가는 학습이 되지 않을 것입니다. 교사가 얼마나 배웠는지 질문하면 정답을 암송하는 수준 정도의 뉴런 변화를 만드는 것만으로는 진정한 배움이라고 할 수는 없습니다. 마치 운전할 때 무의식적으로 브레이크, 액셀, 운전대를 조정하고 모든 행동이 조화를 이루듯 어려운 낱말이 나오는 순간 무의식적으로 소뇌가 동작해야 교육과정에서 이루고자 하는 목표가 달성되었다고 말할 수 있을 것입니다. 이런 면에서 보면 현재 국가수준 교육과정이 얼마나 많은 성취 목표를 제시하고 있는지, 배우면서 재미를 느낄 기회를 뺏고 있는지 알 수 있습니다.

학생은 교사가 교과서의 정보를 다루는 방식 자체를 사회적으로 내면화하기도 합니다.[7] 교사가 학생의 방식들과 교과서의 방식들을 모두 나열하며 그것의 장단점을 따져보면서 논의하는 과정을 이끌게 되면, 학생들은 공부하는 태도 자체를 개방적이고 비판적으로 하려는 자세를 가집니다. 학생 본인들이 제시한 방식을 무게 있게 다루고, 교과서의 방식에 대해 비판적으로 바라보는 교사의 태도를 은연중에 관찰한 학생은 스스로 자신의 방식들을 비판적으로 성찰해 보려는 태도를 잠재적으로 배울 것입니다. 또한, OECD가 21세기에 학생에게 필요한 능력으로 제시한 '변혁적 역량'과 '학습자 주도성'을 익히게 될 것입니다. 그렇다면 교사가 가르치는 교수 효율성이 떨어지지 않을까요? 수업이라는 한정된 시간에 학생들에게 너무 혼란스러운 내용들을 다루게 될 터니까요.

교사가 가르치는 일은 교과서에 있는 내용을 전달하는 것이 목적이 아닙니다. 학생을 중심에 두고 학생이 그것을 학습하게 하는 것이 목적입니다. 학생의 학습에 효율을 높이기 위해 교사의 수업 방법을 개발하는 것이지, 교과서의 내용을 잘 전달하기 위해 학생을 통제하는 것이 아니기 때문입니다. 학생을 통제해야 한다는 관점은 지식 권력을 교사에게 집중하는 권위주의 교육관을 담고 있습니다.

학자 중에는 지식과 경험을 구분하여 그 근원이 매우 달라서 학교는 경험보다는 지식을 강조하여 가르쳐야 한다고 말합니다. 항존주의와 재건주의 교육철학을 지지하는 학자들이 이러한 입장을 강조합니다. 여기에는 학생의 경험을 낮추어 보고 학문의 지식을 중시하는 이분법적인 태도가 담겨 있습니다. 지식을 배우지 않은 어린이와 청소년이 무엇을 경험한다는 것은 말 그대로 원시 상태의 감지(perception)에 해당하는 것이라 치부해 버립니다. 환경과 주위 사회에서 정체를 알 수 없는 다양한 자극이 밀려들어오지만, 원시인의 훈련되지 않은 감각 기관들은 이러한 자극들을 분리하고 이름을 짓지 못하면서 참된 지식을 만들지 못한다는 비난입니다.

그러나 우리 사람의 유전자에 새겨진 학습 본능은 그렇게 단순하지 않습니다. 원시인의 학습 본능은 충분히 준비되어 있으며, 감각 기관들은 자연환경뿐만 아니라 사회문화적 환경 자극들을 받아들이면서 감각 기관들의 능력을 극대화하려고 합니다. 다만 원시인은 그들의 자연환경과 사회문화적 환경에 적합한 방식으로 감각 기관과 중추 기관의 능력을 발달시켰을 뿐입니다.

그동안 인류는 진화과정을 통하여 심리적 및 사회적 학습 능력을 발달시켰습니다. 뛰노는 아이들을 보면 단박에 알아챌 수 있습니다. 매우 어린 아이라고 할지라도 날아오던 공이 나무에 가려지면 다시 나타날 것을 압니다. 어느 정도 자란 아이는 물병에 담긴 물을 모양이 다른 병에 옮겨 담는다고 할지라도 부피는 변하지 않는다는 것을 압니다. 그리다 만 불완전한 원 도형을 본 아이는 마음의 붓으로 동그라미를 완성하고야 맙니다. 수많은 미세한 얼굴 근육의 움직임이 만들어내는 표정의 차이를 단박에 잡아냅니다. 상대의 마음을 읽어낼 수 있게 된 인류는 몇백 명에 이르는 사람과 관계를 맺을 수 있을 정도로 감각 및 중추신경의 능력을 비약적으로 발전시켰습니다.

이렇게 학생들은 기본적으로 타고난 학습력을 가지고 있고 거기에서부터 시작한 인식 능력은 점차 고등사고로 성장합니다. 인류 민속학자인 레비스트로스는 『야생의 사고』라는 책에서 미개인의 사고와 문명인의 사고가 보여주는 차이는 발달 수준을 의미하는 것이 아니라 각각 사회가 가진 관심사가 달라서 발생하는 현상이라고 말합니다. 그가 비난하는 것은 제국주의 식민 사상이었습니다. 레비스트로스를 분석한 우치다 다츠루(2010)는 이렇게 말합니다.

> "어떤 영역에 대해 개념이나 어휘가 풍부하다는 것은 그 집단이 그 영역에 대하여 깊고 강한 관심을 나타내고 있다는 것입니다. 문명인과 미개인은 그 관심을 두는 방법이 다를 뿐, 문명인처럼 세계를 보지 않는다는 것이 미개인은 지적으로 열등하다는 것을 의미하지 않습니다. 어느 쪽이든 세계는 사고의 대상, 즉 최소한 다양한 욕구를 채우는 수단에 불과하기 때문입니다. 레비스트로스는 모든 문명은 각자가 지닌 사고의 객관적 측면을 과대평가하는 경향이 있다고 준엄하게 충고합니다."[8]

어린이가 생각하는 방식이 미개해 보이는 것은 어른의 세계에서 유용하지 않기 때문이지, 어린이의 세계에서 객관성과 논리성을 지니고 있지 못하다는 것이 아닙니다. 그렇다고 어린이가 어른의 사고를 배우지 말아야 한다는 것은 아닙니다. 다만, 여기서 강조하고 싶은 것은 어린이가 어른의 사고가 가진 유용성을 충분히 경험하기 위해서는 어른의 세계를 이해할 만큼 어른과의 충분한 사회적 상호작용을 가져야 한다는 것입니다. 이러한 사회적 상호작용을 충분히 제공할 만한 사람은 부모, 교사, 마을 이웃, 그리고 약간 더 성찰적인 친구입니다. 어른 세계의 대화와 상징, 가치를 먼저 깨달은 친구는 어린이를 가장 잘 가르쳐 줄 수 있는 존재입니다. 어린이 세계와 어른 세계의 경계를 누구보다 잘 이해하기 때문입니다.[9] 이렇게 보면 공자가 말한 그 모습이 그대로 재현됩니다.

"세 사람이 함께 길을 걸어가면 거기에는 반드시 나의 스승이 있다.
그 가운데 나보다 나은 사람의 좋은 점을 골라 그것을 따르고, 나
보다 못한 사람의 좋지 않은 점을 골라 그것을 바로잡아라."

편협한 잣대를 들이대어 나보다 나은 사람, 나보다 못한 사람을 판단
하는 태도만 버린다면, 만인은 만인의 스승이요, 제자입니다. 우리가 중요
하게 톺아볼 것은 약간씩 차이가 있는 사람들 사이에 만들어지는 사회적
상호작용입니다. 나보다 나은 사람, 또는 나보다 못한 사람과 상호작용을
통해 배우는 개방적인 자세입니다. 그래서 교실 안에서 합리적 이성이 작
동하면서 교사와 학생이 대화할 수 있을 만큼 교실 수업은 자유와 평등 및
존엄성이 살아 있는 곳이어야 합니다.

위르겐 하버마스(1984)는 사회에 대한 비판이 가능한 까닭은 대화적 합
리성이 작동하여 사람들 사이에 민주적 합의가 형성될 수 있기 때문이라
고 하였습니다.[10] 이와 마찬가지로 교실에서 교사와 학생 사이에 이상적인
담화가 오가는 상황이 펼쳐져야 하는데, 이를 결정하는 것은 수업을 이루
는 교사와 학생 사이에 진실, 자유, 정의, 평등 등 민주주의의 가치가 살아
있는지입니다. 이런 점에서 교실은 또 하나의 살아 있는 민주주의 사회이어
야 합니다.

학생들이 스스로 성찰하고 표현하게 하면 할수록 교과서의 내용과 다
른 의견들이 많이 나타납니다. 애초 교사가 가진 지식은 학문 세계의 지식
과 논리를 대표합니다. 이러한 교사의 지식과 논리로부터 상당히 거리가
먼 학생들의 지식과 논리가 나타나기 시작합니다. 학생들의 사고방식에는
뉴스거리, 노상 대화, 정치 담론, 가족 대화 등 상당히 다른 색깔의 입장이

묻어납니다. 다음의 일화를 보면 학생과 교사의 의견이 갈리는데, 대한민국의 교사 대부분에게는 너무도 자연스러워 마치 오늘 교실에서 벌어진 일을 말하는 것 같은 느낌이 들 정도입니다.

진로교육을 하면서 소득격차를 고려하여 고르게 '이용사', '조리사', '떡 제조원', '환경미화원', '교사', '소프트웨어 개발자', '회계사' 등을 나란히 소개하였습니다. 그러면서 저는 학생들에게 직업 간 임금 격차로 인하여 직업 선택의 다양성이 줄어들고 있다고 하며 안타까운 마음도 덧붙였습니다. 제가 보기에 취업 전쟁을 치르는 청년들을 괴롭히고 있는 것은 바로 좋은 직장, 즉 높은 연봉의 직업을 획득하고자 하는 욕망이기 때문입니다.

> "여러분이 직장인이 될 때는 아마도 의사처럼 높은 소득을 올리는 선망하는 직업과 여기서 소개하는 직업들 사이에 나타나는 임금 격차가 줄어들 것이에요. 그렇게 되면 여러분들은 정말 자신의 적성과 소질에 따라 좋아하는 일을 선택할 수 있겠죠?"

세상의 변화를 촉구하는 저는 어쩌면 상당히 진보적 입장에 선 교사라고 할 수 있겠습니다. 이럴 때 이렇게 따지고 드는 아이가 있었습니다.

> "선생님, 만약 내가 이용사가 된다고 하면 우리 부모님은 화내실 거예요. 왜냐하면 우리 부모님은 항상 의사가 높은 연봉을 받고 풍족하게 살기 때문에 성공한 직업이라고 하세요. 그러시면서 의사가 되려면 게을리하지 말고 부지런히 공부해서 일등 하라고요."

저의 관점은 학교를 성공의 도구로 바라보는 보호자를 실망하게 했을 것입니다. 앞에서 말한 학생의 보호자처럼 아이들에게 좌우 살피지 말고 성적 경쟁에서 승리하고 연봉 높은 직업을 쟁취하라고 말하는 것이 그러한 보호자의 입맛에 맞았을 것입니다. 현재 자본주의 경제체제 안에서 계층 질서를 존중하며 자유롭게 경쟁하라고 말입니다. 이런 입장은 현재 사회 질서를 지키는 면을 강조하는 보수적 입장이라고 할 것입니다. 그러나 학교라는 공교육 장소에서 치열한 경쟁에서 살아남으라고 가르치는 것을 옳다고 하는 의견에는 동의하기 어렵습니다. 어쨌든 저는 진보적 시각을 선택하였고 이는 상당한 정치적인 행위이며 정치적 중립성을 위배하는지 따져보아야 할 것입니다. 그러나 교사의 정치적 중립성의 모습이 어떠해야 하는지에 대해서는 민주주의 가치의 속성을 먼저 생각해 본 다음 견해를 밝히려 합니다.

한 가지 짚고 넘어갈 것은 교사가 수업을 학생 중심으로 이끌 수 있으려면 반드시 교사에게 높은 민주시민성이 요구된다는 점입니다. 학생들이 내놓는 의견과 생각, 경험을 가치 있는 것이라 인정하는 학습자 중심 교육과정을 달성하기 위해서 교사는 레비스트로스의 "문명 수평론", 공자의 "삼인행 필유아사론", 하버마스의 "합리적 대화성" 등이 이끄는 민주시민성을 견지해야 합니다.

민주주의 가치는
매번 합의(consensus)를 요구한다

민주주의 가치는 분명한 방향성을 가지고 있지만, 특정 시점에서 특정한 사회를 민주주의의 잣대로 객관적으로 평가하는 것은 쉬운 일이 아닙니다. 인간의 존엄성, 자유와 평등의 이상적인 가치가 고정불변인 것과는 다르게 특정 시대는 어떤 하위 집단의 권리가 조명을 받는가에 따라 민주적인 사회라고 해석될 수도 있고, 소수 특정 집단이 지배하는 귀족 혹은 독재사회라고 비난받을 수도 있습니다. 또한 역사를 해석하는 패권은 때에 따라서 독점되기도 하기에 똑같은 사실에 대해서도 '민주적이다, 혹은 아니다'라는 판단이 엇갈릴 수밖에 없습니다. "유대인 한 명이 500마르크를 12% 이자율로 빌려줄 경우"와 같이 맥락 속에서 돈만 밝히는 유대인 이미지를 씌워서 유대인 혐오 정서를 조장해도 나치 정권의 역사 교과서는 민주적이라고 치부되었고, 독일 제국의 학생들은 스스로 자유롭다고 생각했습니다.[11]

　민주주의 가치가 가진 다면성을 안다면 민주주의 가치는 급변하는 사회 안에서 언제나 성찰해야 할 대상이라는 점이 드러납니다. 민주주의는 현시대를 살아가는 사람들의 인지와 정서 속에 지속해서 반영하고 고찰되어야 하는 속성이 있습니다. 따라서 교사가 사회적 현안을 민주시민교육의 주된 소재로 다루는 것은 선택적인 요소가 아니라 필수적인 요소입니다.

민주주의의 가치가 얼마나 다르게 해석될 수 있는지 서양철학사에서 양대 세계대전 후 등장한 두 철학자, 소극적인 자유를 주장하는 이사야 벌린(Isaiah Berlin)과 적극적인 정치적 자유를 주장한 한나 아렌트(Hannah Arendt)의 논리를 대조해 보면 쉽게 이해할 수 있습니다.[12] 냉전 시대의 이사야 벌린은 소극적인 자유로서 개인의 사상과 행동에 대해 방해하지 않는 이상적 민족국가를 민주주의라고 규정하였습니다. 개인이 무엇을 하도록, 혹은 하지 못하도록 전혀 강요하지 않는 것이 자유라는 것입니다. 즉, 정부 권력과 이웃은 개인이 자기에게 좋은 것이 무엇인지 판단하며 살 수 있도록 허용하고 참아주어야 합니다.

반면, 한나 아렌트가 설계하는 공화국 안에서 개인은 적극적인 시민성을 발휘합니다. 복지국가를 추구하는 현대 민주주의 정부는 공권력의 불간섭을 고수하면서도 시민 사이에 능력 차이로 발생하는 분배의 불평등을 외면하는 행태를 용납하지 않습니다. 한때, 영국의 마거릿 대처 총리나 미국의 로널드 레이건 대통령이 퍼트린 신자유주의 패러다임은 자유 경쟁을 위한 능력주의 이데올로기의 뒷받침을 받아 신화가 된 적이 있었습니다. 그러나 시민의 경제적 격차를 북유럽 선진 민주주의 국가들은 용인하지 않으며, 경제 격차를 지속가능성장을 가로막는 근본적인 걸림돌로 여기고 있습니다. 정치적으로도 현대 민주주의는 불평등을 용인하는 능력통치(Meritocracy)를 극복할 과제로 보고, 시민 사이에 나타나는 다양한 격차를 줄이는 공정사회를 추구하고 있습니다.

이렇게 민주주의 가치는 시대의 사회경제 구조와 문화가 변모하는 데에 따라 호응하여 변화하고 있으므로, 민주 시민이거나 민주 시민으로 자라날 청소년은[13] 우리 사회가 만들어내는 공동체의 민주주의적 합의가 무엇인지 끊임없이 탐색 및 체험할 기회를 가져야 합니다. 학생들이 누구를 민주주의 합의에 대한 탐색과 체험의 동반자로 삼아야 할까요? 가장 유력한 후보가 교사일 것입니다. 교사는 민주주의의 합의가 무엇인지 스스로 탐색하고 성찰하는 주체가 될 때, 비로소 학생의 가이드 및 촉진자로 자리매김할 수 있습니다.

교사가 교육기본법에서 규정한 대로 학생을 민주시민으로 육성하기 위해서는 먼저 민주주의 합의에 대하여 지속적으로 탐색하고 성찰하는 존재가 되어야 합니다. 그런데 현재 대한민국 국가의 법 제도는 교사를 정치로부터 배제하고 있습니다. 법이 교사를 불신하기 때문입니다. 교사를 배제하는 중립성은 학생을 민주시민으로 육성하는 데 교사가 전문성 및 공정성을 발휘할 수 없게 만드는 걸림돌입니다. 물론 교사가 인류의 보편적 양심에 따른다면서 자기만의 독단을 민주적 합의라고 오해한다면 매우 위험할 수 있습니다. 하지만 이러한 경우는 극히 일부에 국한됩니다. 인류 보편성 속에는 이타성과 공정성이 내재해 있기에 일반적인 교사와 학생들이 가진 이타성과 공정성을 신뢰하는 것이 타당합니다.

당연하게도 이타성과 공정성은 우리 인류의 태생에 각인된 것으로 모든 사람에게 잠재된 것이 사실입니다. 인류와 비슷한 유인원들은 몇 번의 혹독한 빙하기 환경을 견디면서 타인과 협력하여 생명을 연장할 수 있는 행동 방식을 가지도록 진화하였습니다. 침팬지와 오랑우탄과 같은 유인원들은 사육사가 먹이를 차별하여 준다고 느끼면 거칠게 저항하며 먹이를 먹지 않기도 하고, 도움을 잘 줄 수 있는 상대방을 골라 자기의 것을 나누는 지혜도 가지고 있습니다. 하지만 어디까지나 도움을 서로 주고받는 정도에서 끝나거나 개인의 이익보다 상대방 개체의 이익을 우선하여 행동하는 것에 그치고 맙니다.[14] 즉, 인간이 아닌 유인원들은 도움을 주고받는 수준에 머물고 맙니다.

그러나 인류는 원시 수렵사회를 지나 부족 단위의 정착촌을 형성하고 종국에는 몇백만에서 몇억에 이르는 인구를 가진 국가사회를 만들었습니다. 이렇게 확장하게 된 데에는 몇 가지 원인이 있습니다. 사회가 발전한 순서대로 농업 생산력의 급격한 증가에 따른 인구 밀도 증가, 한곳에 머물러 사는 정주형 촌락, 종교, 중앙집권적 왕권, 정교한 통치제도의 등장 등을 들 수 있습니다.[15] 심지어 인류는 유엔(UN)이라는 초국가적인 세계기구를 만들기까지 하고 있습니다.

　　이렇게 인류 문명이 폭발하듯 발전하게 된 동력은 무엇보다도 인류 스스로가 만든 정교한 교육제도가 새로 출생하는 세대를 재교육하는 능력이 극대화되었다는 점입니다. 무임승차를 하는 사기꾼을 억제하고 불이익을 주며, 독점적인 권력을 휘두르려는 자를 평판에 의해 제거하는 도덕성을 기반으로 두고 교육을 통하여 자연환경과 사회환경에 적응하거나 극복하는 방식을 배우기 때문에 가능한 것입니다.[16]

　　인간의 생물학적인 능력이 문명 발전을 뒤따라 잡을 수 있을까요? 시민이 주권을 잡은 국가일수록 주권재민(主權在民)[ii] 사상은 눈에 보이지 않아도 철저하게 지켜집니다. 나 자신뿐만 아니라 이웃도 시민성을 발휘할 것이고, 국가 제도의 운용을 맡은 관료가 국민 전체의 이익을 위하여 봉사할 것이라 신뢰하는 것 등은 국가 민주주의가 튼튼하게 유지될 수 있는 토대가 됩니다.[17] 여기에 발휘되어야 할 이타성과 공정성의 연원을 굳이 따져본다면 유전자의 미미한 영향력과 사회문화적 환경의 막대한 교육력으로 말미암아 형성되는 것입니다. 따라서 학교는 교육을 통하여 민주주의 가치를

---

ii) 국가의 권력은 국민으로부터 나온다는 생각입니다.

모두가 지킬 것이라는 믿음과 실천 의지를 지속해서 학생들에게 충전하여야 합니다.

인격을 도야하는 것처럼 교사는 현시대의 사회적 현안을 민주주의 가치에 비추어 비판하고 입장을 갖추는 노력이 필요합니다. 교사가 정치적 현안들에 대하여 성찰하면서 민주시민성을 갈고닦아야 민주적 합의에 적합한 중립성을 견지할 수 있는 것입니다. 특정한 사안과 관련된 민주주의 가치는 무엇인지, 특정 자원을 어떻게 구체적으로 분배하는지, 접근할 수 있는 권리를 갖는지, 공동체의 경계를 어디까지 두는지 등 시민사회는 유동적으로 합의를 형성합니다. 이런 과정에 참여하는 것이 합당한 시민성이며 학생과 보호자도 학교 공동체의 현안뿐만 아니라 사회의 현안에 참여해야 합니다. 한 사례를 들어보고자 합니다.

제정된 지 30년이 되는 동물보호법은 누구든지 동물을 사육, 관리 및 보호하면서 가급적 동물이 본래의 습성을 유지하면서 정상적으로 살 수 있도록 해야 한다고 명시합니다. 그러나 여전히 우리 중 일부는 개를 불법 도축하고 있습니다. 그만큼 우리 사회에서 개를 바라보는 인식의 스펙트럼이 넓다는 것을 보여줍니다. 법이라는 것이 사회의 합의를 담은 약속이라고 할 때 교사는 대표적으로 그 약속을 둘러싼 사회적 맥락을 인지적으로, 정서적으로 학생에게 매개해 줄 수 있어야 할 것입니다.

그런데 가정에 따라 개장국에 대한 인식은 다양할 것입니다. 한 학급 안에는 개장국을 좋아하는 보호자를 둔 아이도 있고, 금방 가족과 같은 반려견에게 뽀뽀하고 등교한 아이도 있을 것입니다. 이들이 한 교실에 모여서 우리가 어떤 합의를 만들어야 할지, 어디까지 개인 선택의 자유를 허락해야 할지, 어떤 것을 공익을 해치는 불법행위라고 보아야 할지를 안전하면서 개방적으로 논의하는 기회가 있어야 합니다. 학교는 이렇게 다양한 입장과 담론들이 자유롭고 안전하게 펼쳐질 마당을 제공할 의무가 있습니다. 자본주의의 논리에 따라 대립적 입장에 선 개 시장의 상인들과 동물보호단체를 지지하는 사람들이 모여 이렇게 개방적이면서 자유롭게 토론할 수 있을까요? 학교가 아니면 어느 곳에서 이런 개방적인 토론이 가능할까요? 어떤 의견이든지 개방적으로 받아줄 수 있는 교실 안에서 이런 논의를 이끄는 교사는 더욱 사회적 현안에 관심을 두고 민주시민성을 벼려야 하지 않을까요?

교사의 직무 안에서
정치적 중립성이 필요하다

1987년 6월 민주항쟁을 거치고 개정된 대한민국헌법 제31조의 4항은 "교육의 자주성, 전문성, 정치적 중립성 및 대학의 자율성은 법률이 정하는 바에 의하여 보장된다."라고 선언합니다. 이 선언을 바탕에 두고 교육기본법은 교육의 정치적 중립성을 규정하고 있습니다. 교원에게 한 가지 더 적용되는 헌법 조항이 있습니다. 국가가 세우거나 지방자치단체가 세운 학교에서 근무하는 교원은 국가공무원의 신분을 가지고 있습니다. 우리 헌법 제7조의 2항은 "공무원의 신분과 정치적 중립성은 법률이 정하는 바에 의하여 보장된다."라고 선언합니다. 이 선언에 따라 정당법과 정치자금법, 공직선거법에서는 각각 공무원의 정당 가입, 정치후원, 출마를 금지하고 있습니다.

법을 떠나 생각해 봅시다. 실제 교사가 특정 정당에 가입하거나 후원하는 행위가 헌법의 교육 정치적 중립성을 위배하는 것일까요? 아마도 고개를 좌우로 젓는 분들이 꽤 있을 것입니다. 왜냐하면 교원이 학교 근무 중에 교육활동을 하면서 정치적 중립을 지키는 것만으로도 헌법 제31조와 교육기본법이 요구하는 교육의 정치적 중립성을 충족한다고 보는 것이 적절하니까요. 많은 분이 근무시간 외에 개인 생활에서까지 교사의 참정권을 구속하는 것은 헌법이 보장하는 기본권을 근본적으로 침해하는 것으로 생각할 것입니다. 오동석(2010), 배소연(2020), 노기호(2000), 이종수(2010), 정상우(2015), 조국(2012) 등 많은 연구자도 현재 교원과 공무원에게 가해지고 있는 정치적 기본권에 대한 탄압은 헌법과 일치하고 있지 않다고 비판하고 있습니다.[18)19)20)21)22)23)] 심지어 어떤 연구자는 다른 나라와는 다르게 원천적으로 교사의 참정권을 부정하는 각종 법이 선의의 교사들을 범법자로 둔갑시키고 있다고 맹렬히 비판하였습니다.

교원의 정당 가입, 정치후원, 출마를 원천적으로 금지하는 제도가 교사가 공무원이라는 이유로 정당화될 수 있을까요? 근무 중에 국민에게 중립적으로 봉사하는 것으로 헌법이 요구하는 중립성을 이미 충족한 것은 아닐까요? 헌법은 기본권을 "법률로 보장한다"라고 하는데 법률은 "교원의 기본권을 제약한다"로 명령하는 현실입니다.[24)] 이런 면에서 헌법이 요구하는 정치적 중립성을 지키는 것은 교육과 공무가 이루어지는 학교의 울타리 안으로만 제한하여야 합니다. 교사 개인의 사적인 영역은 법률이 규정하지 못하는 곳임에도 불구하고 각종 법률이 지나치게 헌법상 의사 표현과 집회결사의 자유권을 침해하고 있습니다. 헌법 제7조 2항과 헌법 제31조 4항이 요구하는 정치적 중립성은 모두 교원이 직무 내에서 중립적으로 교육활동을 하는 것으로 충족된 것으로 보아야 합니다.

한 가지, 교사가 학생을 가르치는 신분이기 때문에 더욱 엄격히 정치적 중립성을 적용해야 한다는 의견이 있습니다. 이 의견은 특정 정당원인 교사가 교실에서 파당적으로 자신의 신념을 전파할 것을 염려하는 것일까요? 헌법재판소의 2001년과 2020년의 판례에서도 그런 의심은 하지 않았습니다. 정상적인 교원이라면 범법을 저지르지 않을 것입니다. 교사를 의심하여 법을 악용하거나 범법할 가능성이 크기 때문에 권리를 빼앗는다면, 대한민국에서 헌법의 기본권을 가질 수 있는 국민이 과연 몇이나 될까요? 헌법이 보장하는 기본권을 가능한 많은 시민이 누릴 수 있도록 확대하는 것이 민주주의의 발전입니다. 반면, 법은 모든 사람의 기본권을 보호하기 위하여 범법을 저지르는 사람들만 골라서 처벌하도록 제정하는 것이 바른 방향일 것입니다. 국가를 유지하기 위해 그 방법 외에는 도저히 방도가 없을 때만 국민의 기본권을 제한하는 것입니다.

다만 헌법재판소는 교사가 정당 가입, 정치후원, 출마하는 것은 잠재적으로 학생에게 영향을 줄 것으로 판단하였습니다.[25] 특히 교사의 교육활동이 영향을 미치는 대상이 청소년이기 때문에 더욱 염려된다고 하였습니다. 그런데 교실에서 중립적으로 지도하는 교사가 근무를 마친 후에 사적 영역에 나가서 특정 정당에 가입한 행동이 어떻게 학생들에게 영향을 준다는 것일까요? 교실에서 중립적으로 지도하는 교사가 사적 영역에서 특정 정치인을 후원하는 것이 어떻게 학생들에게 영향을 준다고 할 수 있을까요? 개인적으로 휴직하고 출마하는 교사는 이미 교단을 떠나 학생을 만날 기회도 없는데 어떻게 심대한 영향을 준다고 할까요? 모든 것이 합리적 선을 넘은 과도한 억측에서 빚어진 금지 사항이 아닌가 생각됩니다.

교사 직무가 요구하는 제한을 사생활 영역까지 확대하여 과잉 적용한다면, 결국 신분에 의해 권리가 차별되었던 신분제 사회의 논리가 부활하는 것입니다. 양육을 책임지는 여성은 투표권이 없었고, 흑인 노예는 타고난 비루함으로 사리 분별이 없었다고 하며 투표권을 가질 수 없었습니다. 이 논리가 맞을까요? 여성이 참정권을 누려야 할 수많은 이유가 있음에도 불구하고 자녀 및 청소년에게 파당적 영향을 줄 수 있다는 이유로 참정권을 박탈한 역사를 잘 알고 있습니다. 마찬가지로 교사는 참정권을 누려야 할 수많은 이유가 있음에도 불구하고 청소년에게 잠재적으로 영향을 줄 수 있다는 가능성만으로 참정권을 박탈당하고 있습니다.

하지만 아무리 학생들을 정치적 영향력으로부터 떼어놓으려고 할지라도 학생들은 과거부터 현재까지 정치의 자기장 안에 있었습니다. 가족, 친구, 인터넷 미디어, 뉴스 등 청소년에게 정치적 영향력을 미치는 채널은 수없이 많습니다. 따라서 교사가 정치적 중립성을 견지하고 학생을 가르치는 것은 자명하지만 이미 충분히 정치문화에 익숙한 학생들에게 절대적 영향력을 미칠 수 없습니다. 오히려 영향력을 과대평가하여 그것을 빌미로 교사의 참정권을 가로막으려 하는 보수성만 드러날 뿐입니다.

이상적 실재로서 교육과
현실 제도로서 학교

계속된 판례를 보면 헌법재판소는 현실 제도로서 학교의 존재를 이론으로서 이상적 교육과 혼동하는 것 같습니다. 이상을 추구하는 이론적인, 혹은 다소 감상적인 판단에 치우쳐 현실 학교를 정치의 무풍지대로 만들 수 있다는 환상에 사로잡혀 있는 것 같습니다. 헌법재판소가 2020년에 판결한 2018헌마551 결정문에는 다음과 같이 서술하고 있습니다.

> "헌법이 보장하는 교육의 정치적 중립은 교육이 국가 권력이나 정치적 세력으로부터 부당한 간섭을 받지 아니할 뿐만 아니라 그 본연의 기능을 벗어나 정치영역에 개입하지 않아야 한다는 것을 뜻한다. 교육은 그 본질상 이상적이고 비권력적임에 반하여 정치는 현실적이고 권력적이기 때문에 서로 일정한 거리를 유지하는 것이 바람직한 까닭이다. 즉, 교육은 국가 백년대계의 기초인 만큼 국가의 안정적인 성장과 발전을 도모하기 위해서 교육 방법이나 교육내용이 당파적 편향성에 의하여 부당하게 침해 또는 간섭받지 않고 가치 중립적인 진리 교육이 보장되어야 하고, 인간의 내면적 가치증진에 관련되는 교육 분야에 있어서는 당파적인 정치적 관념이나 이해관계가 그대로 적용되는 것은 바람직하지 않다."

인용한 헌법재판소의 결정문을 보면 교육이 본질상 이상적이고 비권력적이라고 하였습니다. 그러나 학교는 교육과정을 운영하는 과정에서 기초학력을 키우기 위해 사회문화적 환경이 낙후한 학생에게 더 예산을 투입할지, 입시실적을 향상하기 위하여 성적 우수반에 더 예산을 투입할지를 정치적으로 판단합니다. 학교의 학부모회는 교사에게 더 큰 노력을 기울여 학생을 가르쳐야 한다고 말하고, 교사들은 부가적인 민원 업무로 인하여 교육활동이 위축된다며 보호자들이 월권하여 교육과정 운영에 관여한다고 비판하기도 합니다. 학교 내부에 정치성이 없다고 말할 수 있나요?

학교 내부만 정치적인 것은 아닙니다. 생각해 보면 학교의 상위 교육행정기관 단계에서도 정치성은 예외가 아닙니다. '외고, 자사고 일반고화', '혁신학교 반대운동', '전국 학업성취도평가 실시', '교원능력개발평가', '비교과 교사 교장 자격 허용' 등 이해관계와 진영 논리가 상당히 작용하고 있으며 이러한 교육정책을 실현하면서 정치적으로 흘러가고 있습니다. 이렇게 정치가 교육정책을 결정하고 있는 것은 국민의 의사를 대리하는 선출된 정치인과 별정직공무원의 파당성이 발휘되는 자연스러운 현상이기에 인정하는 것이 당연합니다. 이에 대하여 교원단체가 목소리를 내는 것 자체도 정치적인 행위로 인정해야 할 것입니다. 이렇게 학교는 정치의 자기장 안에서 사회와 상호작용하고 있습니다. 따라서 교육에 대한 정치적 중립성은 이론적 실재로서 '교육'의 영역과 현실 제도로서 '학교'의 영역으로 구분하고 각 영역의 속성에 맞게 보장해야 할 것입니다.

그렇다고 해서 학생들이 당파적인 세뇌나 강압을 받아도 된다거나 교사가 정치적인 신념을 주입해도 된다는 것은 결코 아닙니다. 다만 다양한 정치 세력들이 학교에 정치적 영향력을 미치고 있는 상황에서 교육의 전문성과 자주성을 발휘해야 할 교사의 정치적인 의견만 배제되는 현상은 대한민국의 교육 발전을 가로막는 심각한 걸림돌이 분명합니다. 교사의 전문적 민주시민교육이 배제된 자리에 정치 외압과 무비판적인 전체주의만 팽배할 수 있습니다. 학교는 언론과 정치 세력의 입김에 휘둘리고 교육을 둘러싼 정치 질서에 순응하는 태도만 강조하게 되기 때문입니다.

　　헌법재판소의 판결 논리는 그동안 이론적 실재로서 '교육'의 정치적 중립을 묘사합니다. 김재웅(2021)은 이론적 실재로서 '교육' 개념과 실제 구현되는 제도로서 '학교' 개념을 구분해야 한다고 말합니다.[26] 이론적 실재로서 '교육'은 학문 본연의 교육이론이 지향하는 순수한 목적과 방법을 정치와 무관하게 추구할 수 있습니다. 이론적 실재로서 교육은 사회문화적 및 역사적 현실과 무관하게 교육이 지향하는 이념을 바라볼 수 있지만, 제도로서 '학교'는 구체적인 학교의 사회문화적 및 역사적 풍토의 제약 안에서 정치적 영향력을 강력하게 받습니다.

　　이론적 실재로서 '교육'은 학교 영역에 가두어지지 않는 넓은 범위로 교육, 가정교육, 직장 내 교육, 군사교육, 종교교육, 평생교육 등 대한민국 안에서 이루어지는 모든 교육을 망라하여 교육의 이상을 추구합니다. 헌법이 규정한 대로라면 교육은 자신의 자주성과 전문성을 실현하기 위하여 가능한 모든 자원을 총동원할 수 있습니다. 집권 정당에 소속한 국회의원이 교육부 장관이 되어도, 교육감이 진보적이든 보수적이든 상관없이, 시도의회의 교육위원회에 어떤 정당이 다수당이 될지라도 정치적 중립성을 기획할 수 있습니다. 말 그대로 교육이 가지는 이상적 기획을 하면 되기 때문입니다.

　　이런 점에서 볼 때 헌법이 보장하는 교육의 정치적 중립성은 이론적 실재라고 규정되는 '교육' 담론 안에서 추구하는 것이 용이할 것입니다. 구체적으로는 학교의 헌법이라 칭할 수 있는 국가 교육과정에서 정치적 중립성, 자주성, 전문성을 기획하는 것이 마땅합니다. 교육기본법은 학교를 정의하면서, 학교란 교육과정을 운영하는 곳이라고 하였습니다. 따라서 헌법이 보장하는 교육의 정치적 중립성은 국가 교육과정과 학교 교육과정을 중립적으로 운영하는 것으로 충족할 것입니다. 학생과 직접 관련성이 높은 교육과정의 활동, 수업 운영, 교과 선정, 교과서 선정, 창의적 체험활동, 학교 행사 등에서 정치적, 종교적, 문화적, 인종적 중립성을 충족하여 운영하면 됩니다. 국가 교육과정에서 교사와 학생이 현실 정치를 초월하여 이념과 사상을 자유롭게 논의할 수 있도록 정치적 중립성을 보장하면 됩니다.

오히려 교사는 역사적으로 정권이 정치적 중립을 파괴하였을 때 정치적 중립성을 옹위하기 위하여 노력하였습니다. 이승만 정권은 학생의 유세 참여를 막기 위해 휴일에 등교를 명령하였습니다. 박근혜 정권은 역사 교과서의 국정화를 추진하여 전체주의의 망령을 되살렸습니다. 이럴 때마다 교사들은 교육과정의 정치적 중립을 외치며 시국선언과 같은 다양한 방법으로 저항하였습니다.

이상적 실재인 '교육'을 현실 제도로 실현하는 주체는 유치원, 초등학교, 중학교, 고등학교, 대학교, 대학원 등의 공교육 기관입니다. 이론적으로 보면 학교는 교육의 매우 일부분을 맡고 있지만, 시민들은 의무교육 기관인 학교를 '교육' 제도의 전부라고 인식하는 경향이 강합니다. 따라서 헌법재판소의 이상적 논리는 시민이 가지고 있는 학교에 대한 현실적인 감각을 호도하고 있습니다. 이론적 실재인 '교육'과는 다르게 학교는 정치적 영향력을 매우 크게 받습니다. 학교 제도는 다양한 정책이 함께 작동하는데, "어떤 정책이 필요한가?"로부터 시작하여 "누가 그 책임자가 될 것인가?", "재정을 어디에 먼저 투입할 것인가?", "어떤 학생들에게 먼저 지원해야 하는가?" 등 수많은 의사결정이 필요하고 그 과정에서 정치권력이 작동합니다.

따라서 학교와 교사가 실현할 수 있는 정치적 중립성이 어느 수준까지 가능한지에 대한 실질적인 규정이 필요합니다. 교사가 현실적으로 가능한 것과 불가능한 것을 구분하지 않고 막무가내로 정치단체 활동, 정당 가입, 후원, 출마 등 참정권 일체를 금지하다 보니 헌법의 근본적인 기본권을 침해하는 위헌성을 띠게 되는 것입니다. 다음에는 헌법재판소의 입장에 대한 반대 의견을 담았습니다.

첫째, 교사가 정당에 가입하거나 정당 및 정치인을 후원할 수 없도록 막는 법률은 헌법 해석의 기본원리인 형평성의 원리를 위배합니다. 법률은 교사가 정당과 공직 선거에 접근할 기회를 박탈함으로써 교사가 교육정책과 제도에 참여할 기회를 제한하였습니다. 여기서 교사와 비교하는 대상은 정당입니다. 그들은 헌법이 규정한 국가 권력구조와 법률에 따라 국민의 권력을 위임받아 정치권력을 교육정책과 제도에 발휘하고 있습니다. 근본적으로 대한민국의 정당은 대통령 및 국회의원, 지방자치단체장, 시도의회 의원 등을 배출하면서 교육정책과 제도를 장악한다고 보는 것이 맞습니다. 선출 권력을 내세운 정당은 교육의 정치적 중립성을 흔들어도 되고, 교사는 정당 활동이 불가능하여 교육정책에서 배제되는 것입니까?

정당은 집권한 대통령, 국회의원, 교육부 장관, 지방자치단체장, 시도의회 의원 등을 배출하여 다양한 교육 담론과 제도를 학교에 밀어 넣고 있습니다. 선출직 공무원을 공천하는 주체가 정당이기에 이들의 배경은 공통으로 정당이라고 하는 것입니다. 대한민국의 정치 지형에서 정당은 가장 막강한 영향력을 발휘합니다. 교육정책과 제도라고 해서 예외일 수 없습니다. 오히려 전국 수십만 교원이 배제당하고 있는 상황에서 정당정치 논리로 교육을 요리할 가능성은 더욱 강해졌습니다.

단적인 예들이 있습니다. 2012년 학교의 무상 급식에 대하여 곽노현 서울시 교육감과 오세훈 서울시장이 격돌한 적이 있습니다. 문재인 대통령의 교육부 장관은 2025년을 기점으로 모든 고등학교를 일반고로 전환하는 계획을 발표하였습니다. 하지만 뒤를 이은 윤석열 대통령은 대통령에 취임하자마자 시행령을 바꿔 자율형사립고를 유지하기로 하였습니다.[27] 이런 학교 정책들은 학교 교육의 토대를 좌우하는 것으로 학교 교육과정에 심대한 영향을 줍니다. 그러함에도 불구하고 이러한 교육정책이 정당 안에서 생성, 가공, 발표되는 과정에서 학교 교육의 전문적 지식과 경험으로 무장한 교사들은 어떠한 영향력도 미칠 수 없었습니다.

여기서 대통령, 국회의원, 교육부 장관, 지자체장, 시도의회 의원들이 벌이는 행위의 정당성을 비판하고자 하는 것이 아닙니다. 다만 헌법재판소가 판단하는 양태는 교육을 이론적 실재라고 보고 완전무결한 정치적 중립성을 학교에 요구하기 때문에 생기는 현상이라는 점을 지적하는 것입니다. 학교는 정치의 자기장 속에 포섭된 현실 제도입니다. 현행 법률은 정당에 교육에 영향을 미치는 정치권력을 부여하였음에도 불구하고 교사가 정당에 접근하는 경로를 차단하였습니다. 다시 말하자면, 교사의 정당 접근권을 배제하여 헌법이 보장한 교사의 전문성이 학교 정책에 작용할 기회를 빼앗았기 때문에 위헌적이기도 합니다. 만약 교사가 정당에 가입하여 정당의 교육 기조에 영향력을 발휘할 수 있다면 헌법의 선언처럼 교사가 자주성과 전문성을 정당을 통하여 실질적으로 발휘할 수 있을 것입니다.

둘째, 교사의 참정권을 박탈하는 법률은 헌법의 과잉 금지 정신을 위배한 것입니다. 어차피 '제도로서 교육'의 현신인 학교는 정치적 영향력의 한가운데에 있기에 교사도 교육정책과 제도에 대하여 정치를 통하여 목소리를 내야 합니다. 물론, 헌법이 보장하는 교육의 정치적 중립성을 충족하기 위하여 교사는 교육받는 학생에게 파당적이지 않고 편파적이지 않은 교육과정을 운영해야 합니다. 그렇지만 교사가 학생들에게 직접 영향을 줄 수 없는 직무 외 영역이나 개인 시간에 정치적 활동을 하는 것은 학생이 중립적으로 교육받을 권리와는 하등 관련이 없습니다. 따라서 현재와 같이 직무 내외를 막론하고 교사의 참정권이 무조건 박탈된 상황은 교육의 정치적 중립을 빙자하여 교사의 헌법적 권리를 박탈한다고 보아야 합니다.

현실 제도로서 학교는 정치와 무관할 수 없으므로 법률은 명확하게 직무 내에서 한계를 설정해 주어야 합니다. 예를 들면 교사와 학교는 학생을 직접 교육하는 수업, 학사 운영, 학교 행사, 학교 내외의 관계 등에서 정치적 중립성을 지켜야 합니다. 교사가 정치적 중립성을 갖추어 교육과정을 운영하는 것은 교사의 의견을 강제하지 않고, 논쟁적인 사안은 논쟁적으로 가르치며, 학생 입장에서 바람직한 정치적 행위를 인정하는 수업을 이끄는 것으로 달성할 수 있습니다. 학생을 민주시민으로 성장시키는 교육이 어떠해야 하는지는 매우 중요한 주제로서 다음 장에서 논의하고자 합니다.

교사와 학교가 교육과정을 파당적으로 운영하면 민원의 감시를 벗어날 수 없습니다. 교원이 교육행정 영역에서 학생과 보호자에게 파당적 행정을 펼칠 가능성이 극히 낮습니다. 따라서 국가공무원법, 정당법, 공직선거법, 교원노조법이 지나치게 국민의 기본권을 침해하지 않으면서도 교원의 정치적 중립성을 도모할 방법이 있으므로 현재와 같이 원천적으로 기본권을 박탈하는 법률들이 과잉 금지 원칙을 위배했다고 생각합니다.

셋째, 교사는 잠재적 교육과정처럼 학생에게 은연중에 정치적 영향을 미칠 것이라는 헌법재판소의 입장은 정당에 가입하거나, 정치후원을 하거나, 공직에 출마하고 싶어 하는 교사들을 양심이 없는 불온한 범죄자로 모는 것입니다. 그것도 일어날 가능성이 불분명하거나 매우 낮은 영향력을 엄청난 영향력인 것처럼 과장하여 교사의 참정권 금지를 정당화하는 논리입니다. 아무리 참정권을 발휘하는 교사라고 할지라도 헌법, 교육기본법,

교육공무원법, 초·중등교육법 등 수많은 법을 위배하면서 학생들에게 파당성을 나타내겠습니까? 당연히 정치적 중립성을 위반하는 극히 소수의 교사만 처벌하면 되는 문제일 뿐, 모든 교사에게서 헌법의 참정권을 박탈하는 것은 하루빨리 개선해야 할 일입니다.

각종 금지법은 교육의 이상에 치우친 나머지 교사의 사적 생활까지 간섭하여 민주주의의 불간섭 원칙을 망각한 것입니다. 아무리 어린 학생이라 할지라도 가족 구성원이 가지고 있는 정치적 입장을 지니고 학교에 오고, 각종 인터넷과 미디어를 통하여 정치에 접촉하고 있습니다. 어린 학생들마저도 교실에 오면 자신과 다른 정치적 입장을 존중하고 대화합니다. 어린 학생마저도 그러할진대, 교사가 사적인 의견과 공적 교육활동도 구분 못하는 존재입니까?

상상해 보겠습니다. 많은 가정에서 여성 보호자가 자녀 양육을 더 많이 책임지고 있기에 엄마의 정당 가입을 금지한다고요. 엄마가 특정 정당에 가입하면 자녀에게 파당적 영향을 주기 때문에 금지하는 것 말입니다. 헌법이 규정한 교육은 가정교육도 포함하기 때문에 금지할 수 있지 않을까요?

실제 여성이 투표권을 쟁취하기 위해 투쟁하던 시기에 이는 남성 유권자의 주요한 논리였습니다. 여성이 투표권을 가져야 할 수많은 까닭을 모두 외면한 채, 청소년에게 정치적 영향을 줄 수도 있다는 막연한 가능성만으로 봉쇄하는 논리는 교사의 경우와 같습니다. 교육과 관련된 것에는 무조건 정치적 중립이라는 틀을 씌우게 되면 헌법의 과잉 금지의 원칙을 위배하는 꼴이 되고 맙니다.

교사의 정치 배제는
자율성과 전문성의 위기를 만든다

두 가지 중립의 성격을 구분하여 이해하면 좋을 것 같습니다. 헌법이 보장하는 교육의 정치적 중립과 공무원의 정치적 중립을 구분하여 표현하면 다음 그림과 같습니다. 보라색 동그라미는 학교를 나타내고 회색 바탕은 생활세계 안에서 각종 정치 세력을 포함한 정치적 영향력을 나타냅니다. 각 화살표는 주체가 객체에 미치는 정치적 영향력이면서 동시에 금지된 영향력입니다. ①번 화살표는 정당 및 각종 정치단체가 학교에 미치는 영향력을 차단하기 위해 제정한 헌법 제31조4항과 관련이 깊습니다. ②번 화살표는 교사가 정당과 같은 정치 세력에 미치는 영향력입니다. 교원도 정치적 의사 표현을 통하여 언론과 SNS 등 정치단체에 영향을 줄 수 있습니다. 이

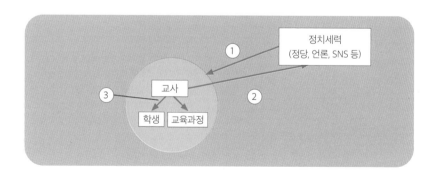

러한 영향력은 헌법 제7조2항과 관련이 깊습니다. ③번 화살표는 교사가 학생과 교육과정에 미치는 영향력을 차단하기 위하여 제정한 헌법 제31조 4항과 관련이 깊습니다.

국가공무원법 제65조4항과 정당법 제22조 제1항의 1호 정당 가입 금지, 정치자금법 제8조 제1항 후원회원 금지, 공직선거법 제60조 제1항의 4호 선거운동 금지 등 각종 금지 법률들은 어디에서 작동하고 있을까요? 앞에서 열거한 법들이 금지하는 역학은 유일하게 ②번 화살표에 해당합니다. 헌법에서 보장하는 교육의 정치적 중립이 가리키는 영역이 ①번과 ③번임에도 불구하고, 국가공무원법, 정당법, 정치자금법, 공직선거법 등 공무원의 정치적 중립이 가리키는 영역은 ②번이 되면서 서로 어긋나 있는 것입니다. 즉, 교원의 참정권을 박탈한 여러 법률이 사실은 헌법의 정치적 중립성을 규정하고 있지 않다는 말이 되는 것입니다. 말 그대로 헛다리 짚고 있는 꼴입니다.

	교육의 정치적 중립	공무원의 정치적 중립
영역	①, ③번 화살표	②번 화살표
헌법	제31조 제4항 "교육의 자주성·전문성·정치적 중립성 및 대학의 자율성은 법률이 정하는 바에 의하여 보장된다."	제7조 제2항 "공무원의 신분과 정치적 중립성은 법률이 정하는 바에 의하여 보장된다."
법률	- 교육기본법 제6조 제1항 교육의 정치적 중립성 - 교육기본법 제14조 제4항 정치선동의 금지	- 국가공무원법 제65조 제1항 정당 및 정치단체 가입 금지 - 국가공무원법 제66조 집단 행위 금지 - 국가공무원복무규정 제27조 정치 행위 금지 - 정치자금법 제8조 후원회 가입 금지 - 공직선거법 제9조 제1항 선거운동 금지 - 공직선거법 제53조 제1항 출마 금지

안타까운 점은 상기한 법들이 교사가 헌법에서 보장하고 있는 교육의 자율성과 전문성을 발휘할 기회를 박탈하고 있다는 점입니다. 현실적으로 교사 대부분이 이렇게 이원적인 정치적 중립성을 구분하여 명확히 이해하고 있지 않기에 교육과정을 운영하는 국면에서도 공무원의 정치 중립성을 염려하는 상황입니다. 애초 공무원의 정치적 중립을 추구하는 국가공무원법, 정당법, 정치자금법, 공직선거법 등은 그 구조상 교사가 교육과정을 운영하는 데 방해요인이 될 수 없습니다. 그런데도 학교 현장의 실제 모습은 수업과 교육과정을 운영하는 데 위에서 열거한 법들이 심리적으로 교사를 압박하고 있어서 교사의 전문적이고 자율적인 교육행위를 말할 수 없이 구속하고 있습니다.

이는 반드시 교사가 명확하게 구분하여 이해할 지점입니다. ②번 화살표는 헌법 제7조2항에 따라 각종 법률이 공무원의 정치적 중립을 규정하는 것입니다. ①번과 ③번 화살표는 헌법 제31조4항에 따라 교육기본법 제6조 제1항 교육의 중립성과, 같은 법 제14조 제4항 정치 선동 금지 조항이 규정하는 교육의 중립성이 작동하는 영역입니다. 따라서 교사가 교육과정을 정치 중립성에 알맞게 펼치고 있는지 점검할 때 작동하는 기준은 교육기본법이 되어야 합니다.

한 가지, 좀 더 새겨 보아야 할 점은 교육기본법이 제시한 교육의 중립성과 정치 선동 금지 규정은 심각하게 교사의 자율성과 전문성을 저해할 가능성이 있다는 점입니다. 자칫 교육기본법이 교사가 제시하는 수업 자료, 신문 기사, 평가자료 등 하나하나 개별적인 것들에 대해 교사가 정치 진영과 무관하다고 증명해야 하는 부담을 지우고, 더 나아가서는 그 부담감으로 인하여 교사가 민주시민교육을 포기하게 만드는 원인이 될 수 있다는 점입니다.

애석하게도 이 세상 누구도 현재 가르치는 내용이 완전히 파당적이지 않다고 보장할 수는 없습니다. 역사 드라마뿐만 아니라 TV 프로그램, 연예인 등이 종종 정치적이라 비판을 받는 이유와 비슷합니다. '조선 구마사'와 '설강화'[iii]처럼 역사의 배경만 차용한 경우에는 논란이 확대되는 경향이 있습니다만, 그렇지 않은 평범한 역사물, 시트콤, 교양 프로그램마저 파당적이라는 논란에 휩싸일 수 있습니다. 애초에 드라마나 TV 프로그램 속 장면, 연예인의 평범한 SNS가 문제가 되는 이유는 일단 대중 매체에 표현되는 순간, 그것을 제작한 사람이 의도한 것을 벗어나서 시청자가, 미디어 수용자가, 언론이, 기성 정치권이 파당성의 여부를 해석하고 결정하기 때문입니다. 그런 면에서 미디어의 의도성을 판단하는 순간에는 상당한 숙고가 요구됩니다. 전체적인 맥락과 상황의 개연성에 관한 판단 없이 섣불리 공인이나 미디어를 판단해 버리기 쉽습니다. 이와 마찬가지 원리가 교사의 수업 자료와 발언에 작용한다면 교사는 전문성과 자율성을 발휘하여 교육과정을 이끌어 나갈 수 없습니다.

처벌의 경중을 따질 때 우리는 의도성을 중요하게 고려합니다. 이 의도는 일회적인 사건으로 판단하기 어렵고 장기간 관찰을 통하여 판단할 일입니다. 따라서 역사 드라마나 TV 프로그램의 의도를 판단하기 위해서는 장기간에 걸쳐 관찰해야 하고 그 와중에는 판단을 유보하는 것이 바람직할 것입니다. 마찬가지 방식의 기제가 교사의 교육행위에도 작용되어야 합니다. 자료 한 장이나 발언 한 가지로 교사의 파당성을 재단할 것이 아니라

---

iii) '조선구마사'는 2021년에 SBS 방송사에서 방영이 중단된 프로그램으로 중국의 동북공정에 대한 반대 여론이 빗발치는 상황에서 역사 왜곡 문제가 불거지게 되어 결국 방송 2회 만에 폐지되었다. 반면, '설강화'는 JTBC에서 상영하는 드라마로 1987년 민주화운동을 배경으로 삼는다. 이 드라마는 민주화운동을 폄하한다는 국민청원이 높았으나 법원은 상영금지 가처분 소송을 기각하기도 하였다.

전체 교육과정 속에서 파당성을 확인하여야 합니다.

교사가 2018년 인천국제공항 비정규직 사태, 2017년 박근혜 전 대통령 탄핵, 2016년 촛불 시위, 2014년 세월호 침몰 등 대한민국 사회를 근본적으로 다시 돌아보게 되는 사건들을 수업의 주제로 삼아 민주 사회의 가치를 토의하려고 한다면 자신의 수업 계획이 파당적이지 않은지 반드시 검토해 보아야 합니다. 그러나 교사가 제시하는 자료 하나하나, 발언 하나하나를 정치권에서 파당적이라고 여길지 아닐지 교사에게 증명할 책임을 묻는 것은 과도한 것이고 이는 아예 표현하지 못하게 막아버리는 것입니다. 이렇게 되었을 때 교사의 자율성과 전문성은 완전히 무시되거나 인정받지 못하게 되는 것입니다. 이런 상태는 교육의 헌법적 권리인 자율권과 전문성이 무시되는 위헌적 상황이 되는 것입니다.

더욱 심각한 점은 이러한 억측이 교사가 자율적이고 전문적인 존재로서 주체적으로 전문성을 발휘하면서 정치적 중립을 지킬 것이라는 가장 기본적인 신뢰를 망각하는 판단이라는 점입니다. 이미 여러 차례 참정권과 관련된 판례를 통해 나타난 헌법재판소의 입장은 교사의 자율성과 전문성을 인정하지 않는 것입니다. 헌법재판소가 교사의 전문성과 자율성을 인정하지 않고 감시의 대상으로서 일거수일투족을 중립성 프레임으로 검증하려고 한다는 점에서 헌법재판소 자신이 교사의 인격성을 배제하는 것임을 알아야 할 것입니다.

교사가 편향되지 않은 교육과정을 운영하는 것은 교육의 정치 중립이지 공무원 정치 중립에 해당하는 것이 아닙니다. 따라서 공무원의 정치 중립으로 교사의 교육과정 운영을 감시하려는 관점은 법률이 가져야 할 원칙 중 '수단의 적합성'과 '침해의 최소성'을 갖추지 못한 관점이라고 말할 수 있습니다. 그러나 헌법재판소의 2001헌마710사건을 보면 최소한의 개념 구분조차 되어 있지 않은 상황을 발견합니다. 2001헌마710사건은 이후 현재까지 헌법재판소가 교원의 참정권에 대하여 취하고 있는 기본적인 관점을 종합한 성격을 갖고 있다는 점에서 주의 깊게 볼 필요가 있습니다. 그 헌법결정문은 다음과 같이 진술합니다.

> "감수성과 모방성, 그리고 수용성이 왕성한 초·중등 학교 학생들에게 교원이 미치는 영향은 매우 크고, 교원의 활동은 근무시간 내외를 불문하고 학생들의 인격 및 기본생활습관 형성 등에 큰 영향을 끼치는 잠재적 교육과정의 일부분인 점을 고려하고, 교원의 정치활동은 교육수혜자인 학생으로서는 수업권의 침해로 받아들여질 수 있다는 점에서 현시점에서는 국민의 교육기본권을 더욱 보장함으로써 얻을 수 있는 공익을 우선시해야 할 것이다"

2001헌마710사건은 분명 정당법과 공직선거법의 위헌성을 다투는 사건으로 정당 가입 금지와 출마 금지를 규정한 법률들이 공무원의 정치적 중립성을 보장하기 위하여 수단의 적합성과 침해의 최소성을 지키고 있는지 판단하는 것이어야 함에도 "근무시간 내외를 불문하고", "인격 및 기본생활습관", "잠재적 교육과정", "수업권", "교육기본권" 등과 같이 교육의 정치적 중립성을 따지는 논리 모순을 보이는 것입니다.

공무원의 참정권을 제한하는 수단으로 교육의 정치적 중립을 보장할 수 없기에 수단의 적합성을 갖추지 못할 뿐만 아니라, 원천적으로 교사의 참정권을 제한하기 때문에 근본적인 기본권을 보장해야 한다는 침해의 최소성의 원칙 또한 충족하지 못하는 것입니다. 또한 공무원의 정치 중립 관념으로 교사의 교육과정 행위를 가로막는 것은 교사의 자율권과 전문성을 무시하고 교사를 대상화하여 감시와 통제를 극대화하는 관점입니다. 대중의 문화나 공식적 제도 속에서 교사의 전범을 정해 놓고 자율성을 박탈하면서까지 강제적으로 따르게 하고, 교사 스스로 일상생활 속에서 정치를 혐오하거나 제3자의 시선으로 자기를 구속하는 태도를 갖게 하기 때문입니다.[28)]

혹자는 국가공무원법, 정당법, 정치자금법, 공직선거법들이 ③번 화살표에도 해당할 것이라고 주장할 수 있습니다만, 앞에서 서술한 바와 같이 교사의 전문성과 자율성을 침해할 수 있다는 점에 주의해야 합니다. 즉, 이러한 논리는 교사는 정당에 연결됨으로써 정당이 추구하는 정치적 입장을 학교 교육과정에 전달하거나 반영할 것이라는 편견을 담고 있습니다. 그러나 상기한 법들은 교사이기 때문에 적용하기보다는 국가공무원 신분이기 때문에 적용하는 것으로 교육의 정치적 중립성이 아니라 공무원의 정치적 중립성에서 연원을 따져야 할 것입니다.

③번 화살표가 가리키는 영향력은 순수하게 교사의 교육행위 안에서 미치는 영향력입니다. 즉, 교사가 학생을 교육할 때 교육과정을 파당적이거나 편견을 전파하지 않도록 규정한 헌법 제31조4항과 교육기본법 제6조 제1항, 교육기본법 제14조 제2항의 적용을 받아야 하는 영역이라는 점을 분명히 밝힙니다. 이 영역은 헌법이 보장하는 만큼 교사의 전문성과 자율성이 존중되는 영역이기 때문입니다. 교육기본법 제6조 제1항, 교육기본법 제14조 제2항은 교사가 스스로 파당적으로 교육과정을 운영하는 것에 대한 규제를 담습니다. 만약, 국가공무원법과 국가공무원복무규정을 교사의 교육과정 운영까지 적용하려고 한다면 오히려 그 자체가 정권이나 법원이 만들어내는 무분별한 정치 외압이 될 수 있기 때문입니다. 우리 역사에는 정권이나 사립학원의 필요에 따라 파당성의 굴레를 씌워 교사를 강단에서 쫓아낸 일들이 비일비재하였습니다.

최근에 교사의 전문성과 자율성을 다시 검토해야만 할 제도 변화가 있었습니다. 선거권이 18세 이상으로 하향 조정되었습니다. 현재 고등학교 3학년 학생 상당수가 공직 선거에 투표권을 갖게 되었습니다. 또한 정당 가입 연령이 만 16세로 낮추어졌습니다. 물론 학생의 선거권과 정당 가입권이 확장된 것은 민주주의의 권리를 행사할 수 있는 국민의 수가 더 늘어난 일로 축하받아 마땅합니다. 그러나 이들을 가르치는 교사는 변화된 상황을 맞을 준비가 되어 있을까요?

2022년 1월 17일 자 한국일보에 따르면 김재희 학생은 교복을 입고 더불어민주당 경북도당에 입당원서를 냈습니다. 이날 국회 본회의에서 정당에 가입할 수 있는 연령을 16세로 낮추는 정당법 개정안이 통과된 날이기 때문입니다. 이 학생을 필두로 하여 전국의 교실에서 공부하는 수많은 고등학생이 당적을 갖게 될 것입니다. 또한 투표권이 있는 고3 학생들이 교실에 앉아 있는 상황을 그려볼 수 있습니다. 이렇게 학생의 입장이 제도정치의 경계 안으로 한걸음 들어갔기에 교사가 교실에서 어떻게 정치적 중립을 유지하며 학생의 민주시민성을 향상할 수 있는가 하는 점은 교사의 전문성을 새롭게 인식하고 개선할 것을 요구합니다. 자칫 교사의 발언 하나, 자료 하나, 교육과정 등이 정치적 비난의 대상이 되고 교사의 자율성을 위축시킬 수 있습니다.

지금 이 시대는 기본권이 확대된 새로운 세상에서 학생들과 개방적으로 정치적 대화를 나눌 수 있는 교사가 요구됩니다. 더불어민주당에 입당원서를 낸 김재희 학생은 "'2016년 탄핵 촛불집회를 계기로 정치가 어른의 전유물이 아니라는 걸 깨달았다.'라고 밝히면서 농촌 문제를 중심으로 정당 활동을 해나갈 예정"이라고 소감을 밝히고 있습니다. 정치에 무관심한 교사가 이러한 학생들과 정치 정의를 논의할 수는 없는 일입니다.

따라서 교사의 참정권을 포괄적으로 금지하고 있는 법들을 조속히 개정하여 민주주의의 지경을 넓히고 헌법상 보장하는 교육의 전문성을 회복하기를 바랍니다.

교사의 종교적 자유는
종교적 중립과 양립할 수 있다

종교와 정치는 인류의 근본적인 정체성이라는 점에서 헌법에서 어떻게 다루는지 비교해 보는 것은 참으로 흥미롭습니다. 정치와 종교가 분리되는 역사적 흐름은 정치와 행정이 분리되는 과정과 상당히 닮았습니다. 따라서 현대 헌법이 막강한 위력을 가진 종교를 어떻게 대하는지, 교사가 종교와 관련된 자유를 어떻게 갖는지 살펴보는 것만으로도 큰 시사점을 얻을 수 있습니다.

인류 정치사의 측면에서 보면 국가가 성립되는 과정에서 종교는 지배 구조를 정당화하는 핵심 논리였으며, 국가 구성원의 마음속에 구체적 신뢰의 차원을 넘어서 국가의 공적 신뢰감을 형성하는 데 엄청난 이바지를 하였습니다. 국가에 대한 신뢰감은 가족이나 가까운 이웃처럼 구체적인 관계를 맺지 않고 만들어져야 하는 추상적 개념이기에 여러 도움이 필요합니다. 애니미즘과 토테미즘은 호모 사피엔스의 시작과 함께 작동하였으며 씨족사회와 부족사회의 구성원을 하나로 모으는 강력한 기제였습니다. 단군 신화에 등장하는 곰과 호랑이는 각각 곰을 숭배하는 부족과 호랑이를 숭배하는 부족을 상징하는 것이라고 해석하는 이론이 주류입니다. 즉 고조선의 지배 세력이 한반도에 원 거주민을 정복할 때도 이미 종교적 숭배와 종교적 단합 세계관이 존재하고 있었다는 말입니다. 인간이 단번에 식별할 수 있는 사람 수의 한계를 벗어나 몇천 명 이상의 사회로 발전하게 되면서, 숲, 사막, 초원에서 조우하는 상대방을 신뢰할 수 있는지 아닌지 판단하는 기준에 언어와 복식, 고향뿐만 아니라 종교가 큰 역할을 한 것입니다.[30]

칼리파가 다스리던 이슬람 제국은 아프리카 및 유럽에서 신체적으로 건강한 어린이를 노예 군인으로 길러 칼리파의 호위 부대 예니체리를 만들었습니다. 이것은 귀족들을 억누르고 황제에게 군사력을 집중하려는 뜻도 있었습니다만, 궁극적으로 이슬람 종교가 이슬람 종교를 믿는 사람을 노예로 만들 수 없게 만드는 교리를 가졌기 때문입니다. 예니체리는 귀족의 정계 진출 및 세습을 차단하고 능력 있는 자가 통치하는 정치제도의 전범을 만들었습니다. 그렇게 이슬람교는 이슬람 제국이 부족지배를 초월하여 국가체제를 만드는 데 기여한 강력한 기제가 되었습니다.[31]

봉건영주 체제의 유약한 통치체제를 가지고 있던 유럽이 몽골 제국의 침입과 이슬람 제국의 침입을 이겨내고 단일 문화권으로 유지될 수 있었던 동력은 기독교였습니다. 1077년 '카노사의 굴욕', 1303년 '아나니 사건', 1534년 '영국교회 분리' 등 교황과 황제 사이의 권력 투쟁이 있었지만 200여 년에 걸친 십자군 원정이 가능할 만큼 기독교 권력은 강대한 것이었습니다. 불교, 기독교, 이슬람 등 종교들의 공통점은 첫째, 이 세상 모든 것을 지배하는 초월적 질서가 있다는 신념을 가진다는 점입니다. 둘째, 이러한 신념을 전파하기 위해 노력하고 때로는 강압적 폭력을 수반하기도 합니다.[32]

진실성 여부를 벗어나서 생각해 보면 종교 교리와 정치 이념의 유사성이 보입니다. 신성주의 국가를 벗어나 세속주의 국가로 변모하였지만, 현대 국가의 헌법 속에는 그러한 신념들이 가득합니다. 민주주의 국가의 헌법을 보면, 천부인권적인 인간의 존엄성, 만인에 대한 평등 이념, 불간섭 혹은 차별받지 않을 자유 등이 있고 또 만약 이런 가치를 믿지 않는 상대방을 만나면 나만 손해가 되는 신념들로 가득합니다. 하지만 민주주의 국가는 시민이 이러한 신념을 위반하여 다른 시민을 억압하는 것을 허용하지 않습니다. 여기에서 민주주의 국가의 초월적 질서가 나타납니다. 민주주의 가치는 초월적 질서이고 모든 국민이 지켜야 할 신념이 되는 것입니다.

여기서는 사상의 자유를 논하는 헌법이 상위개념인가, 종교가 상위개념인가 여부를 논의하고자 하는 것은 아닙니다. 다만 개인의 정치 행위와 종교 행위는 둘 다 본질적 신념에 근거하기 때문에 대한민국 법률 체제 안에서 보편적 자유권을 누리도록 규정해야 한다는 것입니다. 대한민국헌법 제20조 제1항은 국민의 종교 자유를 선언합니다. 헌법은 교육의 정치 중립과 같이 명시적으로 교육의 종교 중립을 선언하지 않았으나, 제11조 제1항에서 "누구든지 성별·종교 또는 사회적 신분에 의하여 정치적·경제적·사회적·문화적 생활의 모든 영역에 있어서 차별을 받지 아니한다."라고 하면서 종교교육이 사람을 차별하지 못하도록 합니다. 이런 선언으로 인하여 교육은 헌법에 따라 종교적 중립과 정치적 중립을 지켜야 합니다.

이에 따라 교육기본법은 국가나 지방자치단체가 세운 학교가 특정한 종교를 위한 교육을 할 수 없도록 금지하고 있습니다. 학교와 교사는 종교 중립을 지키는 방법으로써 학교의 교육과정이 특정 종교의 이해관계와 무관하게 설계 및 운영하여 종교적 중립을 충족하는 것입니다. 그러나 교육의 종교 중립이 헌법의 기본권을 가진 교사 개인이 종교를 가질 수 없다는 종교 배제로 연결될 수는 없습니다. 왜냐하면 교사가 특정 종교를 믿기 때문에 종교 중립의 원칙을 위배하고 수업 시간에 학생들에게 특정 종교를 믿도록 강요하리라고 예측할 수는 없기 때문입니다. 또한 이는 주권자인 교사 대부분이 헌법을 지킬 것이라는 가정하에서 헌법이 선언되는 원리이기 때문이기도 합니다. 즉 헌법에서 보장하는 '종교의 자유'를 교사로부터 제한하면서 획득할 수 있는 공익이 불확실하기에 헌법 해석 원칙인 과잉 금지 원칙을 적용하여 교사에게 종교 배제를 적용하지 않는 것입니다. 만약 헌법이 보장하는 종교적 자유를 핑계로 교사의 종교 활동을 금지하는 법을 만든다면 오히려 위헌적일 수밖에 없습니다.

　마찬가지로 교사가 특정 정당에 가입하고 지지하는 의견을 가진다고 할지라도 정치적 중립 원칙을 위배하고 수업 시간에 학생들이 특정 정당을 지지하거나 가입하도록 강요할 것으로 예측할 수는 없습니다. 또한 이는 주권자인 대다수 교사가 정치적 중립을 선언한 헌법을 지킬 것이라는 가정 하에서 헌법이 선언되는 원리이기 때문입니다. 즉 헌법에서 보장하는 '정당 가입의 자유', '정치후원의 자유', '선거운동의 자유', '공무담임권의 자유'를 교사로부터 제한하면서 획득할 수 있는 공익이 불확실하기에 과잉 금지 원칙을 적용하여 교사에게 정치 배제를 적용하지 않아야 합니다. 그러므로 교육의 정치적 중립을 위하여 교사의 참정권을 금지한 법률들은 위헌적인 요소가 다분합니다.

다른 나라들의 교사들은
정치적 자유를 누린다

물론 지금까지 교육의 정치적 중립성을 보장하는 것과 교육공무원의 참정권을 금지하는 것이 거리가 멀다고 강조하였으나 일말의 관련성을 염두에 둘 수 있습니다. 머릿속에서 가늠해 보는 생각과 현실 사회 속에서 실현되고 있는 면이 다를 터이니까요. 이럴 때 요긴하게 참고할 수 있는 것이 민주주의가 발전한 해외 여러 나라의 사례가 아닐까 싶습니다. 물론 해외의 많은 나라가 교원의 참정권을 허용한다고 하여서 대한민국도 허용해야 한다는 형식 논리의 도식은 적용되지 않을 것입니다. 그러나 적어도 여기서 언급하는 모든 국가는 교원의 참정권을 가로막지 않아도 민주주의 국가의 공교육을 운영하는 데 아무런 지장이 없기에 허용하는 것이 아닐까요? 적어도 대한민국이 2021년을 기준으로 선진국으로 분류되는 마당에 그에 부합하도록 민주주의의 사각지대가 줄어들어야 하는 것은 아닐지 반문하여 봅니다.

이번 절의 제목을 단정적으로 붙인 까닭은 정말로 해외 대부분 국가에서 교사와 공무원이 폭넓은 참정권을 가지고 있다는 점을 강조하고 싶은 것입니다. 여기에 대해서는 국가인권위원회가 2019년에 발표한 "공무원·교

원의 정치적 자유 보장에 대한 권고"를 참고하여 세계 표준이 어떤 것인지 알아보고자 합니다.[33]

경제협력개발기구(OECD)의 주요 국가들은 민주주의 지수가 높다고 알려져 있기에 해당 국가들에서 교원이 가지고 있는 참정권을 정리하였습니다. 15개국의 현황을 정리하였는데 독일, 영국, 캐나다, 프랑스, 호주, 미국, 일본은 국가인권위원회가 2019년에 발표한 결정문을 참고하였습니다. 또한 미국 중앙정부와 뉴질랜드, 이탈리아, 포르투갈, 덴마크, 스웨덴, 네덜란드에 대한 항목은 노순일이 2013년에 발표한 박사학위 논문에서 참고하여 다음 표를 완성하였습니다. 각 나라 이름의 뒤에 a라 표시한 것은 국가인권위원회(2019) 결정문을 참고한 것이고, b라 표시한 것은 노순일(2013) 연구물을 참고한 것입니다.

정당 활동, 후원, 출마, 선거운동을 살피는 것이 교사의 참정권을 알아보는 데 왜 중요할까요? 정당은 앞서 말할 것처럼 현대 정치에서 의사 표현을 할 수 있는 가장 중요한 정치적 단체입니다. 따라서 교사가 정당에 가입하거나 정당을 결성할 수 있는지에 대한 여부는 해당 국가 교원들의 정치적 자유를 가름하는 시금석이 될 수 있습니다. 교사가 특정 정당이나 정치인을 후원하거나 선거운동을 하는 행위는 간접적으로 교육정책을 형성할 수 있다는 점에서 중요한 참정권입니다. 출마는 교사가 휴직과 같이 신분을 유지한 상태에서 정치활동을 직접 하는 것을 의미하므로 확장된 정치적 자유라고 할 수 있습니다.

다음 표에서 ○ 표시는 확실히 법률로 보장하는 경우, × 표시는 법률로 금지하는 경우, △표시는 허용되는 것과 불허하는 것이 섞여 있는 경우, "정보 없음"은 자료가 불충분하여 확인이 안 된 경우입니다.

위의 표를 전체적으로 조망해 보면 미국과 일본을 제외한 거의 모든

국가	정당활동	후원	출마	선거운동
대한민국	×	×	×	×
독일a	○	○	○	○
영국a	○	○	○	○
캐나다a	○	○	정보 없음	○
호주a	○	○	△	○
미국 중앙정부ab	○	○	정보 없음	○
미국 중앙정부ab	○	△	△	△
미국 지방정부a	○	○	○	○
일본a	×	×	×	×
뉴질랜드b	○	○	○	○
이탈리아b	○	○	○	○
포르투갈b	○	○	○	○
덴마크b	○	○	○	○
스웨덴b	○	○	○	○
네덜란드b	○	○	○	○
핀란드b	○	○	○	○

국가에서 교사의 참정권을 폭넓게 보장하고 있다는 점을 알 수 있습니다. 특히 선진적 복지 민주주의를 실현하고 있는 북유럽의 나라들이 교사의 참정권을 더 넓게 보장하고 있습니다. 이들 국가의 교사들은 더 민주적이어서 법률로 제한하지 않아도 민주국가를 운영하는 데 어려움이 없어서 그렇게 허용적일까요? 교육의 정치적 중립성과 교사의 참정권이 거의 무관한 사항이라고 보기에 이렇게 허용하는 것 같습니다. 이와 같은 사실은 교육의 정치적 중립을 이유로 교원의 참정권을 원천적으로 봉쇄하고 있는 현재 대한민국 법 제도가 민주주의의 발전과는 무관하기도 하고 후진적이기도 하다는 점을 방증하는 것입니다.

미국과 일본의 사례는 예외적인 성격을 많이 갖습니다. 미국은 공무원의 참정권을 강하게 제약하고 있었으나 1974년에 연방 공무원의 정당 참여 및 후원을 허용하였고, 1997년에는 선거운동을 공적으로 할 수 있도록 허용하는 등 점차 참정권을 보장하는 방향으로 움직이고 있습니다. 극히 예외적인 국가인 일본은 2차 세계대전 후 미국의 철 지난 법에 영향을 많이 받아 설계한 법을 그대로 유지하여 극도로 참정권을 봉쇄하고 있는 형편입니다. 게다가 일본은 공무원에게는 허용하는 정당 가입의 권리마저도 교원에게만 더욱 엄격하게 가로막고 있어 한국과 함께 매우 낙후한 민주주의 실정을 보여주고 있습니다.

　　국제적인 기구도 대한민국의 정치적 낙후성을 비판해 왔습니다. 국제노동기구(ILO) 기준적용위원회는 2015년과 2016년에 초·중등교사가 정치적 견해를 이유로 차별을 받지 않도록 할 것을 권고하였습니다. 또한 2019년과 2021년에는 잇따라 한국 정부가 유·초·중등 교원의 참정권을 금지하는 것은 고용과 직업에 따른 차별을 금지한 111호 협약을 위배하고 있다고 보고 개선할 것을 권고하였습니다.[35] 이에 문재인 정부는 2021년 4월 20일에 ILO 국제협약 29호, 87호 및 98호 비준서를 국제기구에 기탁하였습니다. 이렇게 되면서 대한민국은 105호 "강제노동 철폐 협약"을 제외하고 7개의 주요 협약을 비준한 노동 선진국이 되었습니다. 그러나 ILO 187개 회원국 중 약 76%가 이미 8개 주요 협약을 모두 비준한 현황을 고려하면 상당히 늦은 지각생이 아닐까 합니다. 앞으로 남은 과제는 국제협약에 맞추어 국내법들을 조정하는 과정을 거치는 것입니다. 교원의 참정권과 관련하여 손볼 법이 많기 때문입니다.

　　이 중 제87호는 "결사의 자유 및 단결권 보호에 관한 협약"으로서 노동자가 어떠한 차별도 없이 사전 인가를 받지 않고 스스로 선택하여 단체를 설립하거나 가입할 수 있는 권리를 갖는다고 선언하고 있어서, 정당 및 정치단체 설립 및 가입을 봉쇄하는 국가공무원법 및 지방공무원법, 정당법, 정치자금법과 정면충돌하는 규약이 됩니다. 물론 경찰과 군인에 대해서는 예외를 두고 있습니다만, 교사 집단에 대해서는 예외를 인정하지 않습니다. 따라서 우리나라는 2022년까지 해당 법들을 개정하여 교사에게 단체 결성 및 표현의 자유를 되돌려주어야 합니다.

유럽연합 집행위원회는 2018년 우리 정부에 ILO 핵심 협약을 조속히 비준할 것을 촉구하는 서한을 보낸 적이 있습니다. 대한민국과 유럽연합은 자유무역협정(FTA)를 맺고 있기에 우리나라의 노동환경이 유럽연합의 노동 경쟁력 및 무역수지와 밀접한 관련이 있는 것이 사실입니다. 경제적 실리를 다소 고려한다고 할지라도 국제 수준의 노동 규범을 확립하는 것은 국제 사회 안에서 대한민국의 지속가능한 성장을 위해서도 실천해야 할 의무입니다. 따라서 교사의 참정권 보장은 대한민국이 국제 수준의 노동 규범을 확립하는지 확인하는 시금석이 될 수 있습니다.

결론적으로 현재 교사에게 가해지고 있는 참정권의 원천적 봉쇄는 국제적으로 비교할 짝이 없을 만큼 비민주적인 수준입니다. 국제적으로 ILO는 여러 차례 성명을 통해 교원의 정치적 자유를 보장하라고 촉구한 상황이고, 세계 유수의 국가들이 교원의 폭넓은 참정권을 보장하고 있으며, 국가인권위원회도 네 번에 걸쳐 교원의 정치적 자유를 보장하여야 한다고 주장합니다. 따라서 법을 개정할 책임이 있는 국회, 교원이 소속된 행정부의 인사혁신처 및 행정안전부, 그리고 중앙선거관리위원회는 조속히 개정법률을 발의해야 합니다. 또한 헌법재판소는 하루빨리 교원의 참정권을 구속하고 있는 국가공무원법, 정당법, 정치자금법, 공직선거법의 위헌성을 확인해야 합니다.

참고문헌

- - - - - -

1) BBC News Korea (2022.08. 검색). '기후변화; 인간이 지구온난화에 책임이 있다는 증거는?'(2021.10.26.일자 기사). [Online] https://www.bbc.com/korean/international-5903993

2) Jimmer, K. (2001). 『Evolution: The triumph of an Idea(이창희 역, 2018, 진화: 모든 것을 설명하는 생명의 언어)』. 서울: 웅진지식하우스.

3) IPCC Assessment Report 6th (2021). Climate Change 2021: The physical science basis. pp. 423-425. [Online] https://www.ipcc.ch/report/ar6/wg1/

4) OECD (2019). OECD Future of education and skills 2030 concept note. [Online] http://www.oecd.org/education/2030-project

5) Donovan, M. S., & Bransford, D. J. (2005). *How students learn: History, mathematics, and science in the classroom.* NW: The National Academies Press.

6) Fosnot, T. C., & Perry, S. R. (2005). Constructivism: A psychological theory of learning. In C. T. Fosnot (Ed.). *Constructivism: Theory, perspectives, and practices 2nd edition.* (pp. 8-38). NY: Teachers college press.

7) Vygotsky, S. L. (1978). *Mind in Society: The development of higher psychological processes.* Harvard publication.

8) 우치다 타츠루 (2010). 『푸코, 바르트, 레비스트로스, 라캉 쉽게 읽기』. 서울: 갈라파고스.

9) 설진성 (2013). 『활동이론에 근거한 초등교사의 구성주의 교육실천 분석』. 경희대학교 박사학위논문.

10) Roderick, R. (1986). *Habermas and the foundation of critical theory.* NY: St, Martin's Press.

11) 정은균 (2017). 『학교 민주주의의 불한당들』. 서울: 살림터.

12) Hiruta, K. (2018). *A democratic consensus? Isaiah Berlin, Hannah Arent, and the anti-totalitarian family quarrel.* Think, 17(48), 25-37.

13) 국가법령정보센터 (2021.8.24. 검색). 교육기본법 제2조(교육이념). [Online] https://www.law.go.kr

14) Tomasello, M. (2016). *A natural history of human morality.* Harvard University Press.

15) Hukuyama, F. (2011). *The origins of political order: From prehuman times to the French revolution.* NY: Farrar, Straus and Giroux.

16) Boehm, C. (2012). 『Moral origins: The evolution of virtue, altruism, and shame(김아림 역, 2019, 도덕의 탄생: 인간 양심의 기원과 진화)』. 리얼 부커스.

17) Putnum, D. R. (2000). 『Bowling alone: The collapse and revival of American community(정승현 역, 2016, 나 홀로 볼링)』. 서울: 페이퍼로드.

18) 오동석 (2010). 『전선: 교사의 정치적 기본권』. 민주주의법학연구회, 44, 199-224.

19) 배소연 (2020). 「학교민주시민교육의 기본원칙 중 정치적 중립성 보장을 위한 개선과제」. 법과인권교육연구, 13(2), 23-44.

20) 노기호 (2000). 「교육의 정치적 중립성과 요원의 정치적 권리의 제한」. 공법연구, 28(3), 176-198

21) 이종수 (2010). 「공무원·교원의 정치적 기본권이 지닌 헌법적 의미와 한계」. 연세 공공거버넌스와 법, 1(2), 1-32.

22) 정상우 (2015). 「헌법상 교육의 정치적 중립성과 공법적 과제」. 공법연구, 44(1), 1-25.

23) 조국 (2012). 「초·중·고등학교 교원의 정치활동의 범죄화 비판」. 형사정책, 24(2), 139-166.

24) 홍석노 (2008). 「교육제도법정주의의 헌법적 의미와 성격(기능): 헌법 제31조 제4항과 동조 6항에 관한 헌법재판소결정의 논증구조와 문제점」. 안암법학, 27, 39-68.

25) 헌법재판소 (2020). 정당법 제22조 제1항 단서 제1호 등 위헌 확인 (교원의 정당 및 정치단체 결성·가입 사건). [Online] https://search.ccourt.go.kr

26) 김재웅 (2021). 『교육정치학 탐구』. 서울: 교육과학사.

27) KBS 뉴스 (2022.07.31.). 자사고 유지, 외고는 폐지… '위기 사립대' 퇴로 열어준다. [Online] https://news.kbs.co.kr/news/view.do?ncd=5521916

28) 이은주 (2010). 「대상화이론에 근거한 여대생의 섭식장애증상 경로모형 분석」. 여성건강간호학회지, 16(1), 78-86.

29) 한국일보 (2022.1.17.). 정당 가입 연령 낮춘 당일, 경북서 '제1호' 16세 당원 탄생. [Online] https://m.hankookilbo.com/News/Read/A2022011407300000098

30) Harari, N. Y. (2011). *Sapiens: A brief history of humankind.* London: Vintage.

31) Hukuyama(2011)의 위 문헌

32) Hukuyama(2011)의 위 문헌

33) 국가인권위원회 (2019). 「공무원, 교원의 정치적 자유에 관한 결정」. 2019 국가인권위원회결정례집.

34) 노순일 (2013). 「공무원과 교사의 정치적 기본권에 관한 연구」. 건국대학교 박사학위논문.

35) 한겨레 (2021.8.31. 검색). 인권위 "공무원·교원 정치적 자유 제한은 인권 침해" 네 번째 권고. [Online] https://www.hani.co.kr/arti/society/society_general/891909.html

3장

교원 정치적 중립의 개념

2019년에 있었던 인헌고등학교 사태는 교육의 정치적 중립에 대하여 새롭게 인식하는 계기가 되었습니다. 임시정부 수립 100주년을 기념하는 마라톤 행사를 여는 마당에서 반일 구호를 외친 것과 반일 감정을 담은 띠를 두른 것에 대해 인헌고등학교 소수 학생으로 구성된 인헌고 '학생수호연합' 단체가 기자회견과 SNS 활동을 하면서 정치 이슈로 불거졌습니다.[1]

여기에 우익 시민단체와 유튜버들이 응답하여 학교 앞에서 집회와 시위를 하면서 학교는 몸살을 앓게 되었습니다. 학교장은 수학능력시험을 앞둔 학교가 정상적인 학사 운영을 하지 못할 정도로 방해받고 있어서 휴교를 검토할 정도라고 하였습니다.[2] 실제 학생들에 대한 안면방해도 문제이지만 더 큰 것은 학교 안에서 교사들이 정상적으로 시민교육을 진행하지 못할 정도로 정치 외압이 행사되고 있었다는 점입니다. 실제로 집회 참여자가 지나가는 교사에게 "빨갱이 교사"라고 모욕하는 상황이 벌어졌습니다. 학교 바깥에서 정치 세력이 진영 논리로 학교를 위협하는 상황에서 어떻게 정상적인 민주시민교육이 될 수 있을까요? 학교 안에서 벌인 교육활동이 이렇게 저렇게 정치적 진영 논리로 해석되는 것은 단순히 소란스럽다는 문제를 뛰어넘어 헌법이 보장하는 교육의 정치적 중립을 침해하는 수준에 이르렀다는 점에서 큰 충격을 주었습니다. 여기서 문제의 행사가 파당적인지 아닌지를 논의하고자 하는 것은 아닙니다. 다만 헌법이 보장하는 진정한 교육의 정치적 중립의 개념이 무엇인지 따져볼 필요가 있다는 것입니다. 단순히 교사에게서 정치적 기본권을 박탈하는 것으로 정치적 중립이 완성될 수 있는 것인지, 학교에 소속된 교사만을 한정하여 정치적 중립을 요구한다고 교육의 정치적 중립이 보장될 수 있는지 살펴보아야 합니다.

헌법이 보장하는 교육의 정치적 중립을 실현하는 것과 공무원으로서 교사에게 헌법이 의무로 부과한 정치적 중립성을 실현하는 것 모두 결국 교사의 중립적 행위로 귀결될 것입니다. 그러나 교사에게 중립적 행위를 요구하는 핵심 근거가 두 가지라면 교사의 행위를 제한하는 기제도 분명 명확히 나누어 다루어야 할 것입니다. 따라서 법률과 시민사회가 바라는 교사의 정치적 중립에는 이중적 잣대가 존재하며 이를 자세히 다루기 위해서 앞으로 두 가지 논의를 구분하여 다루고자 합니다.

헌법이 보장하는
교육의 정치적 중립

헌법 제31조 제4항은 "교육의 자주성·전문성·정치적 중립성 및 대학의 자율성은 법률이 정하는 바에 의하여 보장된다."라고 규정하고 있습니다. 이에 따라 교육기본법 제6조 제1항은 "교육은 교육 본래의 목적에 따라 그 기능을 다하도록 운영되어야 하며, 정치적 파당적 또는 개인적 편견을 전파하기 위한 방편으로 이용되어서는 아니 된다."라고 규정하고, 교육기본법 제14조 제4항은 "교원은 특정한 정당이나 정파를 지지하거나 반대하기 위하여 학생을 지도하거나 선동하여서는 아니 된다."라고 규정하고 있습니다.

사실 헌법이 보장하는 교육의 정치적 중립은 학생이 시민으로 성장하는 과정에서 일방적이고 파당적인 주장을 강요받지 않을 헌법적 행복추구권 및 의사 표현의 자유권을 보장하는 것이라고 볼 수 있습니다. 교육의 하위 범주로 가정교육, 학교교육, 평생교육, 사교육 등 다양한 범주들이 구분되고 있으며 헌법의 영향권은 모든 교육이라고 할 것입니다. 그러나 여기서는 국가가 책임지고 있는 학교 교육을 중심으로 살펴보고자 합니다.

학생에게 영향을 줄 수 있는 주체로는 첫째, 학교 교육과정을 운영하여 학교를 대리하는 교사가 있습니다. 둘째, 학교를 둘러싼 지자체, 지역의회뿐만 아니라 정부의 기관도 학생에게 간접적으로 정치적 영향을 줄 수 있을 것입니다. 셋째, 매일 얼굴을 맞대는 각 가정의 보호자도 주체로 볼 수 있습니다. 넷째, SNS, TV 뉴스 등 언론도 무시하지 못할 만큼 중요한 주체입니다. 이 중에서 교육의 정치적 중립을 요구할 수 있는 대상으로 교사, 정부 기관, 정치 세력(정당, 언론, SNS 등)을 주체로 선정할 수 있겠습니다. 법이 침범하지 말아야 할 영역 중 하나가 가정이라는 보편적인 국민 정서에 따라 가정교육은 정치적 중립을 요구하는 영역에서 배제하는 것이 바람직할 것입니다.

앞 장에서 본 역학관계 그림을 다시 살펴보겠습니다. 헌법이 보장하는 교육의 정치적 중립을 실현한다는 것은 아래 그림의 ①번과 ③번 화살표가 가리키는 영향을 정치 중립적으로 만드는 것입니다. ②번이 거리가 먼 까닭은 교사가 정치 세력에게 영향을 미치는 것으로 정치에 참여하는 참정권의 영역이라고 할 수 있기 때문입니다.

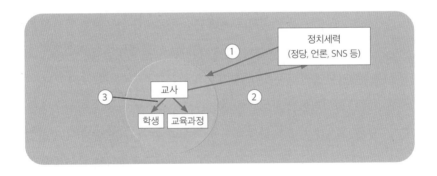

정치 외압으로부터 중립성 보호

①번 화살표가 지시하는 것은 정당, 정치단체, 언론, SNS 등 파당성이 큰 주장들이 오고 가는 채널이나 주체가 학교에 직접적 영향을 주는 것을

의미합니다. 따라서 헌법이 보장하는 교육의 정치적 중립을 보장하는 것은 정치 외압으로부터 학교가 정상적으로 교육과정을 운영할 수 있도록 보호하는 것입니다.

그런데 이렇게 정치 외압이 학교에 작용하는 경우가 의외로 많습니다. 인헌고 사태는 가장 대표적인 예라고 할 수 있겠습니다만, 언론에 보도되지 않는 수많은 사례를 봐도 학교는 매우 직접적으로 정치 외압에 노출되어 있습니다. 오래전 제가 젊은 교사 시절에 대부분 학교는 소년조선일보, 소년동아일보, 소년한국일보 등 주간 신문사에서 발행하는 신문을 보호자가 부담하여 구독했습니다. 그 과정에서 금품이 오가고 볼썽사나운 모습이 연출되기도 했습니다. 이를 금지하기 위하여 전교조가 참교육 운동을 벌일 때 학교장들이 내세우는 가장 큰 변명은 "우리가 신문을 봐주는 대가로 학교의 문제를 보도하지 않을 것이다."라는 것입니다. 이것은 학교와 언론 기관이 맺은 일종의 담합으로써 정치 논리가 되어 학교의 민주시민교육을 왜곡시키고 있었던 것입니다. 학생들이 그런 신문을 통해 사회의 소식을 듣게 된다고 해서 학교를 둘러싼 정치 구조적인 압력을 극복할 수 있었을까요? "왜, 나는 신문이 보기 싫은데 선생님은 자꾸 신문을 보라고 할까요?", "선생님이 신문을 보라고 하는데 무슨 깊은 배움의 진리가 신문에 담겨 있는 것일까요?" 아마도 그때의 학생들은 이런 질문과 반발심을 수없이 되새기면서 학교를 졸업하고 떠났을 것입니다. 그때의 학생들이 지금은 우리 사회의 핵심 경제 인구가 되었을 것이며 그때 형성된 인식은 학교를 향한 불신에 한몫하고 있을 것입니다.

학생들에게 페미니즘 백래시(맹목적 반발)[i]로 고통을 받는 교사들이 늘

---

i) 백래시 현상은 어떠한 아이디어, 행동에 대한 강한 반발을 뜻한다. 페미니즘에 대한 반발 등 사회적 소

고 있습니다. 다양한 상황에서 그러한 백래시 현상은 나타납니다. 성평등 교육을 하다 보면 당연히 차별 없는 가족구성을 말할 것인데 이를 혐오의 시선으로 바라보기도 합니다. 교사 34%가 학생들이 '메갈', '페미'라고 조롱하듯 묻는 행위, 수업 중 혐오 표현 발언, 페미니스트 교사에 대한 비난 및 공격, 성평등 수업에 대한 방해 및 거부 행위 등을 경험하였다고 합니다.[3] 학생들의 이러한 태도는 자발적일 수 있겠지만, 상당한 부분은 인터넷과 SNS 등에서 사적으로 영향을 받은 것으로 보입니다. 교사는 사실상 편견에 사로잡힌 학생들에게 민주시민교육을 지도하기 어려운 한계를 겪고 있습니다. 이것은 엄연히 미디어 언론과 보호자가 학생을 대상으로 간접적으로 파당적인 교육을 한 결과라고 해석할 수 있습니다.

정권이 새롭게 들어설 때마다 학교 안에는 청소년단체가 생겨날 때가 있었습니다. 전두환 정부는 1981년에 '아람단'이라는 청소년단체를 세워 기존에 활동하던 학교 안 스카우트 청소년단체의 활동을 흔들어 놓았습니다. 그러다 노태우 정권이 들어서며 '우주소년단'이 생겼습니다. 이러한 청소년단체는 매년 비싼 등록회비를 내야 하는 만큼 학교에 영향력이 있는 보호자가 득세하였고, 초등학교 같은 경우에는 전교자치회장이 대부분 이러한 청소년단체에서 배출될 정도였습니다. 사회의 빈부격차가 학교 교육 현장 안에서 접근성의 차별로 실현되는 것이었습니다.

이명박 정부에서는 '어륀지' 사태로 유명해진 영어조기교육과 영재교육이 새롭게 학교 교육으로 진입하였습니다. 자립형 사립고등학교가 양산되면서 전국의 보호자와 학생들은 중학교부터 입시지옥을 경험해야 했습

수자와 소수인종 등 사회적 약자에 대한 편견이나 차별을 드러내는 현상을 말한다. 또한 사회정치적 변화로 영향력이나 권력이 줄어든다고 느끼는 사람들이 집단으로 반발하고 반격하는 현상을 가리키는 용어이다.

니다. 이명박 정부의 교육정책은 교육 영역을 철저히 신자유주의적 관점으로 전환했습니다. 수월성교육은 공교육 안에 많은 다양성을 주어서 수요자인 학생이 자유롭게 경쟁하여 자신이 원하는 학교를 선택하게 한다는 시장주의 정책이었습니다. 영재교육과 영어조기교육으로 인하여 영어유치원이 선풍적인 인기를 끌고 아이들은 우리말을 배우기 전부터 영어를 배우고 영재훈련을 지향하는 사적 학습을 받아야 했습니다. 또한 국민들은 늘어나는 사교육비에 허리가 휘고, 경제적 여유가 없는 보호자들은 상대적 박탈감에 괴로워해야 했습니다. 안타깝게도 이명박 정부는 헌법이 추구하는 공교육의 철학을 훼손하고 사교육의 시장성이 가진 파괴력을 무심히 여겼던 것 같습니다. 사교육은 사회경제적 약자에게는 가혹하고 강자에게는 혜택이 돌아가는 약탈적 방식으로 철저히 작동합니다.

교육을 둘러싼 수월성과 보편성 논쟁은 해묵은 것이지만 매우 중요한 교육철학을 담고 있습니다. 학교 교육이 계층이동의 사다리로 작동하는 대한민국의 현재 상황에서 국제중, 자율형 사립고, 국제고, 외국어고, 과학고 등 교육과정의 다양성은 함몰되고 대학 입시에 맞추어 편법으로 교육과정을 운영하는 모습을 보입니다. 외국어고에서 수학 교과 시간을 확대하고, 과학고는 입학사정관제에 적합한 학생부 스펙 만들기에 온통 집중하는 양상을 보입니다. 입시실적 앞에서 학교는 자의 반, 타의 반 입시 중심으로 교육과정을 운영하게 됩니다. 학생과 보호자들은 중학교 시절부터 대입 전형에 따라 치밀하고 치열한 입시 전쟁을 치러야 하는 상황입니다. 일반 고등학교의 교사들은 학생들과 함께 만들어 가는 교실 수업이 질적으로 하락했다고 말합니다.

계층 격차와 지역 격차가 너무도 큰 대한민국 사회 구조는 다양한 학교 제도를 인정해 주지 않습니다. 다양한 학교를 두고 자유롭게 선택할 수 있는 교육정책은 헌법의 자유권과 호응하지만, 이상적 담론에 그치게 됩니다. 왜냐하면, 격차 사회는 다양한 학교 제도를 계층 격차와 지역 격차를 재생산하는 도구로 변질시키기 때문입니다. 만일 낙후된 지역에서 특색 있는 지역화 교육과정을 고등학교에서 운영하는 교육정책을 내놓으면 실제 이 정책은 도시와 농·어·산촌을 갈라치는 정책으로 작동할 가능성이 커집니다. 대학 입시 실적이 최고선인 상황에서 전면적으로 실행되지 못하고 폐기될 가능성이 큰 교육정책입니다. 학생과 보호자들이 먼저 반발하며 특정 소질을 갖춘 사람이 고소득 계층이 될 수 있는지부터 따지게 될 것이니까요.

결국 대한민국이 격차 사회라는 점을 고려할 때 교육 정의를 세우는 길은 수월성 짙은 교육정책을 억제하고 보편성 높은 교육정책을 확대하는 것입니다. 물론 교육청은 자사고, 외국어고, 과학고가 사회 균등 선발 전형을 더욱 확대할 필요가 있고, 학교가 교육과정을 설립 취지에 맞게 특색 있게 운영하도록 감독하는 노력이 동반되어야 합니다. 법원 판결이 자사고의 손을 계속 들어주는 상황에서[4] 보편성을 잃지 않으려는 노력이 필요합니다.

격차 사회 구조 안에서 수월성을 억제하고 보편성을 확대하는 학교 정책을 펼칠지라도 한계는 분명합니다. 학생과 보호자들은 공교육이 대학 입시 편익을 보장해 주지 않는다면 학원으로 달려갈 것이 뻔하기 때문입니다. 어떻게 해서든 희소한 고소득 직종, 명문대학, 고학력 네트워크로 이어지는 3종 세트를 향한 열망을 충족하려 하기 때문입니다. 부의 대물림 이론에 따라 고소득층은 3종 세트를 대물림하려고, 중산층은 쟁취하려고 투쟁하기 때문입니다. 이 틈바구니에서 서민층은 사회에 대한 분노와 좌절을 경험하게 될 것입니다. 학원 집단은 보호자와 학생의 불안 심리를 자극하여 교육 영역에 시장 자본을 더 확대하고자 합니다.

현재 '사교육'이라고 일컬어지고 있는 사적 학습의 모습을 조금 자세히 살펴보겠습니다. 적어도 사설학원에서 이루어지는 교육이 '사교육'이라는 이름 그대로 부를 수 있으려면 헌법이 명령하는 교육의 공공성과 보편성을 충족해야 하지 않을까요? 엄연히 '공교육'은 모든 국민이 교육받을 권리를 충족하고자 하는 보편성과 교육기본법이 요구하는 민주시민을 양성하는 공공성을 추구합니다. 어떤 교육학 개론 책이든지 첫 번째 장을 보면 교육은 사회 규범을 준수하는 인간을 양성하는 것이라 정의됩니다. 반면, 사교육은 각 가정의 재정 상태와 지역의 경제 격차에 따라 투입할 수 있는 자본이 편중되고, 차별적입니다. 소득분위가 높은 가정일수록 오르는 사교육비에 여유 있게 대응할 수 있고 더 고가의 프리미엄 교육 프로그램을 구매할 수 있습니다. 때로는 강남 교육특구와 같이 극단적인 모습을 보이기도 하는데 어떻게 사설학원의 활동에 '교육'을 붙이겠습니까? 사설학원에 다니는 목적은 다른 사람과의 경쟁에서 이기고 더 좋은 학교에 갈 수 있는 것 아니겠습니까? '사교육'이라는 말은 형용모순이 아닐 수 없습니다. 따라서 공교육에서 학생들이 학습하는 것을 공적 학습이라고 한다면, 사설학원에서 배우는 것을 '사적 학습' 혹은 '사학습(私學習)'이라고 하는 것이 맞을 것입니다.

지금까지 우리는 헌법이 보장하는 교육의 정치적 중립을 실현하려면 교육 외부의 정치적 힘들, 언론, 교육 상위기관, 시민단체 등이 파당적으로 학교 교육에 개입할 수 없도록 차단해야 한다고 하였습니다. 그렇다면 현재 제도는 얼마나 학교 교육을 보호하고 있을까요? 학교 교육의 기틀이 되는 교육기본법과 초·중등교육법은 정치 외압을 막을 제도를 규정하고 있을까요? 또는 학교가 소속한 시도의회가 만드는 조례에 학교 교육을 정치 외압으로부터 보호하는 규정이 있습니까? 애석하게도 제가 찾아본 바로는 그것과 관련된 한 줄도 발견할 수 없는 것이 현실입니다. 적어도 초·중등교육법이나 학교 조례에서 "학교의 장은 교육의 정치적 중립이 훼손된다고 판단될 때 가능한 조처를 해야 한다"는 것과 같은 항목이 들어가야 하지 않을까요?

이러한 법률이 만들어져야 학교와 교사는 정당, 언론, SNS 등 정치단체와 개인이 미치는 정치 외압에 맞서서 헌법이 보장하는 교육의 정치적 중립을 지켜낼 수 있을 것입니다. 국회의원은 입법 활동을 통하여 헌법이 보장하는 중립성을 보장할 수 있도록 상세하게 법으로 구현하여야 합니다. 또한 시도의회 의원들은 조례를 만들어 그러한 교육의 중립성을 정치 외압으로부터 방어하여야 합니다. 현실은 헌법의 교육 중립성 정신을 전혀 법과 조례로 구현해 놓고 있지 않았습니다.

왜 그럴까요? 여러 원인이 있겠지만 가장 큰 부분은 학교 현장에서 교육을 담당하는 교사가 입법의 제도권에 접근할 수 없게 막아 놓은 탓이라고 할 수 있습니다. 학교 밖 정치단체와 개인이 발휘하는 압력을 고스란히 받는 곳은 학교이지만, 정치인들은 학교의 교육과정이 중립적으로 운영되는지 관심이 없었던 것입니다. 학교에 있어 본 경험이 없는 사람이 교육 관련 법과 제도를 만들고 있는 현실에서 어쩔 수 없이 벌어지는 일이라고 할 수 있습니다. 이런 점에서 우리는 교원이 출마할 수 없도록 막고 있는 공직선거법을 손보아야 한다고 말할 수 있습니다. 학교 교육을 둘러싼 모든 정치적 결정, 누구를, 언제, 어디로, 예산을 얼마나, 보장할 것이 무엇인지 등을 현장 중심적으로 판단할 수 있는 교원이 출마하여 국회와 시도의회 및 지자체장이 되어야 학교의 정치적 중립도 보장될 가능성이 커집니다.

중요한 점은 학교를 둘러싼 권력 주체들, 국회, 언론 기관, 지자체, 시민단체 등이 초헌법적인 정치 외압을 행사하지 말아야 하고, 학교 안에서 교사는 또한 정치적 중립성에 입각하여 교육활동을 운영해야 한다는 것입니다.

교사 교육과정 운영의 중립성

앞의 그림에서 ③번 화살표가 지시하는 것은 교사가 교육과정 및 교육활동을 중립적으로 운영하여 학생이 정치 중립적인 교육을 받을 수 있게 하는 것입니다. 초·중등교육법에 따라 해석해 보면, 학교는 교육과정을 운영하는 곳으로서 학생이 교사가 운영하는 교사 교육과정을 정치적으로 편향되지 않게 수용할 수 있는 정치적 중립성이 요구되는 것입니다.

사실 교사의 교육활동 속에는 교육과정으로 규정할 수 없는 일, 교육 잡무라고 일컬어지는 일도 존재합니다. 매일 담임교사는 수업의 출석상황을 확인하여 결석계를 작성하고 있습니다. 2020년부터 유행한 코로나19 감염병으로 인하여 코로나 자가격리 가정이 속출하고 걸핏하면 학교장 재량에 따라 등교중지 학생들이 발생하면서 요새 담임교사는 더욱 업무가 가중되고 있습니다. 학교급에 따라서 하는 일도 다양한데 초등학교에서는 방과후교실을 담당하는 교사는 공고, 안내, 모집, 추첨, 배정, 환불 등 온갖 일들을 하고 있습니다. 각종 진흥법과 보호법은 교사가 교육한 실적을 보고하라고 합니다. 2022년 현재 학교폭력예방법 시행령에 따라 연 2회, 아동복지법에 따라 성폭력 및 학대 예방, 실종 및 유괴 예방, 감염병 및 약물 오남용 예방, 재난 대비, 교통안전에 대한 교육, 소방 시설법 관리 규정에 따라 연 2회, 장애인복지법 시행령에 따라 연 1회 등을 묶어 학교 안전교육 실시기준에 따라 연 51시간을 실시하도록 하고 있습니다.

한 가지, 교사라면 꼭 생각해 볼 일은 우리 자신이 당연하다고 여기고 있는 법적 활동에 대한 타당성을 검토해 보는 것입니다. 예를 들어봅시다. 학교보건법과 학교건강검사규칙에 따라 담임교사들이 신체 발달 측정과 시력검사를 하는 상황이 적법한 것인지 생각해 봅시다. 왜 신체 발달 측정과 시력검사를 담임교사가 해야 할까요? 서울시교육청의 학교건강검사규칙 제3조 제2항을 보면 "신체의 발달상황, 신체의 능력, 건강조사 및 정신건강 상태 검사는 해당 학교의 장이 실시하고, 건강검진은 건강검진기본법 제14조에 따라 지정된 검진 기관에서 실시한다."라고 되어 있습니다. 이 말은 신체 발달 측정을 제외한 모든 종류의 건강검진은 학교가 의뢰한 검진 기관에서 해야 한다는 말이 아닐까요? 따라서 시력검사도 검진 의사의 몫일 것입니다. 이런 일들에 대하여 재고해 보는 것은 학급 담임과 교과 교사에게 부여된 수많은 일의 타당성을 검토하여 교육과정을 정상적으로 운영하려는 시도라는 점에서 의의가 있습니다.

이러한 일 외에도 학교는 여러 다양한 구성원이 살아가는 일종의 사회라서 필요에 따라 의사결정을 해야 하는 것도 있습니다. 앞에서 말한 교육 잡무와 의사결정을 합하여 교육행정의 영역이라고 할 수 있습니다. 이러한 교육행정은 학생에게 직접 영향을 미치지 않는다는 점과 공무를 담당하는 공무원이기 때문에 발생하는 업무라는 점에서 교육과정 운영과 분리해서 살펴보는 것이 타당할 것입니다. 사회적으로 논란이 되거나 우려가 있는 교사의 정치적 중립은 주로 수업과 관련되고, 학생에게 영향을 미치는 방식이 다르기에 우리 논의에서는 교육행정 분야의 정치적 중립을 별도로 다루도록 하겠습니다.

③번 화살표가 의미하는 것 중에서 교육행정을 제외하고 교사가 학생에게 영향을 미치는 점을 살펴보겠습니다. 국민이 교사에게 정치적 기본권

을 주지 않으려는 첫 번째 이유를 꼽으라고 하면 아마도 교사가 자신의 특정 신념이나 의견을 수업에서 강압적으로 전파할 수 있다는 점을 꼽을 것입니다. 교사 개인이 가진 신념이 아니라 할지라도 과거 군부 독재 시절에 학교 안에서 버젓이 권위주의 체제의 정당성을 주입하는 일들이 자행되었다는 점에서 국민의 염려가 이해됩니다. 우리 대한민국은 박정희 군사정부가 일제의 황국신민서사를 닮은 국민교육헌장을 만들고 학생들이 외우도록 강제하였고 체벌까지 동원하던 역사가 있습니다.

그러나 대한민국이 전제적인 군부 정권을 청산하고 민주주의 사회로 전환한 시점에서 보면 교실은 더 이상 교권이 특별권력처럼 작동하는 공간이 아닙니다. 교사의 말 한 마디, 한 마디는 모두 학교의 울타리를 넘어 사법적 판단의 대상이 될 수 있습니다. 학생들은 자신의 권리에 대한 인식 수준도 상당히 높아져 있는 상황이기 때문에 교사가 일방적인 의견을 전파한다는 것은 있을 수 없습니다. 교사가 학생에게 자신의 파당적 의견을 일방적으로 말할 수 없고, 교사의 뜻에 따라 학생들이 강요된 행동을 하도록 요구할 수 없습니다. 사실 대한민국의 거의 모든 교사는 헌법과 교육기본법, 초·중등교육법, 교육공무원법 등이 요구하는 수준보다도 높은 도덕적 수준으로 학생을 교육할 것입니다.

국민이 교사에게 정치적 기본권을 주지 않으려는 두 번째 이유로는 교사들이 정치적인 영역에는 관심을 두지 않게 하려는 것이 아닐까 생각해 봅니다. 이러한 국민 혹은 보호자의 우려는 입시와 밀접하게 관련됩니다. 학생이 정치에 담을 쌓고 학교 공부에 집중하여 좋은 대학에 입학해야 하는 마당에 정치는 학생들의 마음을 흐리게 하는 불순물처럼 작동할 것이라는 우려일 것입니다. 마치 정치적인 이슈를 꺼내는 교사는 학생을 오염시키는 오염물질인 것처럼 여기는 태도라고 할 수 있습니다. 개인 간 경제 격차가 벌어진 우리 사회이기 때문에 성적 경쟁을 수월하게 이끌기 위해서 학교는 입시 기관이 되어야 하며 교사는 입시 전문가로 활동해야 한다는 태도라고도 할 수 있습니다.

그러나 적어도 학교는 학생을 민주시민으로 육성해야 하는 책임이 있는 곳입니다. 학생들이 민주주의 가치를 자유롭게 발언하고 내면화하는 곳이 어디여야 할까요? 우리 대한민국의 직장 민주주의, 가정 민주주의, 사모임 민주주의는 과연 제도권 정치만큼 성숙한가요? 그래서 아무 준비 없이 학생들이 공부만 하다가 사회에 나가면 저절로 민주시민이 될까요?

오래된 문제입니다만 존 듀이는 학교 교육 속에 학생이 처한 생활세계의 이슈가 직접 포함되어야 하고 이를 해결하려고 접근하는 공동체적 노력이 교육의 전 과정에 노정되어야 한다고 보면서 권력을 직접 다루는 생활정치를 강조하였습니다.[5] 오히려 그는 미래의 성공을 위해 현재를 저당 잡히고 혹은 학생들의 눈과 귀를 닫고 시험문제에 나올 법한 교과서를 공부하는 것은 진짜 공부가 아니라고 보았습니다.

정치를 백안시하는 태도는 국민이 정치를 협소하게 해석하기 때문입니다. 정치를 국가 단위에서 국민 주권을 작동하는 공권력으로만 해석하기 때문이라고 봅니다. 그러나 실제 정치는 우리 삶과 함께합니다. 이것을 '생활 정치'라고 표현하는 것이 적합하겠습니다. 이수룡 교사는 2019년에 5학년 학생들과 박스집을 만들고 운영하는 과정에서 나타나는 갈등과 의사결정을 조정하는 생활 정치가 출현하는 모습을 포착하였습니다.[6]

박스집은 어린이들이 자신들의 생활세계인 복도를 자신들의 기획으로 종이상자를 재활용하여 아지트처럼 꾸미고 관리하는 어린이들의 공간입니다. 처음에 박스집을 만들기 위해 유용한 상자를 수집하고 박스집을 효과적으로 만드는 사람이 의사결정권을 쥐었습니다. 박스집이 완성된 뒤에는 박스집을 유지하고 통제하는 것에 권력이 작용합니다. 박스집 안에서 격하게 움직이는 공놀이를 하는 남자아이들이 박스집을 파괴하거나 다른 반 아이들이 박스집을 손상하는 일들이 나타나면서 학급공동체는 합리적인 대안을 마련해야 했습니다. 생활 정치는 대립하는 이해와 가치가 충돌하는 논쟁이나 갈등을 해결하는 것과 관련된 모든 의사결정과정을 다룹니다.

아이들은 박스집 안 공놀이를 금지하는 과정에서 다수결의 횡포를 경험하였습니다. 남자아이들이 다수이기 때문에 공놀이 금지안이 부결되는 상황을 목도하게 된 학급공동체는 다수결에 대한 강한 거부감을 나타냈습니다. 결국 학급공동체는 현실적으로 충분한 대화와 설득을 할 수 있을 만한 신뢰하는 대표를 뽑아 "박스집위원회"를 구성하였습니다. 박스집위원회는 학급공동체가 다수결의 한계를 극복하고 담임교사에게 의존하는 질서 체계에서 학생자치 체제로 나아가는 대의 민주주의의 수립 과정에서 나타난 조직이라고 할 수 있습니다.

학급공동체는 여기서 멈추지 않고 생활 정치에서 두 번째 진화를 벌였습니다. 박스집위원회는 효율적이긴 하였으나 너무 막강한 권력을 갖게 되면서 이를 조정하여 권한 축소, 임기 제정과 징계, 선출과정에 관한 규정 등을 정하였습니다. 담임교사는 이러한 움직임을 소수의 지배에 대하여 다수가 거부권 장치를 마련하는 것이라고 해석하였습니다. 또한 박스집위원회 내부의 의결은 다수결에서 합의제로 옮겨갔다고 합니다. 대화와 설득에 필요한 시간이 더 걸리는 합의제를 선택한 것은 학급공동체의 사회적인 유대감과 결속력을 신장시키는 것을 더 중요하게 본 것이라 여겨집니다.

담임교사는 아이들이 박스집 자치활동을 경험하면서 학교생활에 대해 진지하게 따져보는 비판적인 의식을 형성하였다고 말합니다. 어린이들은 자발적으로 건의 게시판을 만들고 3명 이상의 동의를 받은 사안을 상정하는 민주적 절차를 마련하기도 하였습니다. 생활 정치를 경험하며 이해와 가치가 충돌하는 논쟁이나 갈등을 해결하는 모든 의사결정과정을 경험한 아이들은 매우 강한 민주시민성을 갖추게 되었을 것입니다. 학교가아니면 어디서 이렇게 안전하게 학생들이 대화하고 토론할 수 있겠습니까? 그 안에서 교사는 자율성과 전문성을 발휘하여 적극적으로 학생의 민주시민성을 촉진해야 하는 존재입니다.

그런데 정치를 백안시하는 태도는 교사 사회 내부에도 있습니다. 사례를 들어 말씀드리겠습니다. 제가 네 번째 부임한 학교는 비교적 최근에지어진 학교임에도 불구하고 교실 간 소음이 심각하였습니다. 이에 사회과수업을 지도하다가 학생들이 학교의 문제를 해결하는 대안을 제시하는 동아리를 만들게 되었습니다. 6학년 학생 7명이 모여 결성한 '소음을줄여조!' 동아리가 함께 활동한 내용은 첫째, 교실에서 들리는 소음의 크기를 측정하는 것이었습니다. 휴대폰의 소음 측정 앱을 이용하여 2개의 교실에서 측정해 보았습니다.

둘째, 동아리의 대표를 세우고 정기적인 모임을 열었습니다. 7명의 학생이 함께 모이는 요일과 시간을 정하는 과정이 매우 어려웠습니다. 학생들은 초등학교 시절부터 거의 매일 학원에 다니느라 함께 모일 시간이 없습니다. 그래서 결국 점심시간에 잠깐 보고 의논하는 것으로 결정되었습니다. 평상시 동아리 부원들 간 의사소통을 위하여 단체채팅방을 열기 위하여 6학년 전체 선생님께 동의를 구하는 과정을 거쳤습니다. 사이버 폭력에 대하여 민감한 만큼 담임교사들은 원천적으로 채팅을 금지하는 상황이었기 때문입니다. 이렇게 학생들이 자율적으로 무엇인가 해보려고 하면그동안 학생을 규제하고 있는 조건을 조정해야 하고, 입시의 그늘에 갇혀있는 학생의 시간에 틈을 내야 하는 문제를 겪게 됩니다.

셋째, 학교의 소음 기준에 관하여 공부를 하였습니다. 학교보건법과 학교보건법 시행규칙을 살펴보고 학교 안에서 소음 기준이 55 dB라는 것을 알게 되었습니다. 이 기준에 의하면 ○○학교의 일반교실에서는 2분 동안 3번 정도 55dB을 넘는 소음이 있었습니다. 조용한 교실에서는 옆 반의 수업하는 목소리가 선명하게 들리는 수준이었습니다.

넷째, 학교 전교 학생들을 상대로 설문 활동을 벌였습니다. 3일 동안 각 학년의 중앙통로에 설문판을 세워서 학생들이 교실 간 소음을 문제로 느끼고 있는지 확인하였습니다. 응답한 55% 학생들이 교실 간 소음이 크게 들리고 있다고 응답하였습니다. 애초에 1인 1표를 행사할 수 있도록 설계하지 않아서 응답률을 확인할 수는 없지만, 과반수가 소음 문제를 느끼고 있었던 점을 알게 되었습니다.

다섯째, 전교자치회에 우리가 조사한 결과를 주었습니다. 비록 전교자치회가 소음 문제를 적극적으로 학교 측에 내세우지 않았습니다만 2학기 전교자치회장 및 부회장 후보 중에서 두 팀이 소음 문제를 공약으로 들고나왔습니다.

이렇게 학생들은 빛나는 사회적 참여 활동을 하였음에도 불구하고 학교장은 전 학년 설문조사를 하던 와중에 저에게 정치 선동이라며 멈출 것을 요구하였습니다. 교장실에서 언성을 높이면서 얘기한 내용이라서 앞뒤 내용이 얽힌 점은 있지만, 결코 정치 선동이 아니라는 점을 항변했던 것으로 기억합니다.

저는 이번 활동이 사회과 교육과정을 운영하는 차원에서 벌이는 정상적인 교육의 일환이라는 점을 강조하였습니다. 사회과 성취기준에는 학교나 마을 등 자기가 사는 주변에서 바꾸어야 할 만한 문제가 되는 일을 찾아보고 실제로 조사 활동, 캠페인, 민원 등 사회참여 활동을 하는 것을 제시하고 있습니다. 또한 학생들이 자기 삶을 성찰하며 개선하고자 노력하는 것은 선동정치로 왜곡할 사안이 아니라고 주장하였습니다.

아마도 학교장은 제가 사주하여 철없는 아이들이 그런 일을 벌인 것이라고 판단하여 그 같은 교육활동을 국가공무원복무규정에서 금지하고 있는 정치 행위로 판단하였던 것 같습니다. 이러한 시각은 교사의 교육과정 운영을 공무원의 정치 중립 잣대만으로 판단하여서 교사의 자율성과 전문성을 침해한 것으로 보입니다. 또한, 교장은 사회과 교육과정에서 민주시민으로서 사회문제에 참여하여 목소리를 내는 것이 학생의 본분에 맞지 않는다고 생각한 것 같습니다. 이를 봐도 알 수 있듯이 현재 학교 안에는 학생들이 주도적으로 생활 정치를 하는 것이나 정치적 사안에 대하여 교사가 다루는 것을 백안시하는 태도가 꽤 존재하고 있습니다.

앞의 이수룡 교사가 실천한 박스집 활동이나 제가 수행한 소음조사 활동 모두 공무원의 정치적 중립성이라는 잣대로 판단해서는 안 됩니다. 엄연히 박스집 활동과 소음조사 활동은 교육과정을 운영하는 교사의 전문성과 자율성을 존중해서 정치적 중립성을 판단해야 하기에 헌법이 보장하는 교육의 정치적 중립성을 기준으로 그 타당성을 검증해야만 하는 것입니다. 만약 학교 교육과정을 운영하는 행위를 교육공무원의 정치적 중립성을 기준으로 재단하려고 든다면 학교의 민주시민교육을 오히려 망가뜨리는 결과를 초래할 것이기 때문입니다.

이런 면에서 보아도 그동안 실체도 없이 교사의 수업과 교육과정 운영에 잘못 가해진 정치적 중립성의 성격을 규명해야 합니다. 교육공무원에게 금지하고 있는 정치단체 활동, 선거운동, 정당 활동, 집단행위, 후원행위, 출마 등 공무원의 정치 중립을 교육의 정치적 중립성과 엄격히 구분해 판단해야 합니다. 교사의 수업과 교육과정 운영에는 정치 외압을 방지하고 비파당성을 보장하면서도 교육의 정치적 중립을 보장하기 위해서 교사는 참여적 중립성을 발휘하여야 합니다. 비록 논란이 되는 사회문제라고 할지라도 과감히 수업으로 끌고 들어와서 개방적, 포괄적인 자세로 다루어야 합니다. 교사는 헌법이 보장한 인권과 자유의 범주 안에서 학생들이 자유롭게 의사 표현하도록 보장하고 수업 현장이 인류가 존중하는 가치를 공유하는 공론장으로서 작동하도록 노력해야 합니다. 또한 학생들이 살아가는 생활세계에서 나타나는 생활 정치를 긍정적으로 인식하고 자치 체제를 만들어나가도록 촉진해야 할 책임이 있습니다. 교사가 참여적 중립성을 발휘하여야 교육의 정치적 중립성을 충족하는 것입니다. 그렇기에 교사가 펼치는 정치적 중립성에 대해서 깊이 논의할 필요가 있습니다.

교사가 펼치는 수업의 정치적 중립성을 바라보는 세 가지 시각이 있습니다. 이 시각은 정치적 논란이 되는 사회적 현안을 다루는 교사의 유형을 바라보는 시각입니다.[7] 첫째, 정치적 중립을 지키기 위하여 교사는 사회적 현안을 수업에서 배제하는 것입니다. 배타적 중립성(exclusive neutrality)을 추구하는 이 유형은 사회적 현안을 배제하려고 하기에 학생들이 민주적 역량을 키울 기회를 빼앗습니다. 따라서 이 유형은 민주시민교육에는 아주 부정적인 입장이라고 할 것입니다. 하지만 많은 보호자가 요구하는 유형이기도 합니다. 실은 정치적 중립을 지킨다기보다는 사회적 현안에 자녀가 마음을 뺏기고 입시 준비에 영향을 받는 것을 회피하는 입장입니다. 일부 교사들은 학생들의 시각 자체가 어리고 판단하지 못하기 때문에 사회적 현안을 비평하는 기회를 갖지 않는 것이 오히려 더 낫다는 태도를 보입니다. 그러나 학교 안에서 안전하게 사회 현안을 비평해 보지 않은 학생이 갈등이 더욱더 첨예한 시장과 직장에서 어떻게 건강한 시민성을 발휘할 수 있을까요?

둘째, 교사가 사회적 현안을 도입하기는 하지만 교사 자신은 의견을 밝히지 않고 어느 한 편에 서지 않는 자세를 취하는 것입니다. 중립적 비편파성(neutral impartiality)을 추구하는 이 유형은 많은 교사가 바라보는 교사 모델이라고 할 수 있으나, 비현실적인 면이 큽니다. 교사가 '어떤 사회 현안을 도입하느냐?'를 선택하는 과정 자체가 이미 어느 정도 정치적으로 참여한 것입니다. 또한 학생 간 논쟁을 거치는 과정에서 교사가 적극적으로 나서서 학생의 비난과 비하, 편견을 억제하기도 해야 하고, 때로는 헌법적 인권을 무시하는 학생을 바로잡는 적극성을 보일 수 있어야 합니다. 수십 년을 가르쳐 온 저는 학생의 자유로운 토론장에서 나타나는 비인권적 발언을 심심찮게 발견합니다. 이런 상황에서 교사는 적극적으로 사회의 공공 가치를 대변하는 존재가 되어야 합니다. 만약, 교사가 정치적 중립을 이유로 비인권적인 의견이 회자함에도 개입하지 않는다면 이야말로 교사가 비민주적인 정치적 입장을 갖는 것입니다. 이러한 입장은 때로는 비인권적인 판단을 야기하는 기제를 보입니다.

2018년에 플로리다의 보카 레턴 고등학교 교장은 나치가 유대인에게 저지른 홀로코스트 만행에 대하여 다음과 같은 입장을 보입니다.[8]

> "나는 교육청의 피고용인으로서 홀로코스트를 역사적 사실이라고 말할 수 없습니다. 나는 교과서에 주어진 홀로코스트 정보를 제시하고 학생과 보호자가 이에 따라 결정하는 것을 허용할 뿐입니다. 나는 노예제에 대해서도 같은 입장입니다. 나는 어떤 입장을 취하지 않고 그냥 정보를 제시하는 것입니다. 나의 개인적인 신념은 교육자로 설 때는 전문적 영역에서 분리되어 있습니다."

이 교장은 홀로코스트와 노예제라는 역사적 사실을 정보 차원에서 다루고 학생과 보호자에게 제시하는 데까지는 이르지만 설령 학생과 보호자가 홀로코스트를 부정하고 노예제도를 찬성하는 비인권적인 입장에 서더라도 관여하지 않겠다는 태도를 보입니다. 민주 사회에서 교육이 민주시민을 육성해야 하는 당위를 외면하고 있습니다.

이는 여러 면에서 비판받을 만한 입장이 분명합니다. 자유와 평화를 기준으로 하는 국제 규범을 고려할 때, 민주주의 사회의 한 구성원으로서 인권을 존중하는 태도를 고려할 때, 교육자로서 전문성은 민주시민을 양성하는 것이라는 점을 고려할 때, 이와 같은 중립적 비편파성이 얼마나 위험할 수 있는지 살펴볼 수 있습니다. 중립적 비편파성을 취하는 교사는 인류에 대한 인도주의와 사회의 공동체적 가치를 존중하는 태도가 빈약하여 자칫 그 모습을 보고 배우는 학생들이 인류의 안녕을 등한시하는 태도를 그에게서 배울까 두렵습니다. 교사가 사회적 현안을 수업에 도입하는 과정에서 학생들이 사회정의를 고민하는 교사의 시민적 태도를 볼 수 있어야 할 것입니다.

셋째, 교사가 사회적 현안을 다루면서 자신의 입장을 강압적이지 않은 방식으로 제시합니다. 참여적 중립성(committed impartiality)[9]을 추구하는 교사는 사회적 현안에 담긴 공공가치를 제시하고 비인권적인 학생의 의견에 대해서는 비판적인 입장을 취할 수 있습니다. 이런 참여적인 태도를 보이기에 교사에게는 의견 대립에서 비롯되는 학생 간 감정적 갈등을 감수하려는 용기가 동반되어야 한다고 생각합니다. 학교 교실의 모습을 그려보면 왜 사회적 현안을 도입하는 것에 교사의 용기가 필요한지 이해할 수 있습니다.

아무래도 교사가 사회적 현안을 다루게 되면 여러 가지 위험성을 안는 면이 있습니다. 정치적 쟁점이 큰 사건을 다루면 학생들 사이의 정서적

충돌이 발생할 가능성, 학생의 백래시가 돌출할 가능성, 학생과 보호자의 민원이 발생할 가능성, 입시에 방해가 될 것이라는 염려 등이 나타날 수 있습니다. 따라서 참여적 중립성을 지향하는 교사는 그러한 위험성을 감수하면서까지 교실을 민주주의적 공론장으로 개방하려는 의지를 갖는다고 말할 수 있습니다. 또한 우리는 교사가 학생들에게 사회정의를 존중하고 지키고자 하는 시민적 태도에 대해 잠재적으로 교육하는 것이라고 해석할 수 있습니다.

교사가 참여적 중립성을 발휘하기 위해서는 자율성과 전문성을 발휘하여야 합니다. 교사가 만들어 가는 수업공동체는 학생들의 경험을 바탕으로 교육과정에서 다루는 지식과 기능을 재생산하는 공동체입니다. 그만큼 교사는 학생과 함께 지식과 기능을 재생산하는 권한을 공유해야 합니다. 또한 교사가 만들어 가는 학급공동체는 학생들의 생활세계에서 벌어지는 이해와 갈등을 조정하고 해결하는 생활 정치를 이어가는 공동체입니다. 학교는 학생들의 생활세계임과 동시에 공교육의 목적인 민주시민의 자질을 갖추기 위한 정치교육을 실천하고 참여할 수 있는 장입니다.[10]

2장에서 저는 교사의 정치 배제는 교육의 자율성과 전문성의 위기와 맞닿는 것이란 생각을 가져야 한다고 말하였습니다. 또한 교사가 교육과정을 운영하여 학생을 가르치는 일은 교사의 전문성 및 자율성과 밀접하게 관련된 일이므로 공무원의 정치적 중립성으로 판단할 영역이 아니라고도 말했습니다.

정치를 생활 속에서 벌어지는 의사결정의 기제라고 보면 인류의 탄생과 같이한다고 말할 수 있습니다. 물리적 공간으로 생활 정치를 구분해 본다면, 가정 정치, 씨족 정치, 부족 정치, 국가 정치 등으로 구분해 볼 수도 있을 것입니다. 그 경계 안팎에서 사람들 간에 이견을 조정하고 재화를 분배하는 권력에 대한 경쟁과 협력의 정치가 나타나기 때문입니다.

따라서 현대 및 과거 혹은 미래 사회에 대한 학습 거리 모두는 정치적 해석이 가능한 것입니다. 2장에서 보는 바와 같이 수업 중에 나타나는 교사 및 학생의 모든 발언과 행동은 정치적으로 해석될 개연성을 가지고 있습니다. 또한 일단 교사와 학생 간 표현된 행위는 주체를 떠나 학교 밖에서 정치적으로 해석될 가능성이 매우 큽니다.

만약 교사와 학생의 표현들 하나하나를 두고 학교 밖의 정치 세력이 진영 논리를 들이대어 정치 외압을 행사하려 한다면 교사의 정당한 교육권은 훼손될 수밖에 없습니다. 교사가 자신의 교육행위가 파당적이지 않다는 증명을 스스로 해야 한다면 어떤 교사가 전문성과 자율성을 담을 수 있겠습니까? 그래서 앞의 그림의 ③번 화살표는 순수하게 헌법 제31조4항과 교육기본법 제6조1항, 교육기본법 제14조4항이 담고 있는 교육의 정치적 중립성이라고 보아야 합니다.

학교의 민주시민교육을 둘러싼 갈등은 미국 사회에도 나타나고 있습니다. 매사추세츠주의 브룩라인(Brookline)이란 읍에서는 노예를 거느렸던 학교 부지제공자인 에드워드 디보션의 이름을 딴, 200년도 넘은 초등학교의 이름을 바꾸어 2018년에 플로리다 루핀 리들리 학교로 개명하였습니다.[11] 루핀 리들리는 여성의 선거권 투쟁과 여성에 대한 폭력에 반대하는 운동가였고 매사추세츠주에서 흑인으로 처음 교사가 된 사람이었습니다. 이 과정에서 학교의 이름이 상징하는 공동체의 가치에 대하여 학교 안과 밖에서 대립하여 소송까지 이르렀습니다. 우리나라의 학교라면 어떻게 할까요? 이런 갈등에 대하여 교사와 학교는 대응할 준비는 되어 있나요? 이런 일들에 대하여 교사가 학생들과 함께 수업하며 교육의 정치적 중립에 따라 개방적으로 의견을 나눌 수 있도록 법과 제도를 마련하여야 하고 사회 풍토도 조성되어야 합니다. 전문성과 자율성을 발휘하여 교사는 학생들에게 사회에서 논의하는 다양한 입장과 갈등 요인을 그대로 드러내는 역량이 필요합니다. 국가와 우리 사회는 중립적으로 지도하려는 교사를 정치 외압으로부터 지켜주어야 합니다.

우리나라에서도 1996년에 일제 칙령에 의해 명명된 국민학교를 개명하여 초등학교로 전환한 사례가 있습니다. 또한 2019년에는 친일 행적이 있는 사람이 작곡한 교가를 바꾸는 운동이 벌어지기도 하였습니다. 정치적 중립에 입각하여 학생을 가르치는 교사에게 전문성을 인정하는 자율권을 줄 때 학교와 사회의 변화를 이끌 수도 있습니다. 이렇게 교사가 참여적 중립성을 발휘할 때에야 헌법이 보장하는 교육의 정치적 중립이 이루어지는 것입니다. 반면, 교사는 국가공무원으로서 정치적 중립성을 견지해야 할 의무가 있습니다.

국가공무원으로서
교사의 정치적 중립

교사는 국가공무원이기 때문에 헌법 제7조 제2항에 따라 법률에 따라 정치적 중립성을 보장받아야 합니다. 헌법은 교육의 중립성을 제시하는 것과 비슷하게 국가행정을 맡은 공무원에 대해서도 "공무원의 신분과 정치적 중립성은 법률이 정하는 바에 의하여 보장된다."와 같은 보장 선언을 하였습니다.

헌법이 보장하는 교육의 정치적 중립성은 앞의 논의에서 ①번과 ③번 화살표에 집중되어 있습니다. 그중 ③번 화살표가 나타내는 바는 교사가 학생에게 미치는 정치적 중립성을 교육의 전문성과 자율성을 발휘하는 영역에서 바라보는 것입니다. 반면, 공무원으로서 정치적 중립성은 ②번 화살표라고 할 수 있습니다.

국가공무원복무규정은 국가공무원법 제65조의 '정치운동'에 나오는 내용을 상세하게 확대했기 때문에 국가공무원복무규정을 보는 것만으로도 현재 공무원에게 금지된 정치적 행위를 파악할 수 있습니다. 국가공무원복무규정 제27조는 '정치적 행위'를 정치적 목적과 정치적 행위로 나누어 구체적인 요소를 열거하였습니다.

국가공무원복무규정은 공무원이 정당 및 정치단체 활동 혹은 공직

선거에 관여할 목적으로 시위 및 찬반을 표현하거나, 간행물을 제작 및 배포하는 행위, 상징물을 착용하는 행위, 그리고 해당 단체에 후원하는 행위 등을 정치적 행위로 규정하였습니다.

목적	행위
정당 및 정치단체 활동 공직 선거 관여	참여 시위 찬반 표현 간행물 제작 및 배포 상징물 착용 후원

교사도 일반행정직 공무원과 마찬가지로 공무를 수행하는 과정에서 정치 외압을 받지 않는 것과 교사가 공무를 수행하면서 국민에게 파당적인 영향을 끼치지 않는 것을 말하는 것입니다.[12] 여기서 말하는 정치적 중립 개념에는 공무원이 공공 직무를 수행하는 시간적 제한이 존재하고, 비파당성과 공정성이 강조되며, 관련된 정치 세력이 누구인지 규정할 필요성이 대두됩니다. 따라서 대한민국의 헌법이 담고 있는 정치로부터 행정의 독립성 철학과 현실에서 벌어지는 정무적 행정의 모습을 함께 살펴보아야만 공무원의 정치적 중립성을 명료하게 이해할 수 있을 것입니다.

19세기 말에 등장한 행정 독립론은 이념에 따른 가치 배분을 주로 하는 정치와는 달리, 행정은 효율적이면서 중립적으로 재화와 권리를 관리해야 한다는 철학을 기초로 하여 공무원이 정치적 중립을 유지해야 할 필요성을 헌법에 심었습니다. 집권 정당의 정치 이념에 동조하는 사람을 공무원으로 충원하는 엽관제하에서 국가는 행정의 청렴성, 전문성, 효율성, 비파당성 등을 보장할 수 없었습니다. 대한민국만 해도 대통령이 무려

2,000여 개의 기관장, 감사, 임원 등을 임명할 수 있는 권한이 있습니다.[13] 국가공무원법은 이들을 정무직공무원으로 분류하며, 이들을 보좌 수행하는 공무원을 별정직공무원으로 분류하고 있습니다. 이들은 현재 집권하고 있는 세력에게는 철저히 충성하지만 이러한 활동이 국민의 공익에 부합하지 않을 가능성도 있습니다. 이러한 문제점을 해결하기 위하여 집권 세력과 무관하게 공무원을 선발하고 인사하는 직업공무원제로 전환하게 되었습니다.

직업공무원은 능력주의 및 실적주의 철학에 따라 집권 세력에 독립적으로 순수한 행정 능력을 보여주는 관료입니다. 직업공무원으로서 관료들의 행정은 정치가 결정한 법제와 정책을 충실하게 집행할 것을 요구하는 기계론적 관리주의 관점에 서 있습니다. 실적주의 인사원칙, 선발상의 공개 경쟁 시험제도, 전문성과 지속성을 확보하기 위한 신분보장 제도, 복종 및 성실, 품위유지 의무 규정 등 다양한 법과 제도로 정치적 중립을 실현하려고 노력합니다.

전 세계적으로 19세기 산업혁명과 20세기 중반부터 복지국가로의 변화에 따라 행정의 확장 현상이 나타나면서 행정 스스로 사회적 현안들에 대한 가치판단을 해야 할 필요가 생겼습니다. 막스 베버는 행정이 책임에 의한 정책집행을 한다면 정치는 신념에 의한 정책 결정을 한다고 구분하였습니다.[14]

그러나 실제 행정의 모습은 정책 결정 과정과 정책집행 과정이 혼합되고 있어서 정부의 행정 고위 관료들은 정무적 판단이 필요하다고 인정하는 것 같습니다. 실제로 공공가치론은 행정이 능률성, 효과성, 합법성, 중립성, 관리성이라는 본래의 가치에만 머물 수 없으며, 형평성, 민주성 등 민주주의의 가치를 실현하기 위하여 관료들이 정책의 결정 과정에 깊숙이

개입해야 한다고 봅니다.[15]

문재인 정부에서 교육부 차관을 지낸 박백범과 박근혜 정부에서 교육부 차관을 지낸 나승일이 각각 이재명과 윤석열 후보의 2022 대선 본부에서 활약하였습니다.[16] 2014년 나승일은 박근혜 정부 시절, 교육부 차관의 직책에 있으면서 역사 교과서 국정화 정책을 주도하던 관료입니다. 반면, 박백범은 기획조정실장 겸 역사교육지원팀장으로서 역사 교과서를 국정화하기보다는 교과서 검정을 강화해야 한다고 보고하면서 좌천당하기도 하였습니다.

행정이 정치 중립적으로 운용되어야 하는 것은 헌법이 보여주는 철학이며 이를 부정할 사람은 없을 것입니다. 그러나 행정이 인간적인 면모를 띠고 민주주의 사회의 공정과 정의를 구체적인 모습으로 실현해야 한다는 점 또한 부정하기는 어렵습니다. 따라서 이러한 관료들이 교육부에서 오랫동안 몸담으면서 경험한 정책집행 감각들을 정치의 영역에서 발휘하는 것이 적합하다고도 말할 수 있습니다. 교육부의 서기관급 과장이나 국장만 되어도 정무적 판단을 중요하게 생각합니다.

여기서 말하고 싶은 것은 행정부 관료가 벌이고 있는 정치적 판단이 옳은지 그른지를 따지려고 하는 것은 아닙니다. 헌법을 기준으로 관료의 정무적 판단이 어느 때는 적합할 수 있겠지만 다른 시기에는 파당적일 수도 있다는 정도로 이해하는 것이 좋겠습니다. 그렇다면 직업공무원 제도 안에서 공무원은 어떻게 정치적 중립을 지킬 수 있을까요?

최동훈(2012)은 대한민국의 행정 풍토 안에서 근무하는 공무원들의 인식을 조사하여 네 가지로 정치적 중립성을 구분하여 설명하였습니다.[17] 그는 공무원이 자율성과 전문성을 기반으로 업무를 수행하는 '자율·전문성 중시형', 현재 집권하고 있는 정부의 정책집행에 중심을 두는 '충성 중시형',

정당에 참여하지 않는 것으로 국한하여 이해하는 '비당파성 중시형', 업무 수행과정에서 공정을 중시하는 '공정성 중시형'으로 구분하였습니다.

첫째, 자율성과 전문성 중시형은 공무원이 현 정권의 특정한 성향에 따라 정책을 하기보다는 관료의 자율성과 전문성을 토대로 무엇이 공익인지 스스로 판단하여 공무를 수행하는 것을 정치적 중립이라고 봅니다.

둘째, 충성 중시형은 공무원이 자신의 정치적 의견과는 관계없이 현 정권이 추구하는 이념과 그것이 반영된 정책을 최선을 다해 실현하는 것을 정치적 중립이라고 봅니다. 이 유형은 다른 유형들과 관련성이 가장 멀었는데 아마도 다른 유형들은 공무원의 사고와 판단이 서 있는 곳이 내부이므로 주체적인 유형이라고 한다면 충성 중시형은 규범의 잣대가 외부로부터 주어지기 때문일 것입니다. 이 유형은 공무원 자신을 주체성이 생략된 대상으로 전락시키는 위험성을 지닙니다.

셋째, 비당파성 중시형은 공무원의 정치적 중립 의무는 상징적이지 않고 법규에 규정된 금지 사항을 지키는 것이라고 봅니다. 앞에서 본 것처럼 공무원이 정당 및 정치단체의 활동을 하지 않고 공직 선거에 관여하지 않는 것으로 보는 입장입니다. 따라서 공무원이 정치와 사회 논쟁에 있어 어떠한 입장에 서거나 정책 결정에 참여하는 것도 가능하다는 입장입니다. 이 유형의 공무원은 그들의 정치기본권이 지나치게 제한받고 있다고 생각합니다.

넷째, 공정성 중시형은 다양한 시민과 이해 집단 사이에서 공평하고 객관적인 태도를 지니는 것을 정치적 중립성으로 보고 있습니다. 이들은 공무를 수행하는 과정에서 절차적 정당성을 갖추고 재화와 권한을 배분하는 전통적인 기계적 관리를 수행하는 것을 정치적 중립으로 이해하고 있습니다.

충성 중시형의 경우에는 정권이 수시로 바뀌는 민주주의 정부인 경우에는 변화에 대응하기 쉬운 유형이 될 수 있을 것입니다. 장기간 독재 정권이 유지되거나 일본처럼 자민당이 수십 년을 변함없이 통치하는 경우를 제외하고는 민주주의 정부는 언제든 평화로운 정권 교체가 이루어지기 때문에 어제의 정책이 오늘 폐기되는 상황이 있을 수 있기 때문입니다. 이럴 때 비당파성 중시형이나 자율성 및 공정성 중시형의 경우에는 상당한 자기 주체적 판단이 필요할 것입니다. 우리나라는 군사정권 이후로 중도 좌파와 우파 정권이 번갈아 집권하는 동안에 정책 결정이 하루아침에 뒤집히는 경우도 많습니다.

이명박 정부 초기, 대통령직인수위원회가 노무현 정부 때 추진했던 '기자실 통폐합 방안'을 폐기하는 과정에서 이 정책을 추진했던 국정홍보처 간부가 자신들은 상관이 시키는 대로 움직이는 "영혼 없는 공무원"이라고 자조했던 일이 있었습니다.[18] 이것은 행정관료가 발휘하여야 할 전문성과 자율성이 무시되고 불합리한 관행이 부활하는 것에 대한 반발심리가 표현된 사건으로 보입니다. 그런 발언을 한 공무원 관료는 그 당시 많은 불이익을 감당해야 하였을 것입니다. 당연히 청와대 기자실을 통폐합하였던 정책이 가진 가치를 잘 알고 있기에 그냥 두고 볼 수 없는 안타까운 마음을 표현한 것이고, 공무원일지라도 권력기관의 공공성을 높이는 정책이 어떤 것인지 판단하였다는 점에서 그 행동은 인정받아 마땅합니다.

공무원이 국민을 위해 봉사하는 존재라는 점과 헌법이 명명한 행정의 정치적 중립이 의미하는 목적을 고려한다면 충성 중시형이 올바른 중립의 자세라고 하기는 어려운 면이 있습니다. 현 정권이 결정하는 모든 정책이 국민의 공익을 더 높이리라 보장하기 어려운 것이고 정책을 집행하는 단계에서 예상치 못한 결과를 초래할 수도 있는 것입니다. 또한 행정을 정치에 독립적으로 유지하고자 하는 헌법의 취지는 행정을 정치의 시녀로 만들지 않도록 항상성과 전문성을 공무원에게 부여하는 것이기도 합니다. 따라서 공무원이 판단하기에 국민의 이익을 높이는 정책이라고 판단되면 때로는 정책을 바꾸지 않고 고수하는 자율성과 전문성도 발휘해야 한다고 생각합니다.

이런 면에서 공무원은 공공의 이익을 위하여 적극적으로 중립 위치를 찾아가고 방어해야 합니다. 그래야 정권의 이기주의를 견제할 수 있습니다. 즉, 공무원은 적극적으로 공익을 위해 사안의 원인과 대책을 판단하는 의사결정의 주체가 되어야 한다는 것입니다. 공무원은 특정 정당이나 정치 단체에 치우치지 않고 공정하게 공무를 수행할 수 있는 자율성과 전문성을 발휘할 때 정치적 중립을 완수한다고 말할 수 있습니다. 특히, 대한민국처럼 집권 세력이 자주 바뀌는 상황에서 공무원이 공익을 위하여 정책을 수행하려면 자율성, 비파당성, 공정성을 지킬 수 있도록 노력하여야 하겠습니다.

공교육을 맡는 교사도 교육 전문성을 발휘하며 적극적으로 정치적 중립성을 찾아가야 하지 않을까요? 역사 교과서를 국정화하려는 정책이 잘못된 것이라고 판단된다면 공무원의 신분이라고 할지라도 시민사회에 목소리를 내야 하지 않을까요? 그렇게 하는 것이 적어도 학생 가까이에서 가르치는 교사들이 학생의 배움에 책임 있게 대응하는 자세가 아닐까요? 친일 청산과 국민 유대 모두 중요한 과제이기 때문에 논란이 되는 시점이라면 당연히 역사 교과서도 검정 과정을 통하여 다양한 관점을 다루는 교과서가 나와야 할 뿐만 아니라 학교가 적합한 교과서를 선택하여야 합니다.

교사가 교육정책을 수행하는 과정에서 전문성, 충성심, 공정성, 비파당성을 갖추는 것이 공무원의 정치적 중립에 적합한 태도라고 할 수 있을 것입니다. 2020년과 2021년에는 코로나19로 인해 학교는 원격수업과 등교수업을 번갈아 가며 방역에 힘을 쏟았습니다. 교육부는 정부의 방역 당국과 보조를 맞추어 가며 지침을 제시하였지만, 실제 각 학교에서 어느 만큼 등교수업을 진행할지, 어떻게 원격수업이 만들어내는 학습격차를 해결할지에 대한 구체적인 방안 수립은 교사의 전문성과 공정성이 발휘될 영역입니다.

결론적으로 교사에게 요구하는 공무원으로서 정치적 중립성은 교사에 대한 의무와 교사에 대한 보장으로 구분하여 정의하는 것이 가능합니다. 먼저, 의무로서 교육공무원의 정치적 중립성은 특정한 정당 및 정치단체에 파당적이지 않고 어느 곳에도 치우치지 않은 공정성을 견지하면서 전문적이고 자율적으로 교육정책을 수행하는 것입니다. 반면, 보장으로서 교육공무원의 정치적 중립성은 정당, 국회, 시도의회, 지자체장, 정치단체, 교육 상위기관, 언론 등 정치 세력이 위법한 영향을 끼치지 않아서, 교사가 공정성, 전문성, 비파당성을 견지하고 공익을 위한 정책수행이 가능하도록 보장하는 것입니다.

지금까지 이야기한 교육의 정치적 중립 개념과 공무원의 정치적 중립 개념을 구분하여 아래와 같이 정의하여 보았습니다. 헌법 제31조 제4항은 교육의 정치적 중립을 담았습니다. 반면, 헌법 제7조 제2항은 공무원의 정치적 중립을 담았습니다. 그에 따라 규정하는 법과 규정도 다음 표와 같이 정리할 수 있습니다. 교육의 정치적 중립성이 적용되는 영역은 학교 외부의 정치 세력과 학교의 교육과정입니다. 반면, 공무원의 정치적 중립성이 적용되는 영역은 교사를 둘러싼 정치 세력과 교사의 공적 및 사적 정치 행위입니다.

	교육의 정치적 중립	교육공무원의 정치적 중립
법적 근거	- 헌법 제31조 제4항 - 교육기본법 제6조 제1항 - 교육기본법 제14조 제4항	- 헌법 제7조 제2항 - 국가공무원법 제65조(정치운동 금지) - 국가공무원법 제66조(집단행위 금지) - 정당법 제22조(정당 활동 금지) - 정치자금법 제8조(후원회 금지) - 국가공무원복무규정 제27조(정치행위 금지) - 공직선거법 제53조(출마 금지) - 공직선거법 제9조(공무원의 중립 의무) - 공직선거법 제60조(선거운동 금지) - 공직선거법 제85조(공무원의 선거관여 금지)
적용 범위	- 학교교육 외부의 정치 세력 - 학교와 교사의 교육과정 운영	- 교사를 둘러싼 정치 세력 - 교사의 공무 및 사적 정치 행위
문제점	- 교사를 배제하는 중립 요구 - 교사의 전문성과 자율성 억제 - 정치 외압을 방어하지 못함. - 교육공무원의 정치적 중립과 혼동	공무 외 사적 영역 참정권 박탈
합리적 중립성	참여적 중립성	- 공무 안 정치적 중립 요구 - 공무 밖 정치적 기본권 부여

현재 교육의 정치적 중립성에 대한 현재 국민의 인식은 교사를 배제하는 중립성에 머물러 있는 수준이라서 교사의 자율성과 전문성을 억제하는 풍토를 조성하고 있습니다. 일반 시민뿐만 아니라 교사도 공무원의 정치적 중립 의무와 교육의 정치적 중립을 혼동하여 정치적 책임을 피할 목적으로 교육과정을 축소하거나 왜곡하는 현상도 벌어지고 있습니다. 또한 학교가 외부의 정치 세력이 미치는 정치 외압으로부터 안전하게 중립적 교육과정을 운영하는 것을 보장하는 법 제도가 마련되지 않은 것도 문제점으로 지적할 수 있습니다.

국가공무원법, 정당법, 정치자금법, 공직선거법, 교원노조법들은 공무원의 정치적 중립을 위하여 교사가 공무를 수행 중이든지 사적 생활이든지를 막론하고 참정권을 포괄적으로 금지하고 있어 위헌의 소지가 있습니다. 그렇기에 공무 수행과 사적 생활을 엄격히 구분하여 공무원의 정치적 중립성을 재규정해야 합니다. 교사에게 교무 행정과 같은 공무를 수행하는 동안 엄격하게 정치적 중립성을 요구하더라도 교사 개인 생활의 시공간에서는 참정권을 부여해야 합니다.

다시 강조하지만, 헌법이 보장하는 교육의 정치적 중립성을 합헌적으로 재규정할 필요가 있습니다. 이것을 참여적 중립성으로 명명하였습니다. 참여적 중립성은 교사에게 교육과정을 운영할 자유를 부여하여 민주시민교육과 정치교육을 제대로 수행할 수 있도록 합니다. 참여적 중립성은 교사부터 나서서 생활 정치와 정치체제에 참여하고, 학생은 개방적으로 사회 현안에 접근할 수 있도록 교사가 교육과정을 운영하는 정치적 중립성입니다. 참여적 중립성에 대해서는 다음 장에서 자세히 다루겠습니다.

잃어버린
교사의 목소리

학교 현장에서 있다 보면 교육청과 교육부, 국회를 통하여 내려오는 정책들이 학교 현장과 괴리감이 큰 경우가 상당합니다. 학교폭력 사안을 처리할 때 지도교사와 학교장 자체 종결 사안이 반드시 존재함에도 이를 인정하지 않는 법 때문에 큰 어려움을 겪었던 적이 있었습니다. 학교 운동장이나 체육시설 등을 개방하라는 조례를 통해 학생 안전이 위협받기도 합니다. 반대로 학교 현장은 시급한 문제라고 인식하고 있는데도 법과 규정을 만드는 주체인 교육청과 교육부 관료, 국회, 시도의회는 둔감한 까닭에 학생과 보호자, 교사의 요구를 수용하지 못하는 경우도 많습니다.

이번 코로나19 사태로 인하여 학교의 지속가능성에 대한 교사와 보호자의 우려가 커졌습니다. 과밀학교와 과밀학급은 코로나 이전부터 학생의 학습권을 저해하는 걸림돌이라는 인식이 잠재되어 있었습니다. 그런데 학교 등교중지와 원격수업을 겪으면서 소규모 학급과 학교를 만드는 정책이 학생의 학습권을 보장할 수 있는 가장 유효한 대안이 될 수 있다는 생각이 급부상하였습니다. 교사들은 학생을 눈앞에 두고 있기에 교실 전염을 방지하기 위해서는 학급당 학생 수가 적정 인원 이하로 유지될 필요가 있다고 절실히 이해하고 있습니다.

물론 이탄희 등 여러 의원이 "학급당 학생 수 20명 이하"라는 입법안을 마련하였으나 교육위원회의 논의과정에서 20명이라는 구체적인 숫자는 사라져 버렸습니다. 결론적으로 2022년 3월 25일부터 발효되는 교육기본법은 제4조 제3항에서 "국가는 교육 여건 개선을 위한 학급당 적정 학생수를 정하고 지방자치단체와 이를 실현하기 위한 시책을 수립·실시하여야한다."라고 규정하면서 교육부에 학생 수 지정 권한을 넘겨버렸습니다.[19] 법안심사소위원회에 참가한 교육부 차관은 시종일관 학생 수를 법률에서 제외할 것을 요구하였고 그의 뜻대로 학생 수는 교육부가 정하는 것으로 되었습니다. 적정 학생 수가 얼마인지 교육부 관료에게만 맡겨 두면 학교 현장의 시급한 요구를 받아안기 어렵습니다.

교육부 관료의 생존 논리는 학교 현장 교사의 시각과는 판이합니다. 다시 말하자면, 학급당 적정 인원수를 둘러싸고 고려할 요인들의 우선순위가 완전히 달라집니다. 교육부 관료는 학교의 교육과정이 정상적으로 운영되는 것을 최우선 가치로 두지 않을 가능성이 큽니다. 그것보다는 교원을 포함한 공무원 총정원제, 교육부 예산 순위, 그린뉴딜 정책 우선 등이 현장 교육의 정상화보다 더 중요할 수 있을 것입니다.

여기서는 학생 수를 법률에 명시하는 것이 합당한 것인지를 논의하기보다는 국회가 법률을 개정하는 이번 사례에서 눈에 띄는 점을 정리해 보고자 합니다. 첫째, 이번 입법 시도는 매우 예외적인 상황에 해당하는데 현장 교사의 의견을 상당히 반영한 입법안이라는 점에서입니다. 이번에 이탄희 의원의 입법안은 전국교직원노동조합이 발의하고 함께 노력했습니다만 사실 대부분 교사의 목소리는 국회의 문턱을 넘지 못합니다. 때로는 정당의 집권 목적에 부합할 때 만들어져 졸속으로 추진되기도 합니다.

강신만 전 전교조 대외협력부위원장은 본인이 전임자로 근무한 2년 동안 국회를 내 집처럼 드나들며 국회의원들을 만나 교사의 목소리를 전달하려고 했지만 성사되는 경우가 드물었다고 하였습니다. 오히려 교사들에게 없는 정당 가입 및 정치후원권을 확보한 교육계 내부의 다른 직능 단체가 국회의원에게 더 막강한 영향력을 발휘하는 경우를 보았다고 소회를 밝혔습니다. 그는 국회의원과 교사 사이에는 시혜-읍소의 구도가 형성되어 있다고 하였습니다. 정당에 아무런 영향력을 발휘할 수 없는 교사는 이등 시민으로서 교육에 관한 정책 영역마저도 목소리를 내기 어려운 구조입니다.

둘째, 교사와 비교하면 교육부나 교육청의 관료는 입법 같은 정책 결정 과정에 깊숙이 개입하고 있습니다. 대한민국에서 행정관료가 정치적 중립을 유지하는 방식은 자율성과 전문성으로 무장하여 비파당적이고 공정한 행정 집행이 될 수 있도록 정책 결정 과정에 참여하는 모습입니다. 국회 법안심사소위원회 회의록을 보면, 교육부 차관과 전문위원은 시도교육감의 자율성을 침해할 수 있고 일부 재개발하는 도심의 과밀 상황이 있으며 정부의 재정 부담이 막대하다는 이유를 들어 학생 수 20명을 법으로 못 박는 것은 불가능하다고 주장하였습니다. 실제로 이들의 무기는 행정 전문성이었습니다. 행정관료의 전문성과 마찬가지로 교사도 학교 현장의 전문성을 지니므로 비파당적이고 공정한 교육정책을 만드는 데 참여해야 하지 않을까요?

결론적으로 교사가 꿀 먹은 벙어리가 된 까닭은 투표권을 제외한 일체의 정치기본권을 박탈당한 상황이기 때문입니다. 정당이 학교 현장에 적합한 당헌을 만들도록 교사가 가입한 정당 내부에서 표심으로 정당 핵심 세력을 압박하고, 학교 교육을 살리는 정책을 내는 정당이나 정치인을 후원하는 것으로 목소리를 낼 수 있습니다. 교사가 만드는 연구단체나 노동조합은 제도권 정치 세력에게 교육정책을 제안하고 시민들에게 집단으로 목소리를 낼 수 있습니다. 교사가 휴직 상태에서 공직 선거에 출마하여 직접 입법을 할 수도 있을 것이고 정당에서 선거운동을 할 수도 있을 것입니다. 그러나 안타깝게도 교사는 열거한 모든 정치활동이 금지되어 있습니다.

참고문헌

1) 오마이뉴스(2019.10.). 인헌고가 '반일파시즘'교육? 대다수 학생들 의견은 달랐다. [Online] http://omn.kr/1lfea

2) 중앙일보(2019.10.). '사상 강요 논란' 인헌고 교장 "사실 아닌 내용 많다… 휴교도 고려". [Online] https://www.joongang.co.kr/article/23614324

3) 한경(2021.9.). '성차별 발언'에 멍드는 교육현장. [Online] https://www.hankyung.com/society/article/2021091295191

4) 연합뉴스(2021.07.08.). 자사고 10곳, 취소 불복 소송 이겨… "자사고 폐지는 내로남불". [Online] https://www.yna.co.kr/view/AKR20210708069451530

5) 이수룡(2019). 「어린이들의 교실 밖 생활정치 현상의 의미: '박스집 만들기' 실천사례를 중심으로」. 학습자중심교과교육연구, 19(22), 1245-1269.

6) 이수룡(2019)의 위 문헌

7) 오연주(2013). 「공공쟁점 중심 교육에서 한국 사회과 교사의 역할 지향성 분석」. 사회과교육연구, 20(4), 67-79.

8) Geller, C. R. (2020). Teacher political disclosure in contentious times: A "responsibility to speak up" or "fair and balanced"?. *Theory and Research in Social Education*, 48(2), 182-210.

9) Kelly, T. E. (1986). Discussing controversial issues: Four perspective on the teacher's Role. *Theory and Research in Social Education*, 14(2), 113-138.

10) 이수룡(2019)의 위 문헌

11) Levinson, M. & Fay, J. (2019). *Democratic discord in schools*. Harvard Education Press.

12) 김순양 (2021). 「공무원의 정치적 중립(political neutrality): 개념, 규범성, 실현가능성에 대한 토의」. 한국 사회와 행정연구, 31(4), 1-29.

13) 중앙일보 (2017.7.18.). 대통령이 뽑는 자리 2000개 … 전화 기다리는 캠프 공신들. [Online] https://www.joongang.co.kr/article/21765735

14) 막스 베버 (2017). 『직업으로서의 정치』. 서울: 문예출판사.

15) 김순양(2021)의 위 문헌

16) 오마이뉴스 (2021.12.2.) 국정교과서 '악연' 두 전직 교육부차관, 이-윤 캠프 교육 중책. [Online] http://omn.kr/1w9zo

17) 최동훈(2012). 「한국 공무원의 정치적 중립 개념 인식」. 주관성 연구, 24, 63-83.

18) 중앙일보(2008.01.04.). 홍보처 "공화국 바뀌어도 관료는 영원". [Online] https://www.joongang.co.kr/article/3000212

19) 의안정보시스템 (2022.1. 검색). 21대 390회 2차 법안심사소위원회 국회 회의록. [Online] https://likms.assembly.go.kr/bill/billDetail.do?billId=PRC_E2R0C0S9K2G3D1H4W5X6W4L0S3F7Q4

4장

정치적 중립의
교실 문법

이번 장에서는 교실 수업에서 교육의 정치적 중립성을 어떻게 풀어야 할지 대안을 제시하고자 합니다. 물론 저도 교사로서 학생들을 마주하는 수업 장면에서 정치적 중립이라는 강요가 어떻게 교사의 수업을 굴절시킬 수 있는지를 많이 경험하였습니다. 수많은 교사와 다양한 상황을 모두 대변할 수는 없겠지만 여기서 언급한 사례는 언론을 통해 드러나는 교실의 모습과 호응하기도 하고, 여러 교원단체가 비판하는 지점과 맞닿아 있으므로 언급할 가치가 있을 것 같습니다.

외부 정치 세력의
영향력을 억제한다

2016년 2학기에 "이것이 나라냐?"라며 들불처럼 정권 퇴진 운동이 일어나고 있었습니다. 저도 몇 차례에 걸쳐 광화문 집회에 참여하고, 때로는 아들과 함께 가기도 하였습니다. 교실에 들어서면 아이들의 입에서 지난주 촛불집회에 참여한 인원이 몇 명이었냐는 이야기가 자연스럽게 흘러나왔고 가끔 저에게 집회에 참석했는지 물어보는 아이들도 있었습니다. 이 질문에 대해 대답하기를 주저하게 되는 것은 왜일까요? 수업 중에 박근혜 정부가 잘못한 것이 무엇인지 물어보는 질문들에 나도 모르게 "집권하고 있는 정부에 대해 국가공무원이 비판해도 되는 것일까?"라는 혼잣말을 하는 나 자신을 발견하기도 하였습니다.

　가장 먼저 마음을 스치는 개념은 '교육의 정치적 중립'이었습니다. 두 번째로는 국가공무원법이 금지하고 있는 정치적 금지 행위였습니다. 대한민국헌법은 분명히 교육의 정치적 중립을 보장하기 위하여 교육기본법과 초·중등교육법을 세우라고 하였으므로, 정치 외부 세력이 학교 교육에 간섭하여 파당적인 요구를 할 수 없도록 하는 것이 헌법의 보장 논리를 실현하는 것입니다.[1] 설령 현재 학교의 교육과정이 집권 정부의 입맛에 맞지 않다고 할지라도 교육과정을 흔드는 일을 하는 것은 금지되어 있다고 해석하는 것이 바를 것입니다.

　대표적인 사례가 박근혜 정부 시절 역사 교과서를 국정화하는 정책이었습니다. 그 당시 여당인 한나라당의 당 대표였던 황우여 의원을 교육부 장관에 앉히고 시국선언에 참여한 교사들에게 무더기 징계를 내려서까지 학교의 교육과정에 정치적 영향력을 행사하려고 하였습니다. 이 당시 여론 조사가 여러 번 이루어졌었고 그때마다 국정화에 대하여 반대하는 의견이 주류였습니다. 이는 아무리 집권 정부라 할지라도 국민적 합의가 빠진 정책을 교육에 직접적으로 반영하는 것은 정치적 중립에 어긋난다는 국민의 뜻이 반영된 것이라고 해석할 수 있습니다.[2]

　특정한 정치적 견해를 가진 세력이 교육에 직접 침투하지 못하도록 막는 제도가 외부의 자유민주주의 시민을 강압한다는 의견이 있을 수는 있습니다. 외부의 시민단체도 의사 표현의 자유를 가지고 있으므로 학교의 교육활동에 대하여 비판할 자유가 있다는 것 말입니다. 그러나 일차적으로 보면 교육의 정치적 중립성은 학생과 교사를 정치 세력으로부터 보호하는 것입니다. 이렇게 학교의 바깥에서 정치적 영향력이 내부로 침투하는 것을 일차적으로 차단하는 것으로 정치적 중립을 큰 틀에서 달성할 수 있을 것입니다. 그렇다면 학교 안에서는 어떠해야 할까요? 학교 교육을 결정하는 주체들이 교육의 정치적 중립성을 시대정신에 맞게 개념화해야 하지 않을까요?

배타적 정치 중립 대신
참여적 정치 중립

정치적 중립성을 바라보는 두 가지 입장, 배제 논리와 참여 논리가 있습니다. 대한민국 국가의 수립 이후 얼마 지나지 않아 반공주의와 경제 개발을 국시로 하는 군사정권은 국민의 인권을 강력하게 탄압하였습니다. 그 시대에는 학교 사회 안에서도 교사와 학생은 특별권력관계를 가지기 때문에 교사는 강력한 권위를 가지는 자였고, 학생은 수동적으로 교사의 지시를 수용하는 처지였습니다.[3] 학교는 특별권력관계 안에서 학생의 기본권을 제한하고, 교사의 직무 행위는 사법적 판단의 대상이 되지 않기 때문에 체벌과 같은 인권 유린을 벌일 수 있었습니다.

박정희 정권과 전두환 정권은 자신의 정통성을 마련하기 위하여 학교를 병영화하는 정책들을 쏟아냈습니다. 교련 과목이 있고 상시적인 집체훈련이 이루어지며 국민교육헌장을 외워야 체벌을 피할 수 있었습니다. 이러한 전체주의 교육을 받고 성장한 시민들은 교사가 정부의 꼭두각시가 되어 학생을 세뇌할 것이라 염려하는 것이 당연합니다. 물론, 전체주의 권력 구조 안에서 학생을 파당적 교육으로부터 지키는 길은 교사가 정치적 언동을 하지 못하도록 원천 봉쇄하는 것이었습니다. 이런 패러다임이 학교 교육 안에서 고착화되었고, 결과적으로 교사는 학교 내외와 상관없이 일체의 정치활동을 배제당하게 된 것입니다. 사실 교사의 권위주의가 교사의 참정권을 막은 것은 아니지만 전체주의 교육을 받은 국민의 눈에는 교사에게 참정권을 부여하는 것이 오히려 민주주의를 가로막는 일이라고 판단할 수도 있습니다. 따라서 교사에게 참정권을 주어야 한다는 개혁의 씨앗이 자라지 못한 것입니다.

이 대목에서 중요한 것은 교사의 사적 생활이 억제당하게 된 면을 강조하는 것이 아니라, 교사의 본질인 수업 활동마저 이러한 배제 논리가 작동하게 되었다는 것입니다. 교사가 정치적으로 논쟁적인 사안을 가르치는 것을 배제 논리를 거스르는 것으로 보며 불온시하는 시각이 학교 울타리의 안과 밖에 팽배한 것이 현실입니다. 그러나 평화로운 정권 교체가 여러 번 이루어지고 합법적인 대통령 탄핵 과정과 합헌적인 대선 절차가 이루어지는 민주주의 국가에서 배제 논리가 작동하는 교실 환경은 학생을 민주적 시민으로 기르는 데 방해만 될 뿐입니다.

이제는 교사와 학생 사이에 특별권력관계가 부정되고 학생의 기본권은 학교 울타리 안에서도 법률적으로 보호됩니다. 국가인권위원회는 학생의 권리를 보호하기 위하여 신체를 구속하는 학칙을 개정하라고 요구하였고, 종교의 자유를 침해하는 교육을 중단하라고 권고하고 있습니다.[4] 학교는 국가인권위원회의 권고를 존중하여 대부분 학칙에서 두발과 복장 규제를 제외하기도 하고 종교교육에 참여하지 않는 학생을 위해 별도의 교육과정을 마련하기도 합니다. 그러나 학교라는 공동체가 운영되기 위해서는 학생 행동에 대한 피할 수 없는 제약이 발생합니다. 학생의 권리가 다소 양보 되는 까닭은 학생이 학교에 입학하는 순간 재학하는 존재가 됨에 따라 발생하는 약한 제한이 발생할 뿐입니다.[5] 따라서 학교는 교사의 체벌이나 강압이 정당성을 인정받을 수 없는 체제로 전환하였습니다.

학생들은 논쟁적인 사회 현안을 다루며 인권, 자유, 평등과 같은 민주주의 가치의 진정한 의미를 깨닫게 됩니다. 학생들은 논쟁적인 사회 현안 속에 숨어 있는 권력관계 속에서 사회정의를 찾아가는 비판적 사고를 하게 됩니다. 학생의 날카로운 비판적 사고와 우리 사회를 향하는 도덕적 헌신이 안내하는 길을 따라 참여적 실천으로 따뜻하게 이어질 것입니다.[6] 아마도 학생들은 우리 사회에 대한 공화주의적 책임감을 느낄 것이고 어느 때든 휩쓸리지 않고 자주적 의사결정을 할 수 있는 시민으로 성장할 수 있을 것입니다.

교사가 사회적 현안을 수업에 도입하려는 의지, 학생이 민주주의 가치를 인정하려는 태도를 갖출 것을 바라는 마음, 학생이 사회정의를 존중하기를 바라는 마음 등은 모두 우리 사회를 바라보는 참여의식에서 비롯된다고 할 수 있습니다. 하지만 유감스럽게도 교사를 정치적 관심으로부터 배제하는 제도, 법률, 관습들은 학생들을 참여적 민주시민으로 가르치려는 교사의 의지를 꺾고 왜곡할 뿐입니다.

교사는 사회에서 논쟁적인 현안들을 적극적으로 도입하여 학생들의 민주시민성을 향상시켜야 할 책임이 있습니다. 따라서 학교와 교사를 지배하고 있는 배제 논리 패러다임을 극복하고 참여 논리 패러다임으로 정치적 중립성을 재개념화해야 합니다. 학교가 학생을 민주시민으로 기르지 못한다면 사실 학교는 학생에게 아무것도 가르치지 않은 셈이 됩니다. 학교는 민주시민을 기르는 곳이라고 교육기본법에서 규정하고 있기 때문입니다. 실제로 학교 현장에는 수많은 교사가 참여 논리 패러다임으로 정치적 중립을 바라보며 매일 학생들을 지도하고 있습니다.

교사의 참여적 중립성이란 국가공무원법이 요구하는 정치적 금지 논리를 극복하고 교사가 헌법이 보장하는 교육의 전문성과 자율성을 발휘하여 학생들이 사회정치적 문제를 비당파적으로 배울 수 있도록 지도하는 정치적 중립성입니다. 교사의 정치적 행위를 제약하는 국가공무원법에 근거하는 것이 아니라 교육기본법에 근거하여 교육활동의 자유를 인정하는 개방적 중립성입니다. 중립성만 충족한다면 교사가 논쟁적인 사회 현안이라고 할지라도 수업 시간에 다룰 수 있는 자유를 폭넓게 허용하는 정치적 중립성입니다.

국민이 참여적 정치 중립을
지지할 때이다

아직도 국민의 여론은 공무 내외를 막론하고 교사의 각종 참정권을 무조건 억제하는 것에 무게가 실려 있는 것 같습니다. 많은 국민이 교사에게 배타적 정치 중립을 요구하는 근본적인 요인들로는 과거 학교 경험, 정치 혐오, 입시경쟁 등을 들 수 있습니다. 다음에 연속으로 나오는 세 가지 절에서는 여러 국민이 배타적 정치 중립을 선호하게 된 까닭을 다루어 보고자 합니다.

대다수 국민은 권위주의 학교에 다녔다

국민은 학교와 교사에 대한 부정적인 인식으로 인하여 교사의 참정권을 배제하려고 하는 것 같습니다. 국민 대다수는 학교의 권위주의 문화를 경험하였습니다. 우리나라의 정치사는 봉건 유교 질서, 군사정부, 민주 정부 등으로 탈바꿈하는 과정에서 일반 국민은 "비동시성의 동시성"을 경험하고 있는 것이라 생각됩니다.[7] 보호자들과 상담을 하면 일단 이들은 바뀐 학교 문화에 어리둥절하다고 말합니다. 체벌이 금지되고, 학생 인권을 조례로 만들고, 학생자치회가 예산을 쓰고, 학교운영위원회에 학생 대표가 참여할 수 있는 등 변화한 학교 문화에 익숙하지 않은 것입니다. 학교의 의사결정권이 학생에게 많이 배분되는 점이 신기한 것입니다. 반면, 교사가 스승의 권위를 가지고 제자의 인격에 전면적으로 개입하지 않는다고 아쉬워합니다. 군사부일체 문화가 사라졌다고 탄식합니다.

물론, 대한민국 정치사를 보면 국민의 시각을 편향되게 만든 지형이 눈에 띕니다. 부림 사건, 인혁당 사건 등 각종 공작으로 공포를 조성하는 정치, 김주열 학생 고문 및 시체 유기 사건, 박종철 고문 및 사망 사건, 집권 정부에 대한 비판은 빨갱이가 하는 짓이라며 처벌하는 정부, '아침 이슬' 같은 노래를 금지곡으로 만들며 문화를 억압한 군부 정권, 경제성장 우선주의가 노동권이 설 자리를 잃게 만든 정부 등 수많은 일이 우리 사회에서 벌어졌습니다. 학교에서는 반공 국시와 국론 통일을 실천하는 병영 문화를 만들기 위해 교련 과목, 아침 운동장 조회, 국민교육헌장, 청소년단체 확대 등 교육정책을 벌였습니다. 이러한 시기에 학창 시절을 경험한 일반 시민들은 교사의 존재를 권위적인 정권의 하수인 정도로 바라볼 것입니다. 시민들은 학생 시절에 겪었던 군사 문화로 인하여 교사를 권위적 존재로 인식하는 경우가 많기 때문입니다. 이에 따라 학생을 보호하기 위해서라도 학교와 교사는 권위적인 정치 세력으로부터 독립된 주체로 남아 있는 것을 바랄 수 있습니다.

그러나 다양한 연령층이 분포한 학교 사회 안에서 교사들이 민주적으로 의사소통을 하려면 민주시민의 역량을 키워야 합니다. 이제 갓 발령받은 N세대 초임 교사도, 학교 교육과정에 대한 의사결정에 깊숙이 참여하는 X세대 부장 교사도, 정년을 앞둔 386세대 노년 교사도 모두 직위는 교사이지만 이들이 경험한 사회문화와 역사는 당연히 다릅니다. 1987년 6월 민주항쟁을 경험한 운동권 세대의 교사들은 사회 참여적 태도를 보이는 경향이 크지만, IMF를 취직 시기를 경험하여 직업 안정성을 더 추구하는 X 세대 교사와 일찍부터 스펙 쌓기 전쟁을 치른 N 세대 교사는 개인주의적 경향이 강합니다. 세대 간 교직관과 세계관의 차이는 교직 문화의 단절성을 초래하기도 합니다.[8]

민주주의 사회에서는 전근대적 사고, 근대적 사고, 탈근대적 사고를 가진 다양한 사람들이 만나 수평적으로 대화하며 민주주의의 가치를 실현해 나가야 합니다.[9] 따라서 교사를 배제하는 것만으로는 권위적 정권이 만드는 위협을 방어할 수는 없습니다. 오히려 교사들도 민주주의 공론장인 정당, 저잣거리, 사회정보망 서비스, 인터넷 미디어에 접근하여 민주주의 합의를 수용하고 건전한 민주시민 의식을 함양해야 합니다. 아마 보호자들도 자기 내면과 사회 구석구석에서 전근대, 근대, 탈근대의 특징이 충돌함을 느낄 것입니다. 당연히 자신들의 세계관과 규범은 정당, 사회정보망 서비스, 인터넷 미디어를 통하여 다양한 사람들과 접속하면서 변화되고 조정되는 것 아니겠습니까? 마찬가지로 교사도 그러한 기회를 얻도록 참여적 정치 중립을 지향해야 합니다.

우리나라는 독재를 청산하고 이제는 "불완전한 민주주의" 사회가 되었습니다.[10] 이코노미스트 인텔리전트 유닛(Economist Intelligent Unit, EIU)은 "선거 과정과 다원주의", "정부 기능", "정치 참여", "정치 문화", "시민의 자유", 이렇게 다섯 가지 범주를 기준으로 전체 167개국의 2019년 민주주의 지표를 측정하였습니다. 말이 불완전이지 실제로는 전 세계에서 23위를 차지할 만큼 성숙한 민주주의 풍토를 가지게 되었습니다. 바로 한 순위 앞 22위 포르투갈까지가 "완전한 민주주의"라는 점에서 볼 때 대한민국은 민주주의 체제를 비약적으로 발전시켜 온 것이 분명합니다.

학교도 권위주의 모습을 청산하고 사회의 민주주의 수준에 걸맞게 발전하려면 교사의 민주주의 역량이 중요합니다. 교사의 민주주의 역량은 사회와 교섭하면서 발전할 것은 자명합니다. 따라서 사회의 정치적 담론이 오가는 공론장에 교사도 참여해야 하지 않을까요? 많은 학생이 사회의 여러 시선을 학교로 끌고 들어옵니다. 어떤 학생들은 사회의 긴급한 주제들인 생태 전환, 통일, 고용, 복지, 여성 인권, 선거 등에 대한 거짓 뉴스, 분리주의, 극단주의, 음모이론을 가정과 이웃, 각종 미디어를 통하여 받아들이고, 극단적인 입장이나 혐오와 차별을 표현하는 것에 아무 거리낌이 없기도 합니다. 심지어는 학생들이 '메갈', '페미', '종북', '빨갱이', '지균충'와 같은 극우성 발언 및 '일베충', '참교육', '한남충'과 같은 혐오 발언으로 자신과 다른 생각의 동료나 교사를 낙인찍기도 합니다.

　　교사가 준비하지 않고 학생의 이런 백래시에 대응하여 적절히 지도할 수 있을까요? 교사가 이렇게 충돌하는 학생들이 타인을 존중하고 경청하면서 대한민국헌법이 추구하는 민주주의적 태도로 전환할 수 있도록 지도할 수 있을까요? 이러한 도전에 대응하는 해결안은 교실이 민주주의의 가치가 살아 있는 공론장으로 작동할 수 있도록 교사가 민주시민성에 입각한 정치적 규범을 만들어내는 것입니다.[11] 어느 교과를 맡은 교사라고 할지라도 학생 중심 수업을 이끄는 교사라면 전문 분야와 사회가 만나는 지점이 반드시 존재합니다. 따라서 교육과정 속에서, 학생의 발언 속에서 터져 나오는 사회 현안에 대해 민주적 공론장을 통한 합의를 만들어낼 수 있는 역량이 요구됩니다. 교사는 정치에 대해 배제될 대상이 아니라 참여적 중립성을 발휘해야 할 존재입니다.

상당수 국민이 정치를 혐오한다

　국민이 가진 정치에 대한 혐오증은 학생을 정치로부터 보호해야 한다는 생각을 유발합니다. 우리나라는 소선거구 제도를 큰 틀에서 유지하고 있고 비례대표제가 미약한 상황에서 군소정당이 발붙일 틈이 없는 거대 양당 구도 정치 지형을 가지고 있습니다. 이런 정치구조에서 정치인들은 아군과 적군으로 양분되어 투쟁합니다. 이런 정치인의 모습이 국민의 눈에는 비열해 보이기까지 합니다. 박근혜 탄핵 이후에 19대 대선을 앞두고 만들어진 대통령 후보들에 대한 조롱과 혐오의 별명들은 이를 상징적으로 보여줍니다. '홍테르테', '대깨문', '문제인', '간철수', '심크러시', '전전후폭격기' 등 다양한 별명 속에는 애정보다는 상당한 조롱이 담겨 있습니다.[12] 정당은 국민이 정치를 혐오하게 만드는 큰 원인입니다.

　정당정치를 중심으로 두는 대한민국 제도 정치권은 고쳐야 할 정당 폐습이 많습니다. 소선거구제도가 줄곧 지속되는 동안 지역주의가 고착화되었고 득표율에 비해 거대 양당이 현저히 많은 의석을 차지하게 되면서 다양한 가치를 지향하는 소수정당을 지지하는 사표(死票)가 많이 발생하고 있습니다. 예를 들어 연동형 비례제가 시행되지 않았던 2016년 20대 총선의 결과를 살펴보면 다수당의 편익을 확실히 확인할 수 있습니다. 제1당인 더불어민주당은 전국적으로 25.5%의 득표율을 보였지만 실제로 국회 의석수 비율은 41%로 과잉 대표되어 점유하였습니다. 제2당인 새누리당은 전국적으로 33.5%의 득표율을 보였지만 실제로 국회 의석수 비율은 40.6%로 과잉 대표되어 점유하였습니다. 반면 제3당인 국민의당은 전국적으로 26.7%의 득표율을 보였지만 실제로 국회 의석수 비율은 12.7%로 축소 대표된 것을 알 수 있습니다. 마찬가지로 제4당인 정의당은 전국적으로

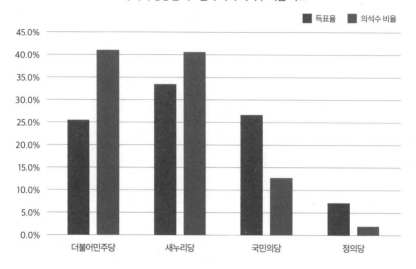

20대 국회 정당별 득표율과 국회 의석수 비율 비교

7.2%의 득표율을 보였지만 실제로 국회 의석수 비율은 2%밖에 차지하지 못하였습니다.[13] 물론 20대 총선 선거 이후에 다양한 이유로 복당 및 탈당을 하면서 약간의 변동이 있었으나 전체적으로 거대 정당이 편익을 누렸다는 점은 확실합니다.

국민 의견을 더 정확하게 국회 의석수에 반영하고자 연동형 비례대표제로 전환하려던 21대 국회는 양대 공룡 정당이 변질시켜 버려서 대한민국에는 여전히 양대 정당만 존재하는 것처럼 되어 버렸습니다. 실제로 2021년 9월 현재 21대 국회의 원내교섭단체에는 더불어민주당과 국민의힘, 두 정당만 존재합니다.[14] 그러나 정의당, 녹색당, 기본소득당, 시대전환 등 다양한 분야에서 전문적 당헌을 내세우는 정당들이 전국적으로 원내 교섭단체의 구성원이 되어야 국회 생태계가 다양해지고 국민 각자가 지지할 정당이 늘어나지 않겠습니까?

지금 당장 휴대폰을 들고 포털에 뜨는 뉴스 목록을 검색하면 거기에는 반드시 상대편 정당을, 정치인이 정부의 어떤 정책을 원색적으로 비난하는 기사가 있거나 어떤 정치인이 비리나 권력 남용으로 어떻게 뒤를 봐주었다는 확인되지 않은 가십거리가 난무할 것입니다. 국회의원, 지자체장, 광역의회, 기초의회, 선출직 공무원과 비서진 등 우리가 아는 정치인들이 그렇게 행동하는 토대에는 언제나 대립적인 정당구도가 있습니다. 대립하는 당을 강력하게 공격하는 모습으로 자기 정당에 대한 충성심을 보여줄 수 있기 때문입니다. 또한 공존할 수 없는 상대 당 정치인은 모두 적이기 때문에 협치는 상상할 수 없는 일이 되기 때문입니다.

정치인들은 상대 당원들이 저지른 짓에 참으로 기발한 이름을 붙입니다. '빠루 국회', '방탄 국회', 오죽하면 청문회가 개그 프로그램보다 더 웃기다는 말이 오가기도 합니다. 국민이 정치인들의 혐오스러운 행태를 보아넘기기 어려운 면이 있습니다만 국민은 정치인의 정쟁형 여론몰이와 본업형 정치활동을 구분해 보아야 하지 않을까요? 실제 정치인은 대한민국의 국가 제도와 운영에 막대한 영향을 주는 사람이니까요.

정치인들이 보여주는 네거티브 발언들을 보면 언론 플레이인 경우가 상당히 많습니다. 상대 당을 싸잡아 비난하는 기자회견 막후에는 여야 입장을 가리지 않고 연락하여 의사소통하는 모습을 보이기도 합니다. 저는 이렇게 이율배반적인 모습을 정치인들이 보이는 까닭으로 거대 양당 구도를 지목합니다. 양당 구도는 적과 아군을 분명히 '갈라치는' 흑백논리가 판을 치게 만듭니다. 만약 국회 안에 다양한 정당에 소속된 국회의원들이 참여하는 구조이고 특정한 전문영역을 가진 정당들이 원내 단체가 된다면 국회의원이나 시도의원들이 지금보다 훨씬 전문적 역량을 발휘할 풍토가될 것입니다. 저는 정치가 원래 그렇게 혐오스러운 것이라고 말하기보다 대한민국의 정치 지형이 원시적이고 퇴행적이기 때문에 만들어지는 현상이라고 말하고 싶습니다. 국민이 맘에 들지 않는 정치인을 비난할 수는 있되, 정치를 혐오하거나 무시하지는 말아야 합니다. 오히려 우리 사회의 기득권층이라고 할 수 있는 고학력자, 고소득자, 장년층은 제도권 정치에 참여하여 소외층보다 더 큰 목소리를 내고 있습니다. 제가 이렇게 말하는 것에는 나름대로 합리적인 근거가 있습니다.

더 많이 배운 고학력층일수록 정쟁을 일삼는 정치인과 정당을 싫어할까요? 경제적으로 여유가 있는 중산층은 정치 영향력을 더 잘 견딜 수 있으므로 정당에 얼씬거리지 않을까요? 20, 30대 청년들이 새롭게 진입하기 어려워진 사회라고 하니, 이렇게 몹쓸 사회를 만드는 데 혁혁한 공이 있는 정당을 혐오하겠지요?

일단 결론적으로 우리의 상식을 배반하고 학력이 높을수록, 소득이 높을수록, 장년층일수록 정당에 참여하는 비율은 높습니다. 민주주의 사회에서 정치는 사회적 공론을 형성하고 집행하는 것이므로 정당에 참여하는 것은 사회적 공론장에 참여하는 것과 같은 의미를 갖습니다. 따라서 고학력층, 고소득층, 장년층들이 더 정치적 목소리를 내는 것에 집중하고 있는 점은 우리가 사회정의를 성찰할 때 상당히 깊게 고려해야 할 점입니다. 문재인 정부뿐만 아니라 어느 정부가 들어서든지 처음에는 각종 위원회를 마련하여 국민의 목소리를 직접 경청하고자 노력합니다. 이때에도 큰 맥락 안에서 기득권자들이 과대 대표되는 것은 아닌지 고려해 볼 필요가 있습니다.

다음에서는 학력, 소득, 연령에 따라 정당 가입률을 비교해 보고자 합니다. 비록 정당이 애증의 대상이지만 국가와 지방의 제도를 형성하고 운영하는 데 정당은 근본적인 토대를 형성합니다. 따라서 정당 가입률을 분석하는 것은 현재 각 집단이 얼마나 정치적 목소리를 내고 있는지 알아볼 수 있는 좋은 측정 지표라고 생각합니다. 다음에 제시한 수치들은 통계청의 정당 가입자에 대한 자료를 학력, 소득, 연령을 기준으로 다시 재가공한 것입니다.

첫째, 학력에 따른 정당 가입률 격차는 해가 갈수록 벌어지고 있습니다. 즉, 저학력 시민과 비교하면 고학력 시민들이 더 많이 정당에 가입하고 있으며 그 격차도 점차 벌어지고 있다는 것입니다. 예를 들면 2020년에 대졸 이상의 학력자들은 초·중·고졸 학력자보다 1.67% 더 많이 정당에 가입하고 있습니다. 전 국민 중 2020년에 겨우 4.2%가 정당에 가입하는 상황이긴 합니다만, 대학 학력 이상 졸업자가 초·중·고졸 학력자 평균 3.4%보다 무려 1.67%가 더 많기에 대졸 이상 학력자는 약 1.5배만큼 더 목소리를 낸다고 산술적으로 생각할 수 있습니다. 많은 숫자만큼 정당에 미치는 영향력은 더 클 것입니다. 물론 초·중·고졸 인구와 대졸 이상 인구를 비례적으로 내놓은 수치는 아니지만, 대학 진학 인구를 50%로 추산하는 것도 적절할 것이므로 크게 어긋나는 판단은 아니리라 생각합니다.

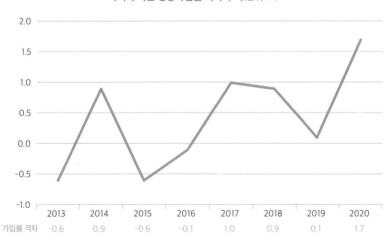

학력에 따른 정당가입률 격차 추이(단위: %)

	2013	2014	2015	2016	2017	2018	2019	2020
가입률 격차	-0.6	0.9	-0.6	-0.1	1.0	0.9	0.1	1.7

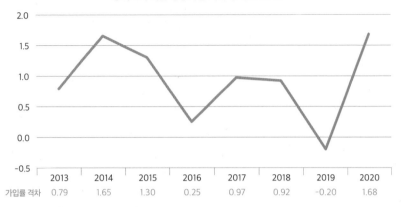

중위소득 기준 정당가입 격차 추이(단위: %)

	2013	2014	2015	2016	2017	2018	2019	2020
가입률 격차	0.79	1.65	1.30	0.25	0.97	0.92	-0.20	1.68

둘째, 고소득자들은 더 많이 정당에 가입하고 있습니다. 2019년 4분기에 한 가구 평균 월 소득이 477만 원이므로 이를 보아 500만 원을 기준으로 500만 원 미만까지 그룹과 그 이상 그룹으로 나누어 격차를 비교하는 것이 합당할 것입니다. 통계청의 소득분위 자료를 바탕으로 500만 원을 기준으로 두 그룹으로 나누어 그 격차의 추이를 비교할 수 있습니다. 2013년부터 2020년까지 추이를 살펴본 자료에 의하면 고소득자들은 더 많이 정당에 가입하고 있고 그 경향은 비교적 일관됩니다. 2019년을 제외하면 어떤 해도 그런 경향이 역전할 때는 없었습니다. 그만큼 고소득자의 이해관계가 정당 안에서 더욱 과대하게 대표될 가능성이 있습니다.

2020년 조사에서는 500만 원 미만 소득자에 비하여 500만 원 이상 고소득자는 1.68%만큼 더 많이 참여하고 있습니다. 500만 원 미만 저소득자의 평균 정당 가입률이 3.52%인 점을 감안하면 고소득자들은 무려 1.5배만큼 더 목소리를 낸다고 산술적으로 생각할 수 있습니다. 그만큼 고소득자는 저소득자보다 정당 안에서 의사결정권에 가깝다고도 할 수 있겠습니다.

셋째, 청년층에 비하여 장년층은 더 많이 정당에 참여하고 있습니다. 그런데 그 격차가 점차 줄어들고 있습니다. 2019년과 2020년을 보면 그 격차가 1% 이하로 줄어들고 있는 것을 볼 수 있습니다. 이것은 20대와 30대 청년층이 상당히 정당에 가입하였다는 것을 의미합니다. 2022년 1월 현재 20대 대통령 선거를 앞두고 언론이 집중하는 연령층이 20~30대 청년층이고 이들이 대선 향방을 결정할 것이라는 예측이 많습니다. 특히 20대 남자들, '이대남'들이 현 정부에 대한 반감이 많은 까닭을 두고 이야기가 많기도 합니다. 그동안 20대 청년층이 정부 정책에서 소외되고 있다는 반발심리가 크게 작동하는 것이 아닐까요?

'이대남 현상'이 정당 안에서 이루어지는 모습을 단적으로 보이는 것이 이 지표가 아닐까 합니다. 그만큼 청년들은 최근 몇 년을 제외하고 그동안 각 정당 안에서 소외되어 온 것입니다. 그런 면에서 모든 유권자에게 1년에 1만 원씩 정치후원금을 국가가 지원해 주는 방안을 제안한 곽노현(2021)의 '1인 1만 원 정치후원 법제'는 주목해 볼 가치가 있습니다. 이제 갓 사회생활을 시작하는 청년층은 취직과 생활 여건 등 독립할 조건들을 마련하느라 여념이 없기에 우리 사회가 더욱 관심을 가질 필요가 있습니다.[15] 이런 청년층이 정치에 관심을 가지고 민주시민성을 발휘할 수 있는 기본 옵션을 제공해 주는 제도라고도 할 수 있습니다. 우리의 행동이 제반 여건이 되는 제도에 많이 의존하고 있다는 점에 착안하여 '기본 옵션 제도'를 잘 설계하여 국민의 행복을 더 높일 수 있다는 행동경제학자들의 의견을 경청해 볼 때입니다.[16]

직장이 없거나 갓 직장을 구한 청년의 연령대를 20~29세로 잡고 가장 사회적 기반을 확고히 잡은 시기를 50~59세로 잡으면 둘의 비교가 의미 있을 것입니다. 그 격차가 가장 높았던 2014년에는 청년층의 가입률이

2.7%이고, 장년층이 9.3%로 6.6%의 차이가 있었습니다. 장년층이 청년층보다 약 3배 정도 더 많이 참여하고 있는 것으로 파악되며 이는 의사결정권에서 청년층에 대한 심각한 과소 대표 현상으로 보아야 할 것입니다. 다행인 것은 문재인 정부가 들어선 2017년을 기점으로 하여 청년층과 장년층 사이에 정당 가입률 격차가 낮아지고 있다는 점인데 이것은 청년들의 정치 참여 의지를 간접적으로 증명한다는 점에서 의의가 있습니다. 하지만 청년층이 제도권 정치에 접근하지 못하고 있는 근본적인 원인을 해결하는 정부 정책이 요구되는 대목이기도 합니다. 어쩌면 이대남 현상은 상대적으로 이전 정부에 비해 커진 청년층의 목소리라고 생각해 볼 수도 있겠습니다.

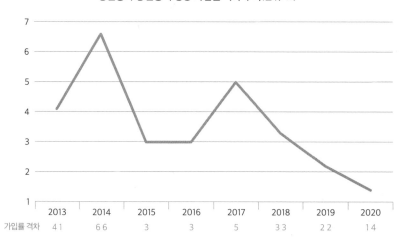

청년층과 장년층의 정당 가입률 격차 추이(단위: %)

	2013	2014	2015	2016	2017	2018	2019	2020
가입률 격차	4 1	6 6	3	3	5	3 3	2 2	1 4

지금까지 학력, 소득, 연령에 따라 정당 가입률이 어떻게 차이가 있는지 살펴보았습니다. 정치가 혐오의 대상이 되어 버린 시대임에도 불구하고 사회의 주류세력이 정당 안에서 더 큰 목소리를 내고 있다는 점을 밝힐 수 있었습니다.

여기서 이렇게 자세하게 정당 가입률을 분석해 본 것은 변하지 않은 사회적 실재를 눈으로 확인하고자 하는 것이었습니다. 여기서 발견한 사회적 실재는 "정당정치가 현실인 대한민국에서 자기의 목소리를 정치에 반영하기 위해서는 정당에 참여하는 것이 중요하다."입니다. 그 목소리가 자기의 이익만을 위한 것이 아니라 공익을 위한 것이라면 필요성은 더욱 높아집니다. 교사는 학교 현장에서 전문적 활동 속에서 대한민국 교육을 혁신할 많은 아이디어를 가지고 있습니다. 이런 아이디어가 정부 정책에 반영된다면 공익이 얼마나 증가하겠습니까?

이런 면에서 현재 교사의 목소리는 무시되고 있다고 보아야 할 것입니다. 교사는 아예 정당에 가입할 수가 없기 때문입니다. 설령 정당정치의 모습이 국민의 눈높이에 맞지 않더라도 우리는 민주주의의 사회적 실재인 정치제도를 존중하고 참여하려고 노력해야 합니다. 또한 교육 전문성으로 무장한 교사의 목소리가 사회의 공익에 도움이 되는 방향이라면 더욱 마이크를 건네주어야 할 것입니다. 목소리를 인정해 주는 방법은 다른 시민과 동등한 참정권을 부여하는 것입니다. 교사도 공무 외 사적 생활에서는 정당과 정치단체 활동을 할 수 있고, 정치후원, 선거운동, 출마 등이 가능한 폭넓은 참정권을 회복하면 됩니다.

보호자들은 입시경쟁의 경마 트랙 위를 달린다

보호자들이 학교를 입시 기관으로 오해하는 인식이 팽배해졌습니다. 이런 인식 속에서 보호자들은 대학 입시 전형에 방해가 되거나 학생의 집중력을 흩어버리는 모든 종류의 학교 활동은 의심의 눈초리로 보고 덜어내야 할 대상으로 여기는 경향이 커졌습니다. 이런 측면에서 보면 사회의 정치 현안을 다루는 민주시민교육과 정치교육은 축소하거나 제거할 대상으로 생각할 가능성이 있습니다. 입시경쟁 문화는 학생과 학교 모두에 엄청난 부담을 주고 있습니다. 사교육의 팽창에 대하여 제가 2020년 11월에 게재한 오마이뉴스 기사를 참고·편집하여 설명하고자 합니다.[17]

입시경쟁 속에 학생의 삶은 철저히 대상화되고 파편화되고 있습니다. 많은 수의 학생들이 휴일에도 학원에 나가고 학교 방과 후에도 컵라면과 삼각김밥으로 끼니를 때우고 학원에 가는 형편입니다. 철저히 대상화가 되어 자기의 행복을 위한 의견을 갖지 못한 채 혹은 유보된 채 끌려다니고 있습니다. 학생과 보호자만 입시경쟁의 질곡을 겪고 있는 것은 아닙니다.

학교와 교사도 입시경쟁의 트라우마를 겪고 있습니다. 학교는 보호자가 입시 기관에 적합한 교육과정을 운영할 것을 요구하는 압력과 학교 고유의 전인교육을 실현하는 것 사이에 서서 줄타기하는 형편입니다. 교사는 자신이 가르치는 교과가 대입 전형과 어느 만큼 관련이 되느냐에 따라 교실 붕괴를 경험합니다. 학생들도 자신이 보아야 하는 수능에 포함된 시험 영역의 수업인지, 선택한 대입 전형이 무엇인지, 해당 영역을 선택하는 수험생이 얼마인지 등에 따라 이익과 손해의 곡선을 오르락내리락하며 곡예를 합니다. 이렇게 눈치작전이 만연한 상황에서 학생 자신의 소질과 적성을 살려 고등학교 과목과 대학 전공을 선택하는 행동은 사치로 여겨지기도 합니다. 교사는 2015 개정 국가 교육과정이 추구하는 협력학습과 학생 주도 수업, 과정중심평가를 하기보다는 학생과 학부모의 압력으로 인하여 시험문제 대비형 교수행위를 하기도 합니다.

입시경쟁이 가속화되는 만큼 사교육 의존도는 갈수록 치솟고 있습니다. 다음 그림은 사교육비의 증가율을 총체적으로 이해하기 위해서 국민총소득 증가율과 물가상승률을 함께 그려본 그래프입니다. 2016년도에 가

파른 상승이 눈에 띄고 심지어 2019년에는 10.3%에 이르는 높은 증가율을 보입니다. 사교육비 지출을 고려할 때 물가상승률과 소득증가율을 감안하는 것이 합리적이라고 할 수 있습니다. 물가상승률은 완만하게 하강하고 있어서 선진국의 전형적인 저성장 국면을 보여주고 있습니다. 또한 국민총소득도 2017년을 기점으로 하여 그 성장세가 둔화하고 있습니다. 그럼에도 유달리 사교육비 증가율만 치솟고 있습니다.

종합적으로 말하자면, 각 가정의 소득은 그리 증가하지 않았지만, 사교육비로 지출되는 비용은 가파르게 증가하고 있기에 소득증가와 물가 상승이 설명할 수 없는 만큼 큰 요인이 사교육비 팽창을 주도하고 있다는 것입니다. 예를 들어 2019년에 사교육비 증가율 10.3%에서 물가상승률 0.4%를 빼고, 소득증가분 1.4%를 빼고 남은 부분인 8.5%는 별도로 설명되어야 할 사교육 팽창률입니다. 2017년도까지는 소득인상분과 물가인상분이 사교육비 증가율을 어느 정도 설명해 줍니다. 그러나 2018년에 3%, 2019

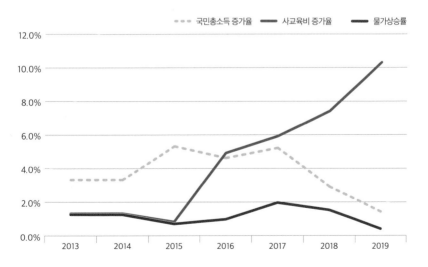

사교육비 증가율, 국민총소득 증가율, 물가상승률의 추이

년에 8.5%만큼 늘어난 사교육비는 별도의 설명이 필요합니다. 왜 이렇게 증가하게 되었을까요?

사교육에 참여하는 학생들의 비율 또한 꾸준히 증가하고 있습니다. 2020년에 코로나19가 터진 여파로 인하여 초등학교와 중학교 학생의 사교육 참여율은 꺾이다가 이내 증가세를 회복합니다. 초등학교를 제외하고 모든 학교급에서 증가 추세를 보이고 특히 고등학교 학생의 참여율이 갈수록 치솟고 있다는 점을 알 수 있습니다. 고등학생의 경우에 2016년에 50%를 갓 넘었던 참여율이 2021년에는 64.6%로 5년 동안 껑충 뛰어 약 15%가 늘어서 전체적으로 사교육 의존도를 주도하고 있다는 점을 알 수 있습니다. 중학생도 2016년부터 2021년까지 5년간 약 9% 상승한 것으로 나타났습니다.

초중고 재학생의 사교육 참여율 추이

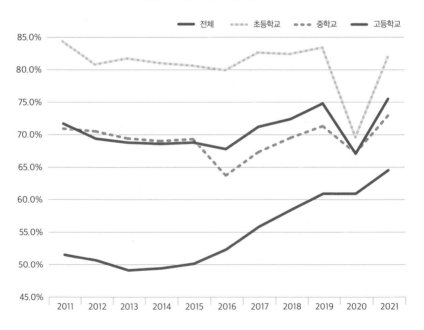

사교육비 증가율과 사교육 참여율을 종합하여 보면 최근 몇 년 사이에 중학교와 고등학교 학생은 사교육에 더욱 의존하고 있고, 각 가정은 소득에 비하여 더 많은 돈을 사교육에 투자하는 경향이라고 이해됩니다. 초등학교에 비하여 중학교와 고등학교 학생의 참여율이 오르게 된 유력한 이유는 입시경쟁일 것입니다. 이미 논의한 것처럼 학생들이 더욱 치열하게 경쟁하도록 만드는 이유는 수직적 입시 구조와 사회 구조입니다.

더 좋은 대학에 가기 위한 입시경쟁은 더 많은 N수생을 양산합니다. 다음 그래프는 수능 응시 접수자 중에서 졸업생의 비율을 보여줍니다. 수능을 치르는 N수생들의 숫자가 확연히 증가하고 있는 것을 보여줍니다. 재학생들이 2020년부터 코로나19로 인해 등교를 정상적으로 하지 못하는 불리함은 N수생의 증가로 연결될 가능성을 더욱 커지게 합니다. 2022년 1월 현재 법원은 사교육 연합이 보건복지부가 학원, 독서실, 스터디 카페에 방역 패스를 의무적으로 적용하는 행정명령을 낸 것에 대해 집행정지 가

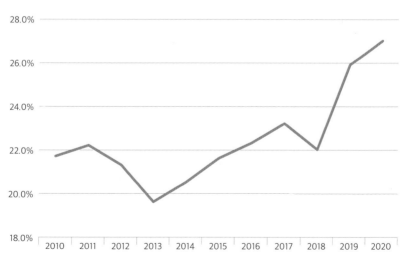

수능 응시 접수자 중 N수생 비율 추이

처분 신청한 것을 인용하였습니다.[18] 학교는 코로나19 방역 상황으로 인하여 정부 방역 규칙에 따라 원격수업으로 진행하는 반면, 학원은 N수생들이 지속적으로 등원하여 수강할 수 있기에 N수생이 유리한 상황으로 이어지고 있습니다. 이런 이유로 인하여 정시 전형 비율을 늘리는 현 정부의 정책과 교육 보수주의 관점을 재검토해보아야 합니다.

이렇게 처절한 입시경쟁, 승자독식 학교 문화 속에서 어떻게 민주시민성을 가르쳐야 할까요? 암담한 모습을 보이지만 우리 사회 각 부분에서 공정과 정의를 높이려는 꾸준한 노력이 더디게 나타나고 있습니다. 학교 서열구조를 완화하려는 대학 평준화 정책, 특목고와 자사고의 일반고화 등 학교 제도를 바꾸려는 노력뿐만 아니라 비정규직의 처우 개선과 정규직화를 이루려는 노력, 중대재해처벌법을 통해 위험을 외주화하지 않도록 하려는 노력, 각종 차별을 억누르려는 노력 등 우리 사회의 모습도 변화하고 있습니다.

지금까지 국민과 보호자가 정치에 무관심하거나 혐오하게 된 원인을 진단하여 보았습니다. 학교는 구태를 벗고 민주적인 학교 풍토로 거듭나고 있는데 여전히 보호자는 과거 자신의 경험 속에 각인된 학교의 모습을 담은 선입견을 버리지 못하고 있습니다. 현재 정당들이 비민주적인 정치 지형을 만들고 있는 것도 한몫합니다. 학생과 보호자는 대학 입시라는 경마 트랙 위를 질주하고 있습니다. 민주시민성을 갖추어야 하는 당위성에는 동의할지라도 대학 입시를 준비하는 데 걸림돌이 되면 치워버리려고 할 것입니다.

저는 박정희 정권하에서 1963년 12월 17일에 개정된 국가공무원법으로 모든 교육공무원의 참정권이 박탈된 상황이 60년 동안 지속되는 현상을 우리 사회의 깊은 질병이 치료되지 않고 있는 방증이라고 해석하고 있습니다. 이러한 비민주적인 상황을 극복하기 위해서 일반 국민은 염려와 불안이 어린 금지적 시선으로 교사를 볼 것이 아니라 학생 교육을 책임지는 자에 대한 신뢰의 시선으로 바라볼 때입니다. 이제 교사는 어떻게 노력해야 할지, 이어 떠오르는 생각을 간략히 정리하고 뒤이어 나오는 6장에서 운동의 차원에서 논의해 보겠습니다.

첫째, 교사는 직무를 수행하는 동안에 철저히 정치적 중립성을 지켜 국민을 안심시켜야 합니다. 수업을 통해 학생과 만날 때는 참여적 중립성을 견지하여 국민의 신뢰를 높여야 합니다. 교원이 교육행정을 수행하면서도 파당적이거나 불공정한 모습을 보이지 않도록 노력해야 합니다. 그래야 오랫동안 이어진 교사에 대한 불신감을 해소할 수 있습니다.

둘째, 입시실적이 최대 화두인 학생과 학부모의 입장을 배려하기 때문에 교사는 사회 현안을 도입하는 수업을 포함한 교육과정 재구성 단계에서 학생의 의견을 반영하여야 합니다. 학생과 학부모의 입장이 옳다는 것이 아니라, 절차에서 민주적 의사 존중이 필요한 것입니다. 아무리 취지가 좋다고 할지라도 학생의 주도성을 무시한 일방적인 수업 전개는 민주적 개방성을 상실한 것으로 반감만 불러일으킬 것입니다.

셋째, 교사는 교실 수업 안에서 정치적 중립성을 갖추어야 합니다. 교사의 의견을 일방적으로 주장해서는 안 되고, 사회 안에서 논쟁적인 주제는 어느 한쪽의 주장을 결론으로 내지 않도록 하며, 학생이 자신의 입장을 명료하게 정리하고 실현하려는 행동을 지원해야 합니다.

넷째, 교사는 정치 세계에서 만들어지는 교육정책에 대하여 명확한 의견을 가져야 합니다. 국민을 설득하기 전에 교사 집단부터 교육정책에 관심을 두고 바른 정책에 대한 의견을 내는 것을 주저하지 말아야 합니다.

학교는 사회의 민주화에 발맞추어 교사가 민주시민교육을 펼칠 수 있도록 교육과정의 자율성을 제공하여야 합니다. 교육청은 학교가 사회와 호응하여 민주시민교육과 정치교육을 운영할 수 있도록 자율권을 주어야 합니다. 국회와 국가는 교사가 평등한 민주시민으로 생활하면서 참여적 중립성을 추구할 수 있도록 공무 외의 참정권을 열어주어야 합니다. 그리고 이런 노력을 지지하는 시민의 인식 전환도 절실히 요구되는 시점입니다.

참여적 정치 중립은
민주시민을 키운다

2019년에 초등학교 5학년 사회 교과전담 교사가 되어 사회 현안 참여 수업을 이끌었던 경험이 있습니다. 국가 수준 교육과정에서 사회 교과의 성취기준과 교육기본법의 교육이념도 대한민국의 교육이 학생들을 자주적인 생활 능력을 갖춘 민주적 시민으로 양성하여야 한다고 말하고 있습니다. 이런 목적에 호응하는 교육활동을 하면서 제가 근무하고 있는 학교가 속한 서울특별시 동대문구청에 학생들이 복지 민원들을 올린 적이 있습니다. 반마다 학생들은 구민에게 필요한 것이 무엇인지 조사하고 토론하여 각각 의제를 선택하고 해결안을 도출하였습니다. 그리고 반별로 도출한 해결안을 구청 게시판에 올리는 프로젝트를 진행한 것이었습니다. 그중 한 가지를 소개합니다.

민원 게시판에 올린 글은 동대문구 버스정류장들에 '1석2조 발전자전거'를 설치해 달라는 제안이었습니다. 그 팀은 각 가정에 운동용 자전거가 있다는 점에 착안하여 발전기를 운동용 자전거에 연결하면 전력을 만들어 낼 수 있다고 생각하였습니다. 학생들은 건강한 시민이 버스를 기다리면서 자전거를 돌리게 되면 노약자들이 여름에는 선풍기 바람을 쐴 수 있고,

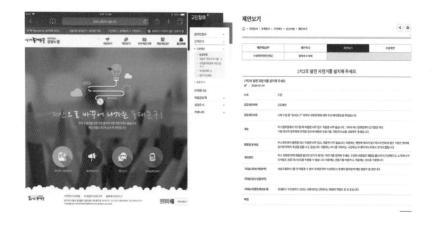

겨울에는 전기난로를 쬐며 온기를 누릴 수 있게 된다고 말하였습니다. 무엇보다도 강조하는 점은 생면부지의 타인을 돕는 행위를 하게 되면 지역사회의 신뢰도가 높아질 수 있다는 것입니다. 내가 사는 지역 사람들은 묻지도 따지지도 않고 처음 만나는 사람을 도와준다는 강력한 믿음 말입니다. 물론 학생들은 이러한 학습과 실천을 통해 주체적인 생활 정치를 경험할 수 있었습니다.

구청의 예산을 자가용 운전자를 위해 먼저 써야 할까요, 아니면 대중교통 이용자를 먼저 고려해 써야 할까요? 화석 에너지를 줄이면서도 정류장 편의성을 높이는 방법이 있을까요? 이러한 질문은 학생이 도덕적 헌신이 가리키는 방향을 따라 비판적 사고를 발휘할 기회를 줄 수 있었습니다. 이러한 형태의 수업이 정치적 중립을 위배한 것인가요? 독자 대부분은 아니라는 답변을 할 것 같습니다. 오히려 사회문제에 깊은 관심을 가지고 수업의 현장에 적극적으로 반영하는 교사가 살아 있는 사회 수업을 이끈다고 말할 것 같습니다.

학생과 교사의 생활세계는 정치의 자기장 아래 있습니다. 우리 교실,

학교, 그리고 학교를 둘러싼 지역사회 안에서 사람들은 다양한 입장을 갖기에 협력하기도 하고 경쟁하기도 합니다. 끊임없이 발생하는 사회문제들을 바라보는 다양한 관점들은 각자 자기의 입장을 강화하는 논리를 내세우기도 합니다. 학급회장 후보는 어떤 자격을 갖추어야 합니까? 학교 규칙에 따라 슬리퍼는 실내화가 될 수 없습니까? 학생의 두발과 화장을 규제해야 합니까? 2019년에 교육부는 초·중등교육법시행령에서 학생 인권을 제약하고 있는 두발 및 복장 검사나 소지품 검사를 빼면서 학교 자율로 결정하도록 하였습니다.[19] 학생 개인의 인권과 학교 공익이 갈등할 때 어떤 합의가 도출될 수 있습니까?

촛불집회가 정당한지 아닌지 저에게 물었던 학생에게 어떻게 답해 주어야 했을까요? "내 수업에서 그런 얘기는 꺼내지도 말아라." 해야 할까요, 아니면 엇갈리는 의견들을 개방적으로 말할 수 있는 토론의 마당을 마련해 주어야 할까요? 도대체 정치 현안에 대하여 교사는 꿀 먹은 벙어리처럼 회피하는 것이 중립을 지키는 것일까요, 아니면 교사는 학생들이 궁금해하는 정치 현안에 대하여 찬성, 반대 혹은 결정 유보든지 학생 자신의 의견을 개방적으로 논의할 수 있는 마당을 제공하는 것이 중립적일까요? 더 나아가 학생들이 결정한 의견을 지지해 주는 것이 중립적일까요?

보이텔스바흐 합의는
참여적 정치 중립

현재 학교의 권력관계는 학교에 재학하고 있으므로 학교의 교칙을 준수할 의무가 발생한다는 것으로 해석될 만큼 교사와 학생은 수평적 권력관계를 갖게 되었습니다. 이에 걸맞게 참여적 정치 중립을 실현하려면 독일의 '보이텔스바흐 합의(Beutelsbacher Konsens)'를 실천해 보는 것이 좋을 것 같습니다. 1960년대 냉전 시대를 배경으로 좌우 갈등이 극에 달할 때 다양한 스펙트럼의 정치학자들이 보이텔스바흐 지역에 모여 시민교육에 대한 최소한의 합의를 이루어 냈습니다. 이 원칙은 독일인의 시민성 형성에 기여한 기본적인 교육원칙으로서 학생의 의사 표현 자유를 확보하면서도 중립적 수업이 가능할 수 있게 만듭니다.[20]

보이텔스바흐 합의를 간단히 정리해 보면, 첫째, 주입·교화 금지 원칙입니다. 교사는 학생 개인이 주체적으로 의견을 내세울 기회를 제공해야 합니다. 가르치는 자는 바람직한 의견이라는 이유로 일방적으로 자신의 의견을 강요할 수 없습니다. 당연히 교사가 위헌적인 주장을 주입하거나 교화할 수 없습니다. 둘째, 논쟁성 재현 원칙입니다. 학문과 정치에서 논쟁이 되는 사안을 다룰 때는 수업에서도 논쟁적이어야 합니다. 찬반 논쟁이나 대안적인 주장을 허용할 만큼 개방적으로 사회적 현안을 다루어야 합니다. 셋째, 학습자 이해 상관성의 원칙입니다. 학생들이 정치적 상황과 자신의 관심 상황을 분석하여 입장을 가지는 것을 권장합니다. 그리고 교사는 학생이 자기의 입장을 사회에 반영할 수단을 찾도록 해주어야 합니다.[21] 물론 도덕적 헌신이 이끄는 참여적 실천이 기본 전제가 될 것입니다.[22]

교사는 보이텔스바흐 합의를 통하여 참여적 중립성을 실천할 수 있습니다. 보이텔스바흐 합의의 근본적인 가치는 개방성입니다. 교사가 강요하지 않고 헌법정신을 위배하는 것이 아니라면 모든 의견이 수업 시간에 다루어질 수 있도록 하며, 학생은 도덕적 헌신에 비추어 정당하다면 자기의 입장을 내세우고 실현하기 위해 생활 정치 및 제도정치에 참여하는 것을 권장합니다. 최근에 만 16세 이상 청소년이 정당에 가입하게 되고 만 18세 이상 청소년이 투표권과 출마권을 갖게 되었습니다.[23] 이런 상황에서 청소년이 정치적 식견을 갖는 것은 중요한 일이 되었습니다.

그러나 현재 교사는 정치적 중립이라는 역설에 사로잡혀 민주시민성을 배울 수 있는 사회적 현안을 수업에서 다루기 어렵습니다. 그런 면에서 제도권 정치와 언론에서 펼치는 불필요한 이념 논쟁을 벗어나면서도 대한민국 학교에서 정치적 중립을 마련하는 대안이 보이텔스바흐 합의라고 할 수 있습니다. 학생의 의사소통 능력과 주체적 사고능력을 바탕으로 하는 논쟁적 토론 교육은 OECD가 말하는 변혁적 역량과 학습자 주도성과 호응합니다. 교사는 기후 위기로 대표되는 자연환경과 인공지능, 유전공학, 로봇공학 등으로 대표되는 산업 생태가 급변하는 대전환의 시대를 맞이하여 민주시민성과 세계시민성을 가진 학생들을 키워야 할 책임이 있습니다. 따라서 교사에게 정치 배제의 패러다임을 강요하는 시민의식이 전환되어 교사가 참여적 정치 중립을 발휘하는 보이텔스바흐 합의형 민주시민교육을 할 수 있기를 바랍니다.

그렇게 되기 위해서는 교사 자신들이 먼저 정치 배제 패러다임의 문제점을 정확히 인식해야 합니다. 교육과정을 정치적 중립에 맞춰 운영한다는 것이 단순히 정치 사안들을 회피하는 것이 아님을 알아야 합니다. 정치적 중립은 학교 밖 외부에서 교육활동을 정치색으로 물들이려는 시도를 막기 위한 보장적 성격이라고 이해해야 합니다. 학교 안에서 교사는 보이텔스바흐 합의처럼 사회적 현안을 적극적으로 도입하여 다루어야 참여적 정치 중립을 이루는 것입니다. 학교가 아니면 어디에서 학생들이 안전하게 정치적 입장을 세우는 연습을 하겠습니까?

사회적 현안을 학교에서 가르치는 것 자체가 파당적이라고 비판하는 시민들이 있을 수 있습니다. 2019년 한일 간 외교 및 무역 분쟁이 극으로 치닫고 있을 때 앞에서 본 바와 같이 인헌고등학교에서 반일 캠페인을 진행한 것을 둘러싸고 정치 편향 교육이라고 비판하는 언론을 볼 수 있었습니다.[24] 이 사건을 두고 '인헌고등학교 학생수호연합' 단체를 만든 이들은 인헌고 교사들이 정치적 중립과 사상의 자유를 침해했다고 주장하였습니다. 반면 서울시교육청은 교사들이 징계할 만큼 정치적 중립성을 위배하지 않았다고 입장을 밝혔습니다. 이런 상황에 대해 달가워할 교사가 몇 명이나 있을까요? 이렇다면 아예 사회적 현안을 다루는 시민교육은 포기해야 할까요?

교사가 제시하는 사회적 현안이 논쟁적이라면 수업에서도 개방적인 모습으로 그것을 다루면 됩니다. 2021년 현재 코로나19를 차단하기 위하여 수도권은 방역 4단계 방역 수칙이 실시되고 있는 만큼 수많은 저소득 자영업자 및 경제적 약자층부터 그 충격을 고스란히 받고 있습니다. 이에 보편복지를 주장하는 여당과 선택복지를 주장하는 행정부가 충돌하고 있었습니다. 결국 '코로나 상생 국민지원금'은 2021년 6월 건강보험료를 기준으로 중위소득 180%보다 낮은 가구를 대상으로 1인당 25만 원을 지급하는 선택복지로 결정이 났습니다.[25] 만약, 교사가 정부의 삼권분립이나 조세의 재분배 개념을 공부하는 학생들이 국민지원금을 어떻게 지급하는 것이 사회정의에 부합할 것인지 논의하도록 한다면 이것은 정치적 중립에 어긋날까요? 혹은 학생들이 논의를 이어가다가 어느 한쪽으로 결정을 하였다면 이것은 파당적인 수업이 되었다고 진단할 수 있을까요? 만약 '코로나 상생 국민지원금'이 옳은 정부 정책이었는지를 묻는 대입 논술 문제가 출제된다면 이것은 파당적이라고 볼 것인가요?

앞서 말한 인헌고등학교 당국은 학교 내부에서 일어난 의견 충돌을 확대 재생산했던 언론을 대상으로 언론중재위원회에 방송중지 가처분 신청을 즉각 내는 것이 적합했을 것입니다. 또한 학교 주변에서 과도하게 시위하여 학교 교육을 방해한 집회 세력에 대하여 집회 금지 가처분을 받아낼 수도 있었을 것입니다. 이 사안이야말로 헌법이 보장한 교육의 정치적 중립을 외부 언론 세력이나 보수 집회 세력이 침해하고 정치적 혹은 파당적 사안으로 변질시키고 압력을 가한 사건이기 때문입니다. 또한, 이러한 언론과 보수 세력의 정치적 압력으로 인하여 학교가 어떠한 교육적인 지도도 모두 파당적인 것으로 치부되어 심각한 교육권과 학습권 침해로 이어졌기 때문입니다. 결국 이런 학교 외부의 정치적 압력으로 인하여 이의를 제기한 해당 학생에 대한 적절한 교육적 방안을 찾기 어렵게 되었고 국민은 학교의 전문성과 자율성에 심각한 불신감을 느끼게 되었습니다.

학교와 교사는 민주시민교육의 철학이 필요합니다. 교사는 어느 한 측의 주장을 옳다고 이끄는 자가 절대 아닙니다. 사회적 현안을 교실로 끌고 와서 학생들에게 문제 인식을 던져주는 역할에 만족해야 합니다. 교사는 스스로 펼쳐 놓은 교실 마당에서 학생들 사이에 민주주의 가치가 훼손되지 않도록 유지하는 역할까지만 맡아야 합니다. 자칫 의견이 다른 대립 집단들 사이에 인격 모독, 무시, 협박 등 반인권적인 태도가 공론장을 덮치지 않도록 관리하는 역량이 필요합니다. 물론 학생들이 인지하지 못하는 새로운 시각을 제시하는 노력이 필요합니다만, 어디까지나 이것이 반대쪽 논리를 무시하는 발언이어서는 안 될 것입니다. 우리가 바라는 민주주의 사회가 사상과 표현의 자유를 존중하듯, 교실 안에서 학생은 사상과 표현의 자유를 존중하는 교사의 태도 속에서 정의적 민주시민성을 배우고 있을 것입니다.

교실은 하나의 완벽한 민주주의 사회를 지향하는 공간이어야 합니다. 교사는 학급구성원들이 민주주의 가치를 존중하도록 학급 풍토를 조성할 책임이 있습니다. 그만큼 교사는 정치에 무관심해서는 안 되고 오히려 참여적 태도로 정치를 바라보아야 할 것입니다. 법 제도와 상위기관들의 인식뿐만 아니라 국민이 교사를 참여적 정치 중립에 서 있는 사람으로 보도록 인식을 전환할 필요가 있습니다.

공직선거법이 2022년 1월 14일을 기하여 선거권 연령을 하향 조정하여 18세 이상 대한민국 국민은 공직 선거에 참여할 수 있습니다. 정당법도 2022년 1월 21일 자로 정당에 가입할 수 있는 연령을 16세로 하향 조정하였습니다. 이렇게 되면 고등학교 1학년부터 자신이 지지하는 정당이 있을 수 있고 학교와 교실 안에서 정치적 사안을 충분히 주장할 기회가 생깁니다.

따라서 변화하는 선거권과 정당 가입권 지형에 맞추어 교사도 보이텔스바흐 합의 정신을 교실의 정치윤리의 규범으로 삼아야 할 것입니다. 민주주의 도덕적 헌신에 비추어 보아 적합한 것이라면 개방적으로 말할 수 있고 공격받지 않아야 합니다. 자기와 다른 생각을 표현한다고 하여 언어적 및 물리적 폭력을 행사하지 않도록 정치적 규범을 마련해야 합니다. 학교와 교실을 정치적 무균실로 만드는 것은 가능하지 않을 뿐만 아니라 학생의 민주시민성을 향상시킬 수도 없는 나쁜 정책입니다.[26)]

수업의 비파당성은
교육기본법만을 준거로 삼아야 한다

헌법과 법률이 교사에게 요구하는 비파당성은 어떤 것일까요? 일반 국민이 생각하는 수업의 비파당성은 무엇일까요? 파당성이라는 용어는 대한민국에서 이루어지는 모든 교육의 성격을 규정하고 있는 교육기본법에서 언급하고 있습니다. 국어사전에서 파당성은 "주의나 주장을 같이하는 사람이 뭉쳐서 단체나 모임을 이루는 성질"이라고 하였습니다. 비슷한 용어로 '정파'가 있는데 "정치에서의 이해관계에 따라 따로따로 모인 무리"를 일컫습니다. 결과적으로 파당적인 수업은 정당이나 정치단체의 주의나 주장을 교사가 일방적으로 강요하는 수업일 것입니다.

헌법은 교육의 정치적 중립을 보장한다고만 하여서 파당성이라는 것이 어떠한 모습인지에 대해 구체적으로 그려보기 어렵습니다. 헌법이 보장하겠다는 선언을 교육기본법 제6조 제1항은 구체적으로 다음과 같이 규정하고 있습니다.

"교육은 교육 본래의 목적에 따라 그 기능을 다하도록 운영되어야 하며, 정치적·파당적 또는 개인적 편견을 전파하기 위한 방편으로 이용되어서는 아니 된다."

여기서 교육기본법이 금지하고 있는 대상은 누구일까요? 대한민국헌법이 교육의 중립성을 법률로 보장하겠다고 하였기 때문에, 교육행위를 발생시키는 주권 세력임이 분명합니다. 따라서 금지를 당하는 주체는 대한민국 공교육 모든 곳에서 교육을 주도하는 집권 세력과 행정당국이라고 할 것입니다.[27] 교육기본법 제1조에서 교육기본법이 규정하는 대상은 교육을 책임지는 국가와 지방자치단체라고 명확히 규정하기도 하였습니다. 행정당국의 주권을 위임받은 교사가 학교 안에서 이루어지는 교육의 책임자라고 볼 때 교사 또한 비파당적, 정치적 중립의 의무를 갖게 된다는 점은 부인할 수 없을 것 같습니다.

교육기본법 제14조 제4항을 통해 교사의 파당적인 행위를 유추해 볼 수 있습니다. 이 조항은 "교원은 특정한 정당이나 정파를 지지하거나 반대하기 위해 학생을 지도하거나 선동하여서는 아니 된다."라고 규정하고 있습니다. 이를 통해 교사의 파당성은 특정한 정당이나 정파의 이익이나 피해를 목적으로 하는 것을 알 수 있습니다. 그리고 교사의 파당성이 드러나는 행위는 '지도'와 '선동'입니다. 이렇게 보면 국가와 지방자치단체, 그리고 교사 순서로 차례대로 파당적이지 않아야 할 책임을 규정하고 있습니다.

헌법이 법률로서 교육의 비파당성을 형성해야 한다고 선언하였기 때문에[28] 교사는 스스로 파당적이지 않을 책임을 갖지만 교육행정 기관이 파당적일 때는 이를 거부할 책임도 발생하는 것입니다.

한 가지 분명하게 구분하여 이해할 점은 대한민국헌법이 법률에 교육에 대한 기본권을 보장하도록 하였다는 점입니다. 국가와 지방자치단체가 정치적 중립성을 준수하고 교사가 파당적이지 않도록 하는 것이 교육 서비스를 받는 학생의 기본권을 보장하는 것이기 때문입니다. 즉, 집권하는 정치 세력이 교육을 좌우하는 파당성을 발휘하지 못하도록 제한을 걸었다는 것입니다. 따라서 집권 세력이 파당적인 정책을 강행하려고 할 때 교사는 교육의 비파당성을 수호하기 위하여 노력해야 한다는 점을 분명히 알 수 있습니다. 그런데 만약 교사의 시국선언, 정책 비판적 발언을 문제 삼아 국가공무원법에서 규정하고 있는 복종과 품위 유지를 지키지 못하였다고 교사를 처벌하는 일이 발생한다면 교육의 정치적 중립을 선언한 헌법정신을 살리지 못하게 되는 것입니다.

역사 교과서 국정화 정책이 국민 여론의 반대에 부딪힌 것은 잘 알려진 사실입니다. 국민이 반대했던 그 근원에는 교육기본법 제6조 제1항의 정신, 교육의 비파당성이 담겨 있습니다. 그런데 만약 집권 정부의 국정화 정책이 국민 여론에 어긋나게 파당적이라서 교사들이 반대하거나, 정부가 채택한 국정교과서를 거부하는 교사에 대하여 교육부와 교육청이 징계한다면 어떻게 해석해야 했을까요?

실제로 이런 일이 벌어졌습니다. 문명고등학교가 2017년 2월에 전국에서 유일하게 국정교과서 연구학교로 지정되자 5명의 교사가 국정 역사교과서 반대 대책위원회를 꾸리고 연구학교 반대 서명운동을 벌였습니다. 이에 문명교육재단은 이들에게 국가공무원복무규정상 복종, 품위 유지, 정치운동 금지 등의 위반을 사유로 하여 중징계를 하였습니다.[29] 이러한 조치는 교육기본법이 추구하는 교육의 정치 중립성과는 완전히 대치되는 것입니다.

국가와 지방자치단체가 교육이 파당적이지 않도록 보장하여야 함에도 그렇지 못하였기 때문에 위법적으로 행동한 사안에 대하여 정치적 중립성을 지키라고 교사들이 요구한 상황입니다. 그러한 교사들을 징계하는 것은 오히려 교육기본법의 기능을 마비시키는 것입니다. 실은 교육활동에 대하여 국가공무원법을 들이대는 것 자체에서 문제가 발생합니다. 교사들이 국가와 지방자치단체의 행위의 중립성을 판단하기 위해서는 공무원의 복종과 품위유지 의무와 같은 억압에서 한 걸음 떨어져서 자유롭게 판단해야 합니다. 국가의 교육정책에 관한 판단은 매우 전문성이 요구되는 일이기 때문입니다. 교육이라는 것 자체가 가진 특수성이 있기에 헌법이 보장하는 교사의 자율성과 전문성에 근거하여 판단할 일이기 때문입니다.

정부의 교육정책은 집권 세력의 공약을 실천하는 것이므로 언제든 파당적일 가능성이 있습니다. 설령 국민 다수가 선택한 정권이라고 할지라도 어느 특정한 공약은 언제든 파당적일 수 있습니다. 이에 문재인 정부는 국가교육위원회를 만들어 교육정책을 사회적 합의에 기반을 두고 추진하려고 하였습니다. 국가교육위원회법이 명시하는바 해당 기관의 목적은 교육의 자주성과 전문성, 정치적 중립성을 확보하는 것이었습니다.[30]

헌법재판소는 헌법소원 판결문들을 통해 지속적으로 교원의 참정권을 박탈한 것이 합헌적이라고 판단하면서 "공무원의 정치적 중립성"과 "교육의 정치적 중립성"을 가르지 않고 편리한 대로 적용하는 모습을 보이고 있습니다. '2001헌마710' 판결문, '2011헌바42' 판결문, '2018헌마551' 판결문 등은 교사가 공무원이기 때문에 국민 전체에 대한 봉사자로서 그 임무를 성실히 수행할 수 있도록 정당 가입권을 뺏는 것이라 하였습니다. 반면, 같은 판결문 안에서 동시에 교사는 교육의 정치적 중립성을 지키기 위해서 당파적 이해관계의 영향을 받지 않도록 정당 가입권을 뺏는 것이라 하였습니다. 간단히 부연하자면 공식적인 학교 활동 안에서의 정치적 자유는 교육의 정치적 중립 논리에 의해 박탈하고, 교사의 공무와 개인 생활에서 누릴 수 있는 정치적 자유는 공무원의 정치적 중립 논리로 박탈하면서 교사의 근본적 자유를 박탈하였다는 것입니다. 따라서 교사의 공무 부분 중에서 학교에서의 교육활동에 대해서는 교육기본법만을 적용하는 것이 타당하다 여겨집니다. 반면 공무 부분 중에서 교육활동과 직접 연결되지 않는 교육행정 영역에는 국가공무원법을 적용하는 것이 맞습니다.

헌법재판소의 판결 속에서 교사의 파당적인 수업은 어떤 것인지 유추해 볼 수 있습니다. 헌법재판소는 파당성을 정당 및 선거와의 관련성으로 축소하여 해석하는 경향이 있습니다. 그 외의 영역까지 파당성을 확대하여 해석하면 공무원에게도 존재하는 표현의 자유라는 기본적 인권을 침해할 소지가 있기 때문입니다. 따라서 파당적인 수업은 교사가 의도적으로 어느 정치단체나 정당 혹은 선거 후보가 표현하는 주의나 주장을 내세우는 수업이라고 할 것입니다. 즉, 교육기본법을 어겼는지를 볼 때도 정당이나 선거와 직접 관련성이 있는 경우로 제한하여 보아야 합니다.

수업의 파당성 여부를 보는 것에는 교사의 전문성과 자율성을 견지하는 태도가 필요합니다. 예를 들어 생각해 보면 이해하기 쉬울 것입니다. 2021년 6월 건강보험료를 기준으로 전 국민의 80% 정도까지 '코로나 상생 국민지원금'을 지원하면서 기본소득에 대한 관심이 높아지게 되었습니다. 특히 2022년 대통령 선거를 앞두고 현재 여당의 이재명 후보가 기본소득을 주장하고 있지만 다른 후보들은 기본소득을 전형적인 인기영합주의라고 하면서 비난하고 있습니다. 그렇다면 교사가 수업 시간에 기본소득 개념을 다루면 파당적인 수업을 한 것일까요? 어느 한 후보나 정당이 기본소득의 개념을 독점하는 특허적 성격을 가질 수 있을까요?

교사가 기본소득의 개념을 수업에 도입하는 것만으로 파당성을 판단할 수는 없습니다. 교실 안에서 사상과 표현의 자유는 확보되어야 교육의 전문성과 자주성을 보장받을 수 있기 때문입니다. 구체적으로는 학생이 기본소득의 개념을 배우면서 분배 정의, 관료제도의 실현, 자본주의의 원리 등을 깊게 이해할 기회를 가질 수 있기 때문입니다. 교사가 기본소득의 개념을 다루면서도 보이텔스바흐 합의 준칙을 적용하여 충분히 정치 중립적으로 지도할 수 있습니다. 그렇다면 교사가 어떻게 해야 파당적이라고 볼 수 있을까요?

파당적인 수업은 교사가 의도적으로 특정 정치인이나 정당 자체를 지지하거나 반대하고 있다고 명시적으로 표현한 수업입니다. 또한, 교사가 학생들이 어느 주의나 주장을 따르도록 강요하거나 선동하는 수업입니다. 단순히 어느 한 측의 주의나 주장을 다루었다는 이유만으로 파당적이라고 판단할 수는 없습니다. 다양한 정치적 견해와 주장들을 수업에서 다루는 것은 교육의 전문성과 자주성을 보장하는 차원에서 허용되어야 합니다. 이렇게 해야 '정치적 중립의 역설'에서 빠져나올 수 있습니다.

학생들을 보호한다는 이유로 교실 안에서 정치적 표현을 금기한다면 학생들이 민주시민으로 성장하는 것을 가로막는 결과를 초래합니다. 언뜻 그럴듯해 보이지만 실제로는 정치와 생활을 떼어놓을 수 있다는 허상에서 출발하기 때문입니다. 정치적 표현을 금지하면 할수록 학생들을 더욱 바보스러운 국민으로 만들고 있는 우민화 정책을 실행하고 있는 것이기 때문입니다. 이런 면에서 '수업의 파당성'은 매우 협소하게 해석해야 합니다.

수업의 파당성을 판단할 때 교육기본법만을 적용하여 해석하는 것이 타당하다고 말하였고 그 이유로는 세 가지 정도를 언급하였습니다. 첫째, 정치적 중립을 판단하는 교사의 자유가 필요합니다. 즉 교사의 전문성과 자율성을 토대로 교육과정을 운영하는 자유를 말하는 것입니다. 둘째, 교육활동에 관한 판단은 교육의 정치적 중립을 근거로 판단해야 합니다. 즉 교육의 정치적 중립을 제시한 교육기본법만을 준거로 한다는 것입니다. 셋째, 교사의 교육활동에 필수적인 전문성과 자율성을 보장해야 하기 때문입니다. 학생을 민주시민으로 양성하는 데 꼭 필요한 것이 교사의 참여적 중립성이기 때문입니다.

참고문헌

1) 홍석노(2008). 「교육제도법정주의의 헌법적 의미와 성격(기능): 헌법 제31조 제4항과 동조 제6항에 관한 헌법재판소결정의 논증구조와 문제점」. 안암법학, 27, 39-68.

2) 역사교과서국정화진상조사위원회(2018). 「역사교과서 국정화 진상조사 백서」. 역사교과서국정화진상조사위원회.

3) 김유환(1999). 「특별권력관계의 해체와 법리적 대안」. 공법연구, 28(1), 181-196.

4) 국가인권위원회 (2022.1. 검색). 학생두발 자유 기본권으로 인정되어야. 국가인권위원회 보도자료. [Online] https://www.humanrights.go.kr/site/program/board/basicboard/view?&boardtypeid=24&menuid=001004002001&boardid=554941

5) 정현승(2003). 「국·공립학교에서 재학관계의 법적 고찰: 특별권력관계에서 재학계약관계로의 전환」. 사회과교육연구, 10(1), 223-256.

6) Noddings, N. & Brooks, L. (2017). *Teaching contraverial issues: The case for critical thinking and moral commitment in the classroom*. Teachers College Press.

7) 김정훈(2004.12.9.). 지나간 것은 지나간 것이다. [Online] https://www.hani.co.kr/arti/legacy/legacy_general/PRINT/587925.html

8) 홍창남, 우옥경(2020). 「중학교 초임교사 교직사회화의 세대 차이」. 한국교원교육연구, 37(4), 341-364.

9) 임혁백 (2014). 『비동시성의 동시성: 한국 근대정치의 다중적 시간』. 서울: 고려대학교 출판부.

10) 전진영, 김유정(2020.9.). 「OECD 국가의 민주주의 지수 비교 및 시사점」. 국제통계 동향과 분석, 12, 1-7.

11) Costello, M. (2019). Don't avoid politics: Develop a civic mindset. In Meira Levinson & Jacob Fay(Eds.), *Democratic discord in schools*(pp. 19-26). MA:Harvard Education Press.

12) 서울신문(2017.4.14.). [정치 뒷담화] 별명 안에 민심 있다. [Online] https://www.seoul.co.kr/news/newsView.php?id=20170415008001

13) 위키피디아(2021.10. 검색). 대한민국 20대 국회의원 선거. [Online] https://ko.wikipedia.org/wiki/

14) 열린국회정보(2021.9. 검색). 정당 및 교섭단체 현황. [Online] https://open.assembly.go.kr/portal/assm/assmPartyNegotiationPage.do

15) 곽노현(2021.2.). 1인1만원 정치후원법제, 기본원칙은? [Online] https://www.kgnews.co.kr/news/article.html?no=628097

16) 리차드 탈러, 캐스 선스타인(2009). 『넛지: 똑똑한 선택을 이끄는 힘』. 리더스 북.

17) 오마이뉴스(2020.11.17.). 사교육의 팽창, 정시확대는 답이 될 수 없다. [Online] http://omn.kr/1qjqs

18) 한겨레일보 (2022.1.4.). '학원에도 방역패스' 반대 손들어준 법원… "미접종자 차별". [Online] https://www.hani.co.kr/arti/society/society_general/1025969.html

19) 중앙일보(2019.8.30.). '학칙에 두발·복장 규정'폐지 … 학교서 용모 규제 사라질 듯. [Online] https://www.joongang.co.kr/article/23566217

20) 심성보, 이동기, 장은주, 케르트틴 폴(2018). 『보이텔스바흐 합의와 민주시민교육』. 서울: 북멘토.

21) 징검다리교육공동체(2021.9.3. 검색). 한국판 보이텔스바흐 합의. [Online] http://jinggeomdari.org/?page_id=763

22) Noddings, N. & Brooks, L. (2016). *Teaching controversial issues: The case for critical thinking and moral commitment in the classroom.* Teachers College Press.

23) 경향신문(2022.1.5.). 정당 가입 가능 나이 18에서 16세 정개특위 통과 … 18세 정당 소속 출마 가능. [Online] https://www.khan.co.kr/politics/assembly/article/202201051728001

24) 조선일보(2021.09.05. 검색). 정치편향 교육에 맞선 인헌고 3학년들, "생기부 작성 끝나 용기냈다". [Online] https://www.chosun.com/site/data/html_dir/2019/10/22/2019102202360.html

25) 행정안전부(2022.1. 검색). 코로나 상생 국민지원금 사용 안내서. [Online] https://www.mois.go.kr/2021emgnc/main.html

26) Levinson, M. & Fay, J. (2019). *Democratic discord in schools.* MA: Harvard Educational Press.

27) 홍석노(2008)의 위 문헌

28) 홍석노(2008)의 위 문헌

29) 경향신문(2020.12.3.). '박근혜 국정교과서' 도입 반대 교사 5명 … 교원소청심사 "징계 수위 낮춰야" 결정. [Online] https://www.khan.co.kr/national/education/article/202012031720001

30) 국가법령정보센터 (2022.1. 검색). 국가교육위원회설치및운영에 관한 법률. [Online] https://www.law.go.kr/법령/국가교육위원회설치및운영에관한법률/(18298,20210720)

5장

참정권 박탈의 역사

이번 장에서는 교사의 참정권을 어떻게 빼앗기게 되었는지 그 역사적 과정을 살펴보고자 합니다. 아무래도 사람은 자기가 서 있는 곳에서 보이는 풍경만 알기 때문에 시야의 사각지대에서 벌어지고 있는 일에 대해서는 무심하기 마련입니다. 혹은 법조문 속 낱말이 가지고 있는 중대한 의미를 미처 알아채지 못하고 자기 자신과 비슷한 처지일 것이라 짐작하면서 살아갑니다. 교사의 참정권 박탈이라는 말은 일반 시민에게는 큰 의미가 아닐 수 있다는 말입니다. 그러나 빼앗긴 권리를 되찾기 위해 투쟁하는 사람 처지에서는 이것이 이루고 싶은 꿈이 되는 것입니다. 교사들도 기나긴 꿈을 꾸는 여정이 있습니다. "우는 아이 젖 준다."라는 속담처럼 깨어 있는 교사가 어딘가에서 그 꿈을 향해서 몸부림을 쳤던 역사가 있습니다.

우선 대한민국 안에서 교사에게서 박탈된 참정권이 무엇인지 살펴보겠습니다. 그리고 이렇게 박탈한 법률에 따라 교사를 처벌하였던 역사를 살펴보고자 합니다. 마지막으로 강제적 법률들의 위헌성을 심판해 달라는 헌법소원을 신청했던 역사와 그 결과를 검토해 보고자 합니다. 법률가가 아니라 일반교사이기에 사용하는 개념과 용어가 다소 법률적이지 않을 것이나, 교사의 입장에서 법률이 미치는 효과와 그에 대응하며 펼친 행위의 타당성을 논할 수 있다고 생각합니다.

박탈된
참정권

대한민국의 교원은 크게 국가공무원과 사립재단에 소속한 교원으로 구분됩니다. 교사들끼리는 줄여서 공립과 사립이라고 부릅니다. 공립 교원은 국가공무원법에 적용을 받고 사립 교원은 사립학교법의 적용을 받습니다. 따라서 국가공무원법과 사립학교법을 따로 보아야 하겠으나 실제 사립학교법에서 교원의 복무와 의무를 규정하는 부분은 국가공무원법을 준용하고 있으므로 국가공무원법을 중심으로 살펴보는 것이 타당합니다. 물론 국가공무원법 하나만 참정권을 박탈한 것은 아니고 정당법, 정치자금법, 공무원복무규정, 공직선거법 등이 다양하게 교사의 참정권을 금지하고 있습니다. 따라서 여러 법을 두루 살피고자 합니다.

먼저 논의해야 할 것은 박탈된 교사의 참정권에 무엇이 있느냐 하는 점입니다. 국어사전에서는 참정권의 뜻풀이를 "국민이 국정에 직접 또는 간접으로 참여하는 권리"라고 하였습니다. 따라서 국정에 직접 참여하는 참정권으로는 피선거권, 공무담임권, 공직선거 출마권이라고 할 수 있는 반면에 간접 참여하는 참정권으로는 선거권, 정당참여권, 정치후원권, 정치단체 활동권 등으로 분리해 볼 수 있습니다. 참고로 공무담임권은 공무원이 되어 국정을 맡아볼 수 있는 권리입니다. 여기에서 교사에게 허용된 정치적 자유는 유일하게 선거권이 있습니다. 이러한 상황이다 보니 아이러니하게도 박탈된 교사의 참정권을 논의할 때 세부 권리의 부여 여부를 고민하지 않아도 되며 참정권을 하나의 뭉텅이로 보고 논의해도 무방합니다.

여기서 한 가지 분명하게 각인해야 할 점은 열거하는 금지된 권리들이 모두 교원이 공무를 처리하고 있는지, 아닌지 상관이 없다는 점입니다. 이렇게 원천적으로 금지하는 논리는 매우 빈약한 것으로 교원이 민주시민성이 매우 낮은 형편이라서 법으로 금지하지 않는다면 파당적이거나 공익에 반하는 행위를 할 것이라는 근거 없는 단정에서 비롯된다는 점입니다. 또한, 근무시간 밖에서 일으키는 정치활동이 근무시간 내에 영향을 끼치기 때문에 교사가 사리 분별 못 하고 행동할 것이라는 막연하고 불분명한 의심과 회의에 근거한 것입니다. 대한민국의 교사 대부분은 일정한 임용 전형에 합격한 자들로 평균적인 양식과 합리적 행동을 보이는 시민으로 보아야 하지 않을까요? 이렇게 막연한 의심 속에서 법은 단호하고 원천적으로 다음과 같은 교사의 권리를 박탈하였습니다.

지금부터 열거하는 여러 권리는 교사에게 금지된 것으로 2022년 1월 현재를 기준으로 적용되고 있는 법이라는 점을 밝혀 둡니다. 또한, 법제처에서 운영하는 '국가법령정보센터'에서 검색한 결과를 정리하고 있습니다.[1) 앞으로 다루게 될 국가공무원법, 국가공무원복무규정, 정당법, 공직선거법, 정치자금법 등 다양한 법률에서 사용하는 개념과 어휘는 교사와 직접 관련성이 없는 경우가 많습니다. 따라서 이 글에서는 편의상 주체를 교원 및 교사에 한정하고 교사와 직접 관련이 있는 영역을 가리키는 용어와 개념으로 대치하여 표현하였습니다.

법이라는 것이 사회의 변화에 따라 계속 바뀌어 가기 때문에 변화 가능성을 염두에 둡니다만, 교원의 정치기본권에 관한 한 박정희 정권이 법을 바꾼 이후로 60년이 다 되는 시절 동안 변한 것이 거의 없습니다.

첫째, 교원은 일체의 정치단체에 가입하거나 결성할 수 없습니다. 국가공무원 제65조 제1항은 공무원이 정당이나 그 밖의 정치단체 결성에 관여하거나 이에 가입할 수 없다고 합니다. 교원은 정당에 가입하거나 정당활동을 할 수 있는 권리인 가입권 및 활동권을 박탈당하였습니다. 정당법 제22조 제1항에서 정당 가입이 불가한 자들을 열거하면서 공립과 사립 교원을 지목하였습니다. 단, 대학 및 대학원의 교원은 예외로 하고 있어서 평등하지 못하다는 평가를 지속적으로 받고 있습니다.

처벌도 규정하고 있습니다. 정당법 제53조에서 정당의 발기인이나 당원이 된 사람은 1년 이하의 징역이나 100만 원 이하의 벌금을 매기고 있습니다. 사례를 들면 2009년에 민주노동당에 당원으로 가입을 하지 못하고 당우로 가입한 교사에 대하여 검찰이 기소한 경우가 있습니다.[2] 2009년 이명박 정권의 교육부는 민주노동당에 가입한 교사 134명을 파면 또는 해임으로 징계하였습니다. 이후에 대법원에서 공소시효가 만료되어 기소가 취소되기도 하고 무죄가 판명되기도 하면서 복권되었으나 1989년에 있었던 전교조 교사 1,500명 무더기 징계 이후에 가장 많은 징계를 하였습니다. 교사는 법에 따른 처벌과 교육감에 의한 징계, 두 가지를 모두 받는 대상입니다.

둘째, 교원은 집단행위를 할 수 없습니다. 국가공무원법 제66조는 공무원이 노동운동이나 공무 외의 일을 위해서 집단행위를 할 수 없도록 금지하고 있습니다. 집단행위가 무엇인지에 관해서는 법률로 규정되지는 않았으나, 헌법재판소가 보는 집단행위에 관한 정의를 살펴보면 가늠할 수 있습니다. 공무원의 집단행위란 사회의 공익에 반대하는 목적을 위하여 다수의 공무원이 모여서 의사를 공중에 표현하는 것으로 직무를 게을리

하거나 방해하는 의도가 담겨 있어야 합니다.[3]

저는 2018년에 교사의 참정권을 회복해야 한다는 절박한 심정으로 교사정치기본권찾기연대 단체에 참가하여 헌법소원에 참여한 경험이 있습니다. 이 헌법소원은 곽노현 징검다리교육공동체 이사장과 강신만 전교조 부위원장이 공동대표가 되어 정당 가입권, 출마권, 집단행위권 등 일체의 정치기본권을 금지하고 있는 각종 법률의 위헌성을 소원하였습니다. 헌법 소원에 참여하였던 경험을 바탕으로 교직 과정을 공부하고 있는 대학 및 대학원생에게 몇 해째 같은 질문을 하고 있습니다.

"당신이 교육감이라면 교사정치기본권찾기연대에 참여하여 위헌소송을 한 A 교사를 징계하겠습니까? 법적 근거를 들어가며 자신이 선택한 결정에 대한 이유를 논술하시오."라는 것입니다. 교사를 지망하는 많은 학생이 막연한 생각으로 징계를 선택하거나 징계를 선택하지 않았습니다. 교사는 학생을 대하는 사람이므로 무조건 정치에 대해서는 말하지 말아야 하기 때문에 징계해야 한다는 의견도 있었습니다. 반대로 참정권은 헌법이 모든 국민에게 부여한 기본적 권리이고 이를 금지한 법이 잘못되었기 때문에 징계할 수 없다는 의견도 있었습니다. 한 편이 집단행위와 정치적 중립성을 너무 과잉 해석하여 의사 표현의 자유마저도 줄 수 없다는 해석이라면, 다른 편은 헌법의 법률유보원칙[i]에 따라 공익을 위하여 권리를 제약하고 있는 법률의 구조를 잘못 해석하는 모습이었습니다.

심지어는 현직 교사이면서 교육대학원을 다니고 있는데도 자신의 수업에서 다루는 내용이 정치적 중립성에 위배되는지 아닌지를 판단하는 것

---

i) 헌법의 법률유보원칙은 헌법이 규정한 국민의 기본권을 제한하는 경우에는 입법부가 만드는 법에 의하여 제한할 수 있다는 원칙이다. 이는 행정부가 편의적으로 국민의 기본권을 침해할 가능성을 견제하기 위한 장치라고 할 수 있다.

에 자신이 없었습니다. 이렇게 교사의 참정권 현황을 알고 있지 못한 현상은 사회적 차원, 교원양성과정 차원, 개인적 차원 등에서 그 원인을 짐작해 볼 수 있으나 적어도 교원양성과정을 책임지고 있는 대학에서 교사가 교육과정 중 다루는 사회적 현안들은 교사의 자율성과 전문성을 발휘하여 중립적으로 지도할 자유를 갖는다는 점을 분명히 가르쳐 주었으면 좋겠습니다. 사범대학과 교육대학은 교사가 수업과 교육과정에 있어 정치적 중립성을 갖는 역량을 가르쳐 주어야 하고, 학생과 보호자에게 정당한 권리를 행사하는 주장을 할 수 있는 정도의 지식과 태도를 가르쳐 주어야 합니다. 그랬다면 아마도 현재 학생들 앞에 선 교사들이 막연한 두려움으로 정치교육을 기피하지 않을 것으로 생각합니다.

셋째, 교원은 정당이나 정치인에게 후원을 할 수 있는 후원권을 박탈당하였습니다. 정치자금법 제8조는 공무원이 후원회원에 가입할 수 없도록 금지하고 있습니다. 국가공무원복무규정 제27조는 금전이나 물질로 특정 정당이나 정치단체를 후원할 수 없도록 금지하고 있습니다. 물론 정치자금법상 교원은 기탁금 제도를 이용하여 선거관리위원회에 납부할 수는 있습니다. 그러나 이 기탁금은 각 정당의 지분에 따라서 나누어 할당하기 때문에 적극적인 정치적 행위라고 할 수는 없습니다.

처벌도 규정하고 있습니다. 정치자금법 제45조는 불법적으로 정치자금을 기부하거나 기부받은 사람에 대하여 5년 이하의 징역이나 1천만 원 이하의 벌금을 매기고 있습니다. 2014년에 대법원은 민주노동당에 소액의 후원금을 낸 교사들에 많게는 200만 원에서 적게는 50만 원의 벌금을 부과하는 확정판결을 하였습니다.[4]

넷째, 교원은 선거운동을 할 수 없습니다. 공직선거법 제9조 제1항은 정치적 중립을 지켜야 하는 공무원은 선거에 영향을 끼치는 활동은 할 수 없다고 금지합니다. 같은 법 제60조 제1항 제4호는 공무원은 선거운동을 할 수 없다고 금지합니다. 같은 법 제86조 제1항은 교사가 선거 후보의 지지도를 조사하거나 후보자의 업적을 홍보하거나, 학교 행사에 후보자를 참여시키는 등의 행위를 금지하고 있습니다.[5] 또한, 같은 법 제85조 제4항에서는 투표권이 없는 자에게 교육을 빌미로 선거운동을 하지 못하도록 하였습니다. 현재 만 18세 미만 학생들은 선거권이 없는 상태이므로 이들을 교육하는 교사야말로 이 법이 표적으로 하는 대상이 될 수 있습니다. 교사의 정치적 중립성을 강조하는 법의 취지는 충분히 이해하지만 공직선거법에서 다룰 만한 사항이 아닙니다. 3장에서도 이야기했듯 교육과정 속에서 다루어지는 선거에 관한 교육내용은 "교육의 정치적 중립성"을 판단 기준으로 보아야 합니다. 따라서 교육기본법에서 그 중립성을 규정한 것으로 충분한 것입니다. 오히려 공직선거법과 같이 교육과 관련이 먼, 공무원이 공무를 수행하는 영역을 다루는 법이 "교육상의 행위"를 판단하려고 하면 교원의 자율성과 전문성을 규정한 헌법을 위배할 소지가 커집니다.

공직선거법의 형벌은 엄중합니다. 위에서 언급한 제85조와 제86조를 위반할 경우 3년 이하의 징역이나 600만 원 이하의 벌금을 부과하게 됩니다. 민주주의의 최후의 심판 무기는 투표권이라는 점에서 그 취지를 이해하는 면이 있습니다만 그 벌을 받은 교원은 행위의 경중과 관계없이 무거운 벌을 받아야 할 수도 있습니다. 광주광역시에서 중학교에 근무하던 백 모 교사는 21대 총선을 앞두고 이미 졸업한 제자 4명에게 SNS 문자로 특정 정당을 지지하는 문자를 보낸 행위에 대하여 법원이 자격정지 1년에 징역 6개월 형의 선고유예 판결을 내려서 해임되었습니다. 과연 SNS 문자로 특정 정당에 대한 지지나 반대를 표현한 것에 대한 합당한 양형인지 묻지 않을 수 없습니다.[6]

다섯째, 교원은 공직 선거에 출마하거나 관여할 수 없습니다. 공직선거법 제53조 제1항 제1호는 교원이 교육감이나 국회의원과 같은 공직에 출마하려면 선거 90일 전에 사퇴해야 한다고 말합니다. 우리나라에서 교육감을 뽑는 자리에 유·초·중등 교원이 참여할 수 없는 구조는 공교육 교사의 역량을 묻어버리는 효과를 발휘하고 있습니다. 학교 정책은 당연하게도 학교 현장에 근거를 두고 마련해야 하는 일인데 현장을 잘 이해하고 정책을 수립할 수 있는 교사가 교육감 출마에서 배제되는 상황은 정말 이해하기 어렵습니다.

여섯째, 교원은 일체의 정치적 행위를 할 수 없습니다. 국가공무원법 제65조 3항은 공무원이 다른 공무원을 사주하는 정치적 행위도 할 수 없다고 하였습니다. 교원노조법 제3조는 교원의 노동조합이 일체의 정치활동을 할 수 없도록 금지하였습니다. 또한, 국가공무원복무규정 제27조에서는 무엇이 정치적 행위인지 구체적으로 규정하여 놓았습니다.

정치적 행위에 대한 처벌도 규정하고 있습니다. 국가공무원법 제84조는 당원 활동과 선거운동, 정치적 사주를 벌인 사람을 3년 이하의 징역과 3년 이하의 자격정지를 부여합니다. 그리고 범죄의 공소시효를 10년으로 확대하고 있습니다.

국가공무원법 제65조 제4항 정치운동의 금지와 국가공무원복무규정 제27조 정치운동의 금지 조항은 같은 듯하면서도 상당히 다른 내용이 존재합니다. 국가공무원복무규정 제27조는 국가공무원법 제65조 제4항의 위임권을 받아서 무엇이 정치적 행위인지 상세하게 기술하였습니다. 이 법률과 규정은 교사의 복무와 밀접하게 연관되어 있으므로 유념해 둘 필요가 있습니다. 게다가 최근 이 법과 규정을 바꿔야 할 필요가 생겼습니다.

헌법재판소는 2020년 4월 23일에 2018년에 교사정치기본권찾기연대가 헌법소원한 것에 대하여 판결을 발표하였습니다.[7] 여기서 정당 가입권, 출마권, 후원권, 집단 행위권 등을 금지한 법은 모두 헌법에 호응한다고 하였으나 유일하게 국가공무원법 제65조 제1항의 "그 밖에 정치단체"라는 표현이 명확하지 않아서 헌법을 위배한다고 위헌결정을 하였습니다. 이에 따라서 국가공무원법의 소관 부처인 인사혁신처는 개정안을 국회에 제안한 상태입니다.[8] 그러나 제안한 개정안이 헌법재판소의 위헌 취지를 충실히 반영하고 있지 않아 논란이 있으며, 현재 국회에서 입법 절차가 진행되지

국가공무원법 제65조(정치운동 금지)	국가공무원복무규정 제27조 정치적 행위

① 공무원은 정당이나 그 밖의 정치단체의 결성에 관여하거나 이에 가입할 수 없다.
 ② 공무원은 선거에서 특정 정당 또는 특정인을 지지 또는 반대하기 위한 다음의 행위를 하여서는 아니 된다.
   1. 투표를 하거나 하지 아니하도록 권유 운동을 하는 것
   2. 서명운동을 기도(企圖)·주재(主宰)하거나 권유하는 것
   3. 문서나 도서를 공공시설 등에 게시하거나 게시하게 하는 것
   4. 기부금을 모집 또는 모집하게 하거나, 공공자금을 이용 또는 이용하게 하는 것
   5. 타인에게 정당이나 그 밖의 정치단체에 가입하게 하거나 가입하지 아니하도록 권유 운동을 하는 것
 ③ 공무원은 다른 공무원에게 제1항과 제2항에 위배되는 행위를 하도록 요구하거나, 정치적 행위에 대한 보상 또는 보복으로서 이익 또는 불이익을 약속하여서는 아니 된다.
 ④ 제3항 외에 정치적 행위의 금지에 관한 한계는 대통령령 등으로 정한다.
	① 법 제65조의 정치적 행위는 다음 각 호의 어느 하나에 해당하는 정치적 목적을 가진 것을 말한다.
	   1. 정당의 조직, 조직의 확장, 그 밖에 그 목적 달성을 위한 것
	   2. 특정 정당 또는 정치단체를 지지하거나 반대하는 것
	   3. 법률에 따른 공직선거에서 특정 후보자를 당선하게 하거나 낙선하게 하기 위한 것
	 ② 제1항에 규정된 정치적 행위의 한계는 제1항에 따른 정치적 목적을 가지고 다음 각 호의 어느 하나에 해당하는 행위를 하는 것을 말한다.
	   1. 시위운동을 기획·조직·지휘하거나 이에 참가하거나 원조하는 행위
	   2. 정당이나 그 밖의 정치단체의 기관지인 신문과 간행물을 발행·편집·배부하거나 이와 같은 행위를 원조하거나 방해하는 행위
	   3. 특정 정당 또는 정치단체를 지지 또는 반대하거나 공직선거에서 특정 후보자를 지지 또는 반대하는 의견을 집회나 그 밖에 여럿이 모인 장소에서 발표하거나 문서·도서·신문 또는 그 밖의 간행물에 싣는 행위
	   4. 정당이나 그 밖의 정치단체의 표지로 사용되는 기(旗)·완장·복식 등을 제작·배부·착용하거나 착용을 권유 또는 방해하는 행위
	   5. 그 밖에 어떠한 명목으로든 금전이나 물질로 특정 정당 또는 정치단체를 지지하거나 반대하는 행위

않고 있는 상태입니다. 자세한 사항은 그동안 펼쳐진 헌법소원의 역사를 소개하면서 자세히 설명하고자 합니다.

앞의 표에서는 국가공무원법 제65조와 국가공무원복무규정 제27조를 대조하였습니다. 국가공무원복무규정 제27조 제2항 5호에서는 "그 밖에 어떠한 명목으로든 금전이나 물질로 특정 정당 또는 정치단체를 지지하거나 반대하는 행위"라고 명시하여 정치후원을 원천적으로 금지하였습니다. 그러나 이를 뒷받침하는 국가공무원법 조항이 없습니다. 정치후원권은 국민의 참정권 중에서도 매우 기본이 되는 권리로서 이와 같은 기본권은 국회의 입법에 의해서만 제한될 수 있습니다. 따라서 행정부 인사혁신처에서 만든 국가공무원복무규정 제27조 제2항 5호는 위헌성을 다분히 안고 있습니다.

참정권 박탈의
과정

교사의 정치적 기본권이 박탈된 때를 언제로 보느냐에 대해서는 다소 엇갈리는 인식이 있습니다. 이러한 혼란은 교사가 국가공무원이기도 한 신분이라는 점 때문에 발생한 것으로 보입니다. 또한, 각 법률이 지정하는 정치적 중립의 대상이 누구인지 그 주체들을 구분하지 않은 것으로부터 비롯된 것이라고 할 수 있습니다.

첫째, 헌법 자체가 교사의 참정권을 제한하고 있을까요? 그렇지 않습니다. 기본적으로 헌법은 모든 국민의 기본권을 최대한 보장해 놓고 있으며 각종 기본권의 제약은 법률에 유보하는 것을 원칙으로 하고 있습니다. 헌법이 보장하는 교육의 정치적 중립과 공무원의 정치적 중립은 법률유보원칙이 적용된 법이 등장해야만 비로소 그 구체적인 금지권이 발동된다고 이해해야 할 것입니다. 또한, 헌법은 제31조 제4항에서 교육의 정치적 중립성을, 제7조 제2항에서 공무원의 정치적 중립성을 법률로 보장한다고 표현하였기 때문에 교사의 참정권 제한을 규정하는 필요충분조건으로 말하기는 어렵습니다. 물론, 교육의 정치적 중립성을 마련하기 위한 장치로서 여러 대안 중의 하나 정도의 요소라고 할 수 있습니다만 직접적 인과관계를 거론하기에는 부족한 점이 큽니다. 따라서 교사의 참정권이 박탈되는 역사를 논의하는 마당에서 헌법 개정의 역사를 변곡점이나 중요한 계기로 보는 관점은 적절하지 않은 것으로 판단됩니다.

둘째, 헌법이 보장하는 교육의 정치적 중립을 실현하기 위해 제정한 교육기본법은 참정권의 대상에 포함하지 말아야 합니다. 물론 교육기본법이 정치적 중립성을 지키기 위하여 교사의 참정권이 금지되는 방향과 일정 부분 호응하는 면이 있습니다만, 교육기본법의 핵심적인 목적은 교사의 교육과정 운영에서 포함될 수 있는 파당성을 금지하고자 제정된 것입니다. 따라서 교육기본법이 요구하는 정치적 중립의 대상은 학교와 교사가 운영하는 교육과정입니다. 이상적 실재로서 교육과정이 정치적 중립성을 견지하여야 한다는 점을 강제하는 것입니다. 따라서 교사의 참정권이 박탈되는 역사를 논의하는 마당에서 교육기본법과 교육기본법의 모법이 되는 교육법을 중심 논의에 포함하여 논의하는 것은 바람직하지 않습니다.

셋째, 결국 교사의 참정권이 박탈되는 역사를 논의하는 과정에서 핵심적으로 볼 것은 국가공무원법이 되겠습니다. 다음으로 박탈된 참정권을 형성하거나 제한하는 각종 법을 참고해야 할 것입니다. 법은 기본적으로 헌법의 이상을 구체적으로 형성하는 기능과 헌법의 기본권을 제한하는 기능이 있기 때문입니다.[9] 또한, 정당에 대한 제도 형성과 기본권 제한을 다루고 있는 정당법의 연혁, 정당과 정치인에게 지원하는 자금의 형성과 제한을 다루는 정치자금법의 연혁, 공직 선거 제도의 형성과 제한을 다루는 공직선거법의 연혁을 살펴보겠습니다.

정당 가입 및 활동권은 정당법의 연혁을 보며 이야기하려 합니다. 한국의 정당법은 1963년 1월 1일에 제정된 이후 계속 이어지고 있습니다.

출마권과 선거운동권은 공직 선거에 대한 사항으로서 국회의원선거법, 대통령선거법, 공직선거및선거부정방지법, 공직선거법을 살펴보는 것이 적절할 것입니다. 국회의원선거법은 1948년 12월 23일에 제정되었고, 대통령선거법은 1963년 2월 1일에 제정되었으며, 공직선거및선거부정방지법은 1994년 3월 16일에 제정되었습니다. 공직선거법이 2005년 8월 4일에 제정되면서 대통령 선거, 국회의원 선거, 지방의회 의원 및 지방자치단체장 선거를 모두 통합하여 규정하게 되었습니다. 따라서 이들 법을 참고하여 역사적 변천을 살펴보고자 합니다.

정치후원권에 대한 사항은 국회의원선거법, 공직선거및선거부정방지법과 정치자금법을 살펴보는 것이 적절합니다. 공직선거및선거부정방지법은 1994년 3월 16일에 처음 만들어져서 공직선거와 선거비용 등을 규정하다가 공직선거법이 나온 이후 사라졌습니다. 정치자금법은 2005년 8월 4일에 제정되면서 정치인과 정당에 대한 후원행위를 규정하고 있습니다. 따라서 이들 법을 참고하여 역사적 변천을 살펴보고자 합니다.

1949년 8월 12일 국가공무원법 이후

직업공무원제를 처음 규정한 1949년 8월 12일 자 국가공무원법은 엽관주의를 청산하기 위해 정치적 중립과 실적주의를 바탕으로 하는 공무원 임용 균등의 원칙을 강조하였습니다.[10] 이 법은 공무원을 일반직과 별정직으로 구분하고 별정직에게는 국가공무원법의 규정을 적용하지 않는다고 명시하였습니다. 교사는 법관, 교원, 비서, 군인, 군무원 등과 함께 별정직 공무원에 속하여 국가공무원법의 금지 사항에 적용받지 않았습니다. 이때 국가공무원법 제37조는 공무원의 정치운동과 집단행동을 금지하고 있었지만 교사는 이 조항의 적용을 받지 않았다는 말입니다.

이후 1963년 6월 1일 자로 개정된 국가공무원법은 참정권을 포괄적으로 제한하고 있는 현재와 같은 체제를 띠기 시작하였습니다. 제65조에서 공무원이 정당이나 정치단체에 가입할 수 없게 금지하였고, 선거 및 정치 행위에 관련하여 현행과 같은 각종 금지를 담았습니다. 그러나 이때 개정 된 국가공무원법은 여전히 교원을 별정직공무원으로 분류하고 예외로 두 었습니다.

1949년에 제정된 국가공무원법부터 1963년 6월 1일 자 개정법까지 기간 사이에 다른 법들의 근황을 살펴보겠습니다. 1963년 1월 1일 자 정당 법은 공무원의 정당 가입을 금지하여 현재에 이르고 있습니다. 이때에 비 로소 교사는 정당활동권을 박탈당한 것으로 보면 되겠습니다. 선거운동 권에 대해서는 국회의원선거법이 1948년 12월 23일 자로 새롭게 만들어지 면서 공무원의 선거운동을 명시적으로 허용하였다가 1960년 6월 23일 자 로 개정되면서 공무원의 선거운동을 금지하였습니다. 이는 1960년 6월 15 일에 4·19혁명 체제 헌법이 세워진 이후 이승만 정부와 자유당의 관권선거 를 금지하는 취지가 반영된 것으로 이해할 수 있습니다. 출마권에 대해서 는 국회의원선거법이 1950년 4월 12일 자로 개정되면서 공무원인 경우 선 거일을 기준으로 90일 전에 사퇴해야 한다고 규정한 이후로 지금까지 이 어지고 있습니다. 정치후원권에 대해서는 1949년부터 1963년 사이에 개정 된 국회의원선거법에서 공무원의 후원을 제한하는 내용은 발견하지 못하 였습니다.

1948년에서 1963년 사이에 벌어진 각종 참정권의 변화를 정리해 보겠 습니다. 교사는 1963년 1월 1일에 정당 가입권을 잃게 되었습니다. 선거 운 동권은 1960년 6월 23일에 잃었습니다. 출마권은 1950년 4월 12일에 잃게 되었습니다. 그러나 후원권과 정치단체 활동권은 계속 유지하고 있었습니 다. 이러한 상태는 1963년 12월 17일 자 국가공무원법을 개정하기 전까지는 유지되었습니다. 그러므로 1960년 4.19 헌법은 교사의 완전한 참정권 박탈과 직접적인 관련성이 없다고 할 수 있습니다.

1963년 12월 17일 국가공무원법 이후

1963년이 되기 전에 헌법은 여러 차례 개정되었습니다. 특히 1960년 4·19 혁명을 치른 후 공무원의 정치적 중립을 보장하는 조항이 포함되었습니다. 1960년 6월 15일 자로 개정된 대한민국헌법은 1960년에 치러진 3.15 부정선거를 계기로 이승만 정부의 무능과 부정에 대한 국민의 전면적 저항이자 민주화운동이었던 4·19 혁명이 성공한 이후에 만들어진 헌법이라는 데 의미가 있습니다. 따라서 이 4.19 헌법은 "공무원의 정치적 중립성과 신분은 법률의 정하는 바에 의하여 보장된다."라는 조항을 새롭게 포함하였습니다.

이것은 집권 세력의 이익에 따라 공무원과 교사가 동원되었던 아픈 과오를 시정하기 위해서 공무원과 교사가 정치적 압력을 받지 않도록 보장하는 차원의 조항이라고 이해하는 것이 적합합니다.[11] 실제로 국가공무원법은 공무원의 참정권에 관련하여 1949년 8월 12일 자 제정안과 비교해 볼 때 특별히 변한 것이 없습니다. 여전히 교사는 별정직으로서 정당 가입을 제외한 모든 참정권을 보장받고 있었습니다. 그런데 1961년 5·16 군사 정변이 터졌습니다.

5·16 군사 정변의 박정희 군부는 국회를 해산하고 언론 사전 검열을 시행하였습니다. 이에 맞추어 1963년 12월 17일 자로 국가공무원법은 전면적으로 모든 공무원의 참정권을 박탈하였습니다. 이때 개정된 국가공무원법은 복무규정을 담은 조항을 수정하여 별정직공무원을 포함하도록 개

정하였습니다. 이때 참정권이 박탈된 별정직공무원에는 교원, 정무직공무원, 법관, 검사, 교육감, 교육장, 장학관, 장학사, 교육연구관, 교육연구사, 군인, 군무원 등이 포함되었습니다.

한 가지, 분명히 알아야 할 점은 1963년 12월 17일 자로 개정된 국가공무원법은 대한민국 국회가 개정한 것이 아니라는 점입니다. 1961년 5·16 군사 정변에 의해서 국회가 해산된 이후로 1963년 12월 16일까지 군부가 중심이 된 국가재건최고회의는 국회를 대신하여 법을 만들었습니다. 국가재건최고회의는 국회를 해산하고 언론을 통제하여 독재 체제를 공고히 하는 법들을 양산했다는 점을 간과하지 않아야 합니다.

따라서 교사에게서 참정권을 완전히 박탈한 사건은 공무원의 정치적 중립을 보장하려고 한 것이 아니라 독재 체제를 공고히 하기 위하여 별정직 공무원의 입에 재갈을 물리고 국민의 공익에 반하는 것이라고 할지라도 독재 정권의 이익을 위해서 공무원이 충성하도록 만드는 시도였다는 것입니다. 이렇게 불순한 의도에서 시작된 교사의 참정권 박탈 상황이 여전히 개선되지 않고 있는 점은 반민주적인 제도의 상징이 아직도 살아 있다는 것이고 대한민국의 민주주의가 더욱 발전되지 못하고 있다는 방증입니다.

결론적으로 4.19 헌법이 교사의 참정권을 박탈한 것이 아니라 1963년 12월 17일 자 개정된 국가공무원법이 교원의 참정권을 박탈한 것입니다. 그리고 현재 상태는 대한민국의 민주주의가 회복되지 못하고 있다는 상징 체제입니다. 따라서 결손 상태의 민주주의가 회복되기 위해서 하루빨리 교사와 공무원의 참정권이 적절한 방식으로 회복되어야 할 당위가 있습니다.

교사와 교원단체는 민간정부가 군사 정변으로 인하여 민주주의가 훼손되는 과정에서 박탈당한 참정권을 아직도 회복하지 못하고 있다는 점을 깊이 성찰할 필요가 있습니다. 또한, 교사와 교원단체는 국민을 향하여 이러한 왜곡의 역사를 알리고 민주주의를 확장하기 위하여 교사의 참정권을 확보해야 한다는 점을 더욱 강조해야 합니다.

공직선거법과 정치자금법은 모두 2005년 8월 4일 자로 제정되어 지금에 이르고 있습니다. 공직선거법은 국회의원선거법, 대통령선거법, 공직선거및선거부정방지법을 이어받아 공무원의 출마와 선거운동을 제한하고 있습니다. 정치자금법은 국회의원선거법, 공직선거및선거부정방지법을 이어받아 공무원의 후원회 가입을 금지하고 있습니다. 한 가지 특이한 점은 정치자금법은 공무원의 후원행위를 금지하고 있지는 않으나 국가공무원복무규정이 정당이나 정치인에 대한 후원을 금지하고 있다는 점입니다. 국가공무원복무규정이 현행 국가공무원법과 정치자금법이 제한하지 않은 후원권까지 제한하기 때문에 상위법을 어기는 상황이 될 수 있습니다. 당연하게도 국민의 기본권에 대한 사항은 헌법의 법률유보원칙에 따라 입법으로만 제한해야 하기 때문입니다. 헌법의 법률유보원칙은 국민의 기본권이 이유 없이 훼손되는 것을 방지하기 위하여 공익을 위해 기본권을 제한하는 경우에는 반드시 법률에 유보한다는 것입니다. 함부로 법에 규정되지 않은 권리를 제한하지 못하도록 하는 장치라고 할 수 있을 것입니다. 이런 점에서 국가공무원복무규정이 너무 과도하게 후원권을 제약하고 있지 않은지 살펴보아야 합니다.

헌법소원의
역사

교사의 참정권을 회복하기 위해 헌법소원심판이 지속적으로 이루어졌습니다. 여기에서는 헌법재판소의 판례들 중 교사가 소원을 낸 경우만을 고르도록 하겠습니다. 헌법재판소법에 따르면, 개인은 법률이 영향을 미친 후 일정 기간이 지나게 되면 소원 자격을 잃게 되는데 이런 경우에는 소원이 각하됩니다. 여기서는 소원이 각하되지 않고 기각, 합헌, 위헌으로 판결이 된 경우만 포함하겠습니다. 헌법소원을 검색하는 과정에서 수많은 헌법소원이 각하되고 있었는데 아마도 헌법재판소법을 아는 교사가 그렇게 많지 않기 때문에 헌법소원을 낼 시기를 놓치고 있는 것이 원인인 것 같습니다.

예를 들어 2018헌마222사건은 공직선거법 제60조 제1항 제4호에서 교사가 선거운동을 할 수 없도록 한 것과, 공직선거법 제53조 제1항 제1호에서 공직선거에 출마하기 위해서는 선거일 전 90일까지 의원면직, 즉 사표를 써야 하는 것을 강제하는 것이 헌법을 위배하는 것인지 확인하고자 하였습니다. 그러나 헌법재판소는 소원을 제기한 교사들이 모두 청구 기간을 넘어 버렸다고 하여 각하하였습니다. 판결문에 의하면 소원을 제기한 교사들은 2016년 6월 13일에 실시한 전국동시지방선거에서 상기한 법들로 인하여 선거운동을 할 수 없게 되어서 헌법소원을 제기하였다고 하였습니다. 그러나 헌법재판소법에 따라 헌법소원을 제기한 시점이 이미 1년을 지났기 때문에 본 청구를 각하한다고 하였습니다. 이런 식으로 각하되는 헌법소원이 심사에 돌입하는 소원보다 더 많았습니다. 따라서 이 책에서 다루는 교사의 헌법소원은 매우 적은 부분을 다루고 있다는 점을 지적하며 훨씬 더 많은 노력들이 숨어 있다는 점을 밝힙니다.

따라서 누구든지 헌법소원을 낼 것을 그려보는 사람이라면 다음과 같은 청구 기간을 알고 있는 것이 많은 도움이 될 것입니다. 다음에 제시하는 각종 위헌 심판은 현행 헌법재판소법을 참고하여 작성하였습니다.[12] 역사 속에 나타난 위헌 소원들 중에는 특히 각하와 기각이 많이 나타나는 심판방식이 있습니다.

첫째, 위헌법률심판은 파면이나 해임과 같은 배제 징계 및 처벌을 받은 교사가 징계의 근거가 되는 법률이 헌법을 위배하는지 심판을 청구하는 것입니다. 위헌법률심판으로 법원의 제청을 받은 후에는 헌법재판소의 위헌 여부에 대한 결정이 내려지기 전까지는 법원의 판결이 멈추게 됩니다. 아무래도 긴급한 상황이다 보니 신청인이 법이 요구하는 조건을 맞추지 못할 가능성이 큽니다. 만약 처벌을 받는 교사가 위헌법률심판을 신청하였음에도 해당 법원이 제청을 각하하거나 기각한 경우에는 다음 단계로 헌법소원심판을 청구할 수 있습니다.

둘째, 헌법소원심판은 위헌법률심판처럼 법률이 만드는 공권력의 피해를 받은 당사자가 다음과 같은 기간 안에 청구하는 것입니다. 물론 위헌법률심판 없이 헌법소원심판을 제기할 수 있습니다. 당사자가 기본권 제약을 받는 것을 인지한 날부터 90일 이내에, 그 제약이 시작한 지 1년 이내에 청구해야 합니다. 교사정치기본권찾기연대 단체에서 2018헌마551사건 헌법소원심판을 청구하면서 특수학교 및 유·초·중등 학교에서 임용 발령을 받은 지 1년 이내의 교사를 찾기 위해 갖은 노력을 했던 때가 있었습니다. 교사가 정당 및 정치단체에 가입이 제한되는 때는 임용발령일부터 적용되기 때문입니다. 그렇게 노력했음에도 불구하고 헌법재판소 판결 내용에서는 청구인 일부는 "심판 대상 조항의 적용을 받게 된 날로부터 1년이 경과한 후"이기 때문에 각하한다고 하였습니다. 반면, 2018헌마222사건 헌법소원심판은 공무원이 공직 선거에 출마하기 90일 전에 사직해야 한다는 공직선거법 제53조에 대한 헌법소원에서 기준일은 20대 국회의원 선거일 2016년 4월 13일이었습니다. 따라서 2018헌마222사건의 경우에는 2017년 4월 13일 이전에 해당 법의 위헌 심판을 청구해야 하는 것입니다.

만약, 법원의 판결을 받은 교사가 위헌법률심판을 신청하였음에도 법원의 제청을 받지 못하게 되었다면, 반드시 기각을 통지받은 날로부터 30일 이내에 헌법소원심판을 청구하여야 합니다.

셋째, 권한쟁의심판은 이 책을 읽고 있는 분이 공직의 책임자인 경우에 염두에 둘 만한 일입니다. 권한쟁의심판은 국가기관과 지방자치단체들 사이에 분쟁이 생길 때 헌법재판소에 조정을 청구하는 것입니다. 상대방 기관이 우리 기관의 법률적 권한을 침해한 경우에 당사자가 되어 심판을 청구하게 됩니다. 권한쟁의심판은 그 사유가 있음을 안 날로부터 60일 이내에, 그 사유가 있은 날로부터 180일 이내에 청구해야 합니다.

교원의 참정권을 금지하는 법률들의 위헌성을 따지는 헌법소원심판들을 중심으로 아래와 같이 정리할 수 있습니다.

시간을 거슬러 올라가면, 1990년에 해임당한 차 모 교사 외 107인이 교사의 노동권에 대하여 90헌바27사건 헌법소원심판을 청구하였습니다. 원래 이 사건은 위헌법률심판제청을 신청하였으나 기각되는 바람에 헌법

소청 연도	교육의 정치적 중립	위헌 심판 내용	결과
1990	90헌바27	공무원의 집단행동 금지	합헌
1991	91헌마69	교원의 지방 교육의원 겸직 금지	합헌
2001	2001헌마710	공무원의 정당 가입 및 선거운동 금지	기각
2009	2009헌바298	공무원의 정당 가입 및 선거운동 금지	합헌
		공무원의 정치후원 금지	합헌
		공무원의 출마 금지	합헌
2011	2011헌가18 2011헌바31 2012헌바185 병합	공무원의 집단행위 금지	합헌
		교원노조의 정치행위 금지	합헌
2018	2018헌마550	공무원의 집단행위 금지	기각
2018	2018헌마551	공무원의 정당 가입 금지	기각
		공무원의 정치행위 금지	위헌

소원심판으로 전환한 사례입니다. 당사자들은 교사로서 전국교직원노동조합에 가입하여 활동하여 1990년 현재 국가공무원법 제66조 제1항 "공무원은 노동운동 기타 공무 이외의 일을 위한 집단적 행위를 하여서는 아니된다. 사실상 노무에 종사하는 공무원은 예외로 한다."라는 본문을 위배하여 해임당하였습니다. 이 당시에는 교원노동조합이 불법이었기 때문에 징계를 받았던 것으로 당사자들은 국가공무원법 제66조 제1항이 공무원에 대한 근로기본권 제한, "노동운동" 용어의 불명확성, 노무에 종사하는 공무원과의 형평성 위배, 이렇게 세 가지 위헌적인 요소를 담고 있어서 헌법이 지향하는 기본권 보호, 명확성의 원칙, 평등의 원칙을 위배한다고 보았습니다. 그러나 헌법재판소는 집단행위를 제한한 국가공무원법이 세 가지 원칙 모두를 위배하지 않았다고 보아 합헌 판결을 하였습니다.

90헌바27사건 판결문에서 재판관 변정수는 소수 의견으로 헌법 자신이 공무원의 노동운동을 제한하는 특별유보조항을 넣어서 헌법정신을 이율배반하고 있는 상황을 비판하고, 이 이율배반은 1960년 5·16 군사 정변 이후에 탄생한 박정희 제3공화국 헌법에서 탄생한 모순덩어리라는 사실을 지적하였습니다. 특별유보조항에 대해서는 부연 설명이 필요할 것 같습니다.

1990년 현재 대한민국헌법 제33조 제2항은 법률이 지정하는 공무원만 노동운동을 허용하게 하였기 때문에 특별유보조항이라고 일컬을 수 있습니다. 원래 헌법은 모든 기본권을 허용한 상황에서 각 법률이 공익을 보호하기 위해 제한하도록 일반유보조항을 넣습니다. 결국, 변정수 재판관은 이율배반적이고 모순적인 헌법을 기준으로 국가공무원법의 위헌성을 판결해야 하는 총체적인 모순 상황을 지적한 것입니다.

1991년 다음 해에 면목고등학교에 재직 중인 이 모 교사는 교사의 공무담임권 혹은 출마권에 대하여 91헌마69사건 헌법소원심판을 청구하였습니다. 당사자는 1991년에 지방교육자치법이 시행됨에 따라 교육위원에 출마하고자 하였으나 이 법이 국공립 교원의 겸직을 금지하고 있어서 피해 받았다고 주장하였습니다. 당사자는 지방교육자치법이 초·중등교원의 겸직을 금지하고 있어서 교육의 전문성 침해, 대학 교원과 다른 차별, 공무담임권 침해, 이렇게 세 가지 위헌적인 요소를 담고 있어서 헌법이 지향하는 교육의 전문성 보장, 평등권, 공무담임권을 위배한다고 보았습니다. 그러나 헌법재판소는 직무 전념에 방해가 된다는 점, 대학 교원은 연구가 중심이라는 점, 입후보 단계에서 교직을 유지할 수 있는 점을 들어서 본 사건을 기각 처리하였습니다.

2001년에는 윤 모 교사와 김 모 교사가 교사의 선거운동권과 정당 가입권에 대하여 2001헌마710사건 헌법소원심판을 청구하였습니다. 당사자들은 2002년 6월에 실시될 지방선거에서 정당에 가입하고 선거권을 행사하고자 하였으나 정당법과 공직선거및선거부정방지법이 각각 공무원의 정당 가입과 선거운동을 금지하고 있어서 피해를 받고 있다고 하였습니다. 이 사건은 비록 헌법재판소가 기각한 사건이긴 하지만 본격적으로 교원의 정치적 기본권을 다룬 판례라고 할 수 있습니다.

당사자들은 교사이기 때문에 수업 시간에 정치적 중립을 준수할 필요가 있다고 할지라도 그 이유만으로 정당법에 따라 원천적으로 정당에 가입 및 활동할 수 없게 하는 것은 기본권을 과도하게 침해한다고 주장하였습니다. 또한, 91헌마69사건과 동일한 관점에서 보면서 대학 교원과 차별이 빚고 있는 평등권 침해도 주장하였습니다. 당사자들은 공직선거및선거부정방지법이 교사가 일체의 선거운동을 하지 못하도록 하기에 헌법의 과잉 금지 원칙을 위배하였다고도 보았습니다.

그러나 헌법재판소는 교사가 정당에 가입하지 못하도록 하는 법률과 정치운동을 금지하는 법률은 공무원의 신분을 보장하고 민주주의 및 법치주의의 통치이념에 기여하려는 공무원제도의 본질에 비추어 수단의 목적성을 인정할 수 있고 최소한의 제한적 성격도 만족한다고 보았습니다. 특히 당사자들이 교육활동 외 참정권을 주장하는 것에 반론하며 학생의 미성숙성을 강조하였습니다.

"감수성과 모방성, 그리고 수용성이 왕성한 초·중등학교 학생들에게 교원이 미치는 영향은 매우 크고, 교원의 활동은 근무시간 내외를 불문하고 학생들의 인격 및 기본 생활 습관 형성 등에 큰 영향을 끼치는 잠재적 교육과정의 일부분인 점을 고려하고, 교원의 정치 활동은 교육 수혜자인 학생의 입장에서는 수업권의 침해로 받아들여질 수 있다는 점에서 현시점에서는 국민의 교육기본권을 더욱 보장함으로써 얻을 수 있는 공익을 우선시해야 할 것이라는 점"

헌법재판소는 초·중등 학생이 미성숙하다는 점을 대학교수와는 다르게 초·중등 교사의 참정권을 제한하는 현행 법률의 균형성을 방어하는 논리로 사용하였습니다. 대학 교원은 학문 연구가 중심인 점, 연구에 전담할 수 있는 점, 성인을 대상으로 하는 점 등을 들어 이들에게 충분히 정치적 자유를 주어야 한다고 하였습니다. 결론적으로 헌법재판소는 당사자들이 주장한 법률의 과잉 금지와 평등권 침해에 대하여 기각하였습니다. 안타까운 것은 재판관 어느 누구도 이러한 판단에 대하여 반대하는 자가 없었다는 점입니다.

2009년에는 주경복 서울시 교육감 선거 후보의 선거운동을 돕고 정치자금을 지원한 송 모 교사 외 22인 등 전교조 서울지부 조합원이 당사자가 되어 2009헌바298사건을 청구하였습니다. 당사자들은 교사의 선거운동권과 정치후원권, 출마권을 가로막고 있는 국가공무원법, 공직선거법, 정치자금법, 지방교육자치법이 헌법의 과잉 금지 원칙과 명확성의 원칙을 위배한다고 주장하였습니다. 해당 당사자들은 위에서 제시한 법들을 위반한 혐의를 받아 6명이 해임 징계를 받고 학교를 떠나야 했습니다.[13] 당사자들은 위헌법률심판제청을 법원에 요구하였으나 기각당하자 헌법소원심판을 청구하였습니다.

헌법재판소는 위에서 열거한 여러 법이 목적의 정당성과 수단의 적합성, 피해의 최소성, 법익의 균형성을 모두 갖추어 합헌적이라고 판결하면서 다음과 같이 주장하였습니다. 그러나 이러한 주장은 전형적인 "허수아비 때리기" 논리로서 교사들을 마치 모두 파당적인 존재로 치부하고 아주 철저하게 감시할 불온한 존재이기 때문에 엄격하게 참정권을 제한해야 한다고 몰아갔습니다.

"교육공무원의 선거운동을 허용한다면, 교육공무원의 지위와 권한을 특정 개인을 위한 선거운동에 남용할 소지가 많게 되고, 직무를 통하여 얻은 여러 가지 정보를 선거에 활용할 수 있을 뿐만 아니라 자신의 부하직원을 선거운동에 동원할 염려도 있으며, 자신의 선거운동에 유리한 방향으로 편파적으로 직무를 집행하거나 관련 법규를 적용할 가능성도 있는 등, 그로 인한 부작용과 피해가 선거 결과에 지대한 영향을 미치게 될 것이다."

2011년에 나타난 2011헌바42사건은 비록 정당 가입권을 인정하지는 않았으나 주목할 만한 소수 의견이 나왔습니다. 결론적으로 보면 전교조 위원장이었던 정 모 등 당사자들은 법원의 무죄 판결이 보증하듯 민주노동당 당원으로 활동하지 않았음에도 검찰이 무리하게 기소를 한 것이었습니다.[14] 그러나 당사자들은 공무원의 정당 가입을 금지하는 정당법과 국가공무원법이 헌법의 과잉 금지 원칙과 평등 원칙을 위배하였다고 헌법소원 심판을 청구하였습니다.

헌법재판소는 2011헌바42사건을 합헌으로 판결하였으나 4명의 재판관은 소수 의견으로 제시하면서 교사가 정당에 가입한다고 하여 공무의 정치적 중립을 훼손한다고 볼 수 없다며 위헌 의견을 냈습니다. 또한, 당적을 갖는 교사가 교실에서 파당적인 의견을 전파할 것이라 보는 것은 논리적 비약으로 대학 교원과의 형평성에도 어긋난다고 보았습니다. 대학 교원은 비교적 자유로운 교육과정을 운영하기 때문에 국가 교육과정을 운영하는 초·중등 교사보다 훨씬 더 정치적 중립성이 요구되는 직종이라며 헌법의 평등권이 침해된다고 보았습니다.

2011헌가18사건, 2011헌바32사건, 2012헌바185사건은 모두 병합하여 처리하였는데, 이 배경에는 교사의 시국선언이 있었습니다. 이 사건들의 당사자들은 이명박 정부의 독선적 정국 운영을 비판하고 대통령의 사과와 국정 쇄신을 요구하는 시국선언을 주도한 것에 대하여 각각 경상북도 교육감, 서울시 교육감, 부산시 교육감으로부터 정직 처분 등을 받았고 위헌법률심판 제청과 헌법소원심판 과정을 거치게 되었습니다. 헌법재판소는 집단행위를 금지한 국가공무원법 제66조 제1항과 정치운동을 금지한 교원노조법 제3조 모두 헌법을 위배하지 않았다고 판결하였습니다.

이 병합된 사건에서 헌법재판소는 국가공무원법에서 말하는 "공무 외의 일을 위한 집단행위"를 언론·출판·집회·결사의 자유, 국가공무원법의 공익성, 공무원의 봉사자성을 해치는 행위로 해석하였습니다. 따라서 국가공무원법이 말하는 집단행위는 "공익에 반하는 목적을 위하여 직무 전념 의무를 해태하는 등의 영향을 가져오거나 공무에 대한 국민의 신뢰에 손상을 가져올 수 있는 공무원 다수의 결집된 행위"입니다. 물론, 공무에 대한 국민의 신뢰에 손상을 가져올 수 있는 결집된 행위인지 아닌지를 판단하는 것이 매우 모호할 가능성이 있으나 공익성과 성실성에 위배되지 않는 집단행위의 가능성을 열어두었다는 점에 의의가 큰 해석입니다.

사실 민주주의 사회에서 개인의 목소리는 사회적 공론장 안에서 지지받아야 실현될 가능성이 커집니다. 따라서 이 병합된 사건 판결문에 담긴 "공무 외의 일을 위한 집단행위"는 교사의 목소리 또한 결집하여야만 반영될 가능성이 있는 점, 교사도 사회 공익을 위한 집단행위가 가능하다는 점을 인정하는 것이라 할 수 있습니다.

이 병합된 헌법소원심판들과는 별개로 시국선언에 참여한 교사의 처벌을 소개합니다. 2013년에 가서야 대법원 확정판결을 받게 되는데, 대법원은 단순히 시국선언에 참여했다는 이유로 중징계를 내릴 수 없다고 보았습니다.[15] 이 과정에서 교육과학기술부 장관이 요구한 중징계를 유보한 김상곤 경기도 교육감을 고발하는 사건도 벌어집니다. 결국, 대법원은 김상곤 경기도 교육감에게 집행 이행 명령을 내린 교육과학기술부 장관의 잘못을 인정하였습니다.[16]

2018년에는 교사정치기본권찾기연대에 소속된 교사들이 당사자가 되어서 집단행위권, 정당 및 정치단체 활동권을 확보하기 위하여 헌법소원심판을 청구하였습니다. 이 당시 교사정치기본권찾기연대의 공동대표로 활약한 강신만과 곽노현은 헌법재판소 재판관의 인적 구성이 진보적이어서 위헌결정을 크게 기대하였습니다. 이에 거의 60년 동안 묶여 있었던 교사의 정치기본권을 확보할 수 있는 절호의 기회로 판단한 것입니다. 또한, 2018년 3월에 문재인 대통령이 국회에 제출한 개헌안에는 공무원의 근무시간 외 정치기본권을 확보하는 안이 담겨 있어 더욱 큰 기대를 품게 되었습니다. 저도 교사정치기본권찾기연대에 참여하여 국회 정론관에서 기자회견을 하고 헌법재판소를 방문하여 헌법소원심판 청구서를 제출하는 자리에 함께 있었기 때문에 그때의 분위기를 잘 기억하고 있습니다.

2018헌마550사건은 국가공무원법 제66조 제1항 "공무 외의 일을 위한 집단행위"가 교사인 당사자들의 집단 행위권을 침해하고 있다고 주장하였습니다. 당사자들은 헌법재판소에서 해석하는 틀인 "공익에 반하는 목적"과 "직무 전념의 의무 해태"가 명확하지 않고 포괄적으로 집단행위를 제한하고 있으므로 헌법의 명확성 원칙과 과잉 금지 원칙을 위배한다고 주장하였습니다. 그러나 헌법재판소는 공익의 의미가 특정 집단의 이익이 아니라 사회 일반의 이익을 지칭하는 것이고, 직무 전념은 국민에 대하여 책임을 지고 불편부당하게 공무를 수행하는 것을 지칭하므로 명확하다고 결정하였습니다. 또한, 집단행위에 대해서도 공익에 반하는 목적과 직무 전념의 의무를 해태하는 행위로 법 집행자가 제한하여 적용하고 있기에 과잉 금지하고 있지 않다고 하였습니다.

　　그러나 법 집행자, 즉 여기에서는 정부가 보기에 공무원이 어떻게 해야 직무 전념의 의무를 해태하는지 판단하기 어렵습니다. 또한, 법 집행자가 논란이 있는 사회 현안에 대해 어떤 주장이 공익적인지 판단하기도 어렵습니다. 따라서 대상이 되는 국가공무원법 제66조 제1항은 명확성과 과잉 금지 원칙을 위배한 것으로 보입니다. 또한, 근무시간 내외를 막론하고 일체의 집단행위를 금지한 것은 최소성의 원칙에도 위배되는 상황으로 보입니다. 법이 헌법의 최소성을 지키려 한다면 교사가 공무원으로서 공적인 영역 안에서 이루어지는 집단행위만을 금지해야 할 것입니다. 사적 생활에서 이루어지는 의사 표현 자유에 대한 금지는 근본적인 기본권을 침해하는 것이기 때문입니다.

　　이러한 논란에도 불구하고 2018헌마550사건에 대해서 헌법재판소는 청구 기간이 넘어 청구권을 잃은 당사자 두 명의 청구는 각하하였고, 나머지 당사자들의 청구에 대해서는 기각으로 판결하였습니다.

2018헌마551사건은 교사의 정당 가입권과 정치단체 가입권을 금지하고 있는 정당법 제22조 제1항 단서 제1호와 국가공무원법 제65조 제1항에 대하여 헌법소원심판을 하였는데, 결과는 흥미롭게도 위헌, 기각, 각하, 세 가지가 모두 나왔습니다.

각하가 나온 이유는 심판청구를 한 당사자가 청구 기간을 도과하였기 때문이고, 기각은 정당 가입을 막은 정당법 제22조 제1항 단서 제1호에 대해서 앞서 결정한 판례들의 견해를 바꿀 이유가 없기 때문이었습니다.

헌법재판소는 국가공무원법 제65조 제1항에서 "그 밖에 정치단체"가 지칭하는 것이 무엇인지 명확하지 않다고 하였습니다. 헌법이 공무원에게 요구하는 정치적 중립성을 위배하는지 법률이 불명확하게 되면 당사자의 행위를 위축시키고 법 집행자의 재량이 커지게 되어 죄형법정주의에 위배된다고 하였습니다. 말하자면 교사는 모든 단체에 가입을 앞두고 위축되며 법에 따른 처벌이 아니라 법 집행자의 재량에 따라 처벌을 받는 상황에 이르게 된다는 것입니다. 이런 법의 불명확성은 교사의 의사 표현 및 결사의 자유가 심대하게 훼손될 수단으로 작용할 수 있습니다.

헌법재판소가 "그 밖에 정치단체"의 명확성을 더욱 세심하게 살핀 이유가 있습니다. 국가공무원법 제84조 제1항은 정당이나 정치단체에 가입한 공무원을 3년 이하의 징역과 3년 이하의 자격정지에 처할 수 있도록 합니다. 즉, "그 밖에 정치단체"가 무엇인지에 따라 형벌이 결정되는 것이므로 수범자가 법이 요구하는 것이 무엇인지 이해할 수 있을 만큼 명확해야 한다는 것입니다. 결론적으로 국가공무원법 제65조 제1항은 위헌입니다.

헌법재판소 판결의
경향성

헌법재판소의 판결은 대부분 기각이나 합헌입니다. 그만큼 대상이 되는 법률들이 헌법이 요구하는 입법목적의 정당성, 수단의 적합성, 침해의 최소성, 법익의 균형성, 평등성 등을 준수한다는 판단일 것입니다. 다음에서는 헌법재판소가 대상 법률들에 대해 어떤 입장인지 간단히 정리해 보았습니다.

첫째, 헌법재판소는 입법목적의 정당성에 대해서는 대부분 교사의 기본권을 제한하는 법률이 정치적 중립성을 보호하기 위해 필수 불가결하다는 입장입니다. 둘째, 수단의 적합성에 관해서 해당 법률이 제한하는 방법이 적합하고 다른 방식을 찾기 어렵다는 입장입니다. 예를 들면 교사의 정당 가입권을 제한하는 것은 정파적인 정당의 영향력을 효과적으로 방지할 수단이고 그 외 다른 방법으로 파당성을 억제할 방법이 없다고 보는 입장입니다. 셋째, 침해의 최소성에 대해서는 공무원의 정치적 중립성을 달성하기 위해 최소한의 제한을 한다는 입장입니다. 예를 들면 정당 가입을 금지하기는 하지만 개인적인 지지 의사를 표명할 수 있다는 점을 들어 합헌적이라고 합니다. 넷째, 법익의 균형성은 국민, 공무원, 학생, 국가 등이 갖게 될 공익이 균형을 갖추었다고 보는 입장입니다. 예를 들면 정당 가입을 금지하게 되면 국가와 국민의 신뢰, 공무원 사회의 안정, 학생의 안전한 학습권 등을 보장할 수 있게 된다는 것입니다. 다섯째, 평등성은 법률이 비슷한 직업, 신분, 성별 등을 대할 때 합리적인 차별 근거를 가지고 대하고 있다는 입장입니다. 특히, 대학 교원과 초중등 교사를 차별적으로 대하고 있는 것은 대상 학생이 다르고 법적으로 하는 일이 다르기에 정당하다는 것입니다.

행정과 정치의 분리주의

헌법재판소는 행정과 정치의 분리주의를 유지하는 것을 헌법정신으로 보고 있습니다. 2018헌마551사건을 다룬 판결문은 공무원의 정당 가입 금지 조항의 합헌성을 다음과 같이 강조하였습니다.

"이 사건 정당 가입 금지 조항은 국가공무원이 정당에 가입하는 것을 금지함으로써, 공무원의 정치적 중립성을 확보하여 공무원의 국민 전체에 대한 봉사자로서의 근무 기강을 확립하고, 나아가 정치와 행정의 분리를 통하여 공무집행에서의 혼란의 초래를 예방하고 국민의 신뢰를 확보하여 헌법상 직업공무원 제도를 수호하려는 목적을 가진다."

헌법재판소의 입장은 최동훈(2012)[17]의 분류에 의하면 공무원의 정치적 중립성의 여러 모형 중에서 충성 중시형과 비당파성 중시형만을 강조한 입장이라고 할 수 있습니다. 그러나 공공가치론적 공무원은 필요하다면 정책 결정에도 공익을 위해 참여하는 전문성을 보여야 하는 존재입니다. 현 정권이 결정하는 모든 정책이 국민의 공익을 더 높인다는 보장은 할 수 없고 정책을 집행하는 단계에서 예상치 못한 결과를 초래할 수도 있는 것입니다. 행정을 정치로부터 독립적으로 유지하고자 하는 것은 행정을 정치의 시녀로 만들고자 하는 것이 아닙니다. 오히려 행정의 독립성과 전문성을 부여하여 국민의 공익을 보장하려고 노력하는 모습이 중요할 수 있습니다. 물론 행정의 정치적 중립성을 존중합니다만 헌법재판소가 맹목적으로 고집스러운 태도를 유지하는 데에는 반성이 필요합니다.

공무와 사적인 삶의 혼재

헌법재판소는 여러 차례의 판결에서 공무를 처리하는 공무원의 모습과 사적인 삶을 영위하는 영역을 일부러 구분하지 않는 듯한 태도를 보입니다. 마치 정치성이 전염병이라도 되는 것처럼 대하는 것 같습니다. 정치에 전염된 공무원은 공무를 집행할 때나 개인적인 정치 신념을 표현할 때를 구분하지 못하고 전염 증세를 나타낼 것처럼 호도합니다. 헌법재판소는 공무원의 정당 가입을 금지한 국가공무원법을 옹호하면서 직무 내외를 구분하기 어려울 것이라 말합니다.

"공무원의 정당 가입이 허용된다면, 공무원의 정치적 행위가 직무 내의 것인지 직무 외의 것인지 구분하기 어려운 경우가 많고, 설사 공무원이 근무시간 외에 혹은 직무와 관련 없이 정당과 관련한 정치적 표현행위를 한다고 하더라도 공무원의 정치적 중립성에 대한 국민의 기대와 신뢰는 유지되기 어렵다. 나아가 공무원의 행위는 근무시간 내외를 불문하고 국민에게 중대한 영향을 미친다고 할 것이므로, 직무 내의 정당 활동에 대한 규제만으로 공무원의 근무 기강을 확립하고 정치적 중립성을 확보하는 데 충분하다고 할 수 없다."

그러나 해외 유력한 OECD 선진국 대부분에서 교사의 정치기본권을 허용하고 있음에도 문제없이 유지되는 점을 고려한다면 우리 사회도 공무원과 교사의 시민성과 공직윤리를 신뢰해야 할 것입니다. 우리나라의 공무원만 턱없이 낮은 시민성과 공직윤리관을 가지고 있다고 볼 만한 근거는 없습니다. 교사가 특정 정당에 가입한다고 해서 학교의 공무 활동 중에 파당적으로 행동할 수는 없습니다. 이미 헌법과 교육기본법으로 요구하고 있는 비파당성을 어길 이유가 무엇이겠습니까?

민주적인 정권 교체와 민주 정부가 안정적으로 통치하고 있는 이 시대에는 학생과 보호자의 민주 의식이 매우 높기에 헌법재판소의 염려는 사실상 기우입니다. 만약 교사가 학생들에게 근무시간 중에 정치색을 드러낸다면 강력한 민원과 저항에 부딪힐 것입니다. 퇴근 후라고 할지라도 학생에게 어느 후보나 정당을 지지하는 문자, SNS, 전화 통화를 한다면 학생은 그가 접하는 수많은 의견 중의 하나일 뿐이라고 여기고 말 것입니다. 헌법재판소는 21세기 학교의 학생과 보호자를 만나보지 않고 과거 특별권력관계의 교사와 학생 관계를 설정한 후에 교사가 학생에게 미치는 수직적 정치적 영향력을 제거하기 위하여 원천적으로 참정권을 금지한 법률들의 손을 들어준 것입니다.

소수 의견이 분분한 정당 가입권

헌법재판소의 판결들 중에서 유독 소수 의견이 많은 판결이 있습니다. 공무원의 정당 및 정치단체 가입을 금지한 국가공무원법 제65조 제1항과 정당법 제22조 제1항에 대한 헌법소원심판의 판결은 판결문 자체에서 대립하는 의견들이 병렬되어 있습니다. 그만큼 재판관들 사이에서 논란의 중심에 있다는 의미겠지요. 반면, 공무원인 교사가 능동적으로 선출직 공무원이 되어 정치에 관여하는 것을 금지하는 것에 대해서는 헌법재판소의 판결이 매우 분명하게 합헌이라고 합니다.

헌법재판소가 이런 태도를 보이는 정확한 이유를 알 수는 없으나 충분히 가늠해 볼 수는 있습니다. 첫째, 헌법재판소는 공무원의 참정권 중에서 직접 정치에 참여하는 것에 대해서는 망설임 없이 법률의 합헌을 선언하지만, 정당 가입과 정치단체 활동과 같이 간접적으로 참여하는 방식에 대해서는 망설이는 것 같습니다.

둘째, 공무원의 정당 가입과 정치단체 활동이 국민 전체에게 직접적 영향을 주지는 않을 것이기 때문입니다. 당장 정당에 가입한다고 해서 급격하게 정치적 중립성을 저해할 공무원이 많지 않을 것입니다. 반면, 공무원이 선출직 공무원이 되는 것은 국민 전체에게 직접 영향력을 미치는 행위이기 때문입니다.

셋째, 직접 정치인이 되는 것은 일반 국민에게도 드문 일이지만 정당이나 정치단체에 가입하는 것은 일반 국민도 많이 참여하는 방식이기에 헌법재판소가 망설이는 것 같습니다. 또한, 해당 법률이 그만큼 많은 수의 공무원의 참정권을 가로막기 때문일 것 같습니다.

교육의 정치적 중립과 공무원의 정치적 중립 혼재

헌법재판소는 교육의 정치적 중립성과 공무원의 정치적 중립성을 섬세하게 구분하지 못하고 있습니다. 어느 때는 교사이기에 필요한 중립성을 말하다가 다른 때에는 공무원의 정치적 중립성을 말하는 이중적인 모습을 보입니다. 다시 한 번 힘주어 말하지만 교육의 정치적 중립성은 교육기본법을 통해 실현되고 있습니다. 이어서 교육기본법의 정치적 중립은 학교의 교육과정을 중립적으로 운영하는 것으로 완성되는 것입니다.

반면, 공무원의 정치적 중립성은 이제까지 논의한 다양한 법률들, 국가공무원법, 정당법, 공직선거법, 정치자금법 등을 통하여 실현되고 있습니다. 그럼에도 불구하고 헌법재판소는 공무원의 정치적 중립성을 논하는 판결문에도 거리낌 없이 교육의 정치적 중립성을 근거로 사용합니다.

2001헌마710사건은 정당 가입을 금지하는 정당법과 선거운동을 금지하는 공직선거법의 위헌 여부를 가리는 심판이었습니다. 그러나 이 판결문에서 교사가 정당에 가입할 수 없는 이유를 설명하며, "교육은 그 본질상 이상적이고 비권력적임에 반하여 정치는 현실적이고 권력적이기 때문에 서로 일정한 거리를 유지하는 것이 바람직한 까닭이다."라고 서술하였습니다. 이는 교사의 정당 가입권과 선거운동권을 금지하는 정당법과 공직선거법이 마치 헌법상 교육의 정치적 중립성을 실현하는 것처럼 설명합니다. 하지만 정당법과 공직선거법은 엄연히 헌법상 공무원의 정치적 중립을 실현하는 법률들입니다.

또 다른 곳에서는 특정 정당에 가입한 교사가 아래와 같이 파당적인 교육과정을 운영할 것이라 예측하고 있습니다. 교사 개인의 삶에서 특정 정당에 가입한다고 해서 무분별하게 파당적 교육과정을 운영한다는 전제 자체가 우습기도 하지만, 공무원의 정치적 중립성을 논하는 마당에 교육의 정치적 중립성을 끌어들이는 논리가 있어 안타깝습니다. 교육을 이끄는 교사의 전문성과 자율성에 대한 존중이 아쉬운 대목이기도 합니다.

"감수성과 모방성, 그리고 수용성이 왕성한 초·중등 학교 학생들에게 교원이 미치는 영향은 매우 크고, 교원의 활동은 근무시간 내외를 불문하고 학생들의 인격 및 기본 생활 습관 형성 등에 큰 영향을 끼치는 잠재적 교육과정의 일부분인 점을 고려하고, 교원의 정치 활동은 교육수혜자인 학생으로서는 수업권의 침해로 받아들여질 수 있다는 점에서 현시점에서는 국민의 교육기본권을 더욱 보장함으로써 얻을 수 있는 공익을 우선시해야 할 것이다"

정치적 중립성이 영향을 미치는 영역이 교육과정과 교육행정으로 나누어져 있다는 점을 인식하지 못한 가장 극적인 예가 초·중등 교사와 대학 교원과의 차별입니다. 교육과정을 펼치는 면에 있어서 정치적 중립을 지키는 것은 교실과 강의실 모두에서 함께 지켜져야 할 교수자의 의무입니다. 그리고 이것은 교육기본법이 보장하고 있는 것입니다. 따라서 교육을 받는 대상이 초등 혹은 중등의 학생이든지 대학생이든지에 상관없이 교육의 중립성은 지켜져야 할 것입니다. 학교 교실과 강의실을 가릴 것이 없이 지켜져야 할 원칙입니다.

그런데도 헌법재판소는 교실과 강의실의 정치적 중립을 공무원의 정치적 중립에서 찾으려고 하는 잘못된 시각을 갖고 있습니다. 헌법재판소는 초·중등 교사는 공무원의 정치적 중립성을 더 강화해야 교실 안에서 대학교수보다 강한 교육의 중립성을 확보할 것이라는 식의 오해를 보여줍니다. 그러나 국가가 검증하는 교육과정 체제를 갖추지 못하고 있는 대학 교육의 상황을 고려할 때 대학 교원에게 더욱 정치적 중립성을 요구해야 하는 것이 맞는 것이 아닐까요?

교육행정을 수행하면서 정치적 중립성을 갖추는 것도 초·중등 교원과 대학 교원 모두 갖추어야 할 원칙일 뿐입니다. 교육의 정치적 중립이라는 면과 마찬가지로 공무원의 정치적 중립이라는 면도 초·중등 교원과 대학 교원을 차별할 이유가 되지 못합니다. 따라서 대학 교원에게 참정권이 부여된다면 당연히 초·중등 교원에게도 참정권이 부여되어야 할 것입니다.

국가공무원복무규정 헌법소원 부재

이제까지 헌법재판소가 어떤 입장에 서 있는지 그동안의 판결을 종합하여 살펴보았습니다. 그 안에서 한 가지 사각지대를 볼 수 있습니다. 위헌법률소송이든지 헌법소원심판이든지 하는 의견 모두 정치후원을 금지하는 국가공무원복무규정에 대해서는 한 번도 다루지 않았습니다.

2022년 2월 현재 공무원의 정치후원권을 금지하고 있는 국가공무원복무규정 제27조 제2항 5호에 대한 헌법소원은 아직 이루어지지 않고 있습니다. 이 규정은 국가공무원법 제65조 제4항에 나타난 위임 조항에 따라 효력을 갖습니다. 그런데 국가공무원법은 공무원의 정치후원을 금지하고 있지 않습니다. 참고로 정치자금법은 구체적으로 공무원이 후원행위를 막고 있지는 않고 다만 공식적인 후원회에 가입할 수 없도록 하고 있습니다.

국가공무원복무규정 제27조 제2항 제5호는 국가공무원법보다 더 엄격하게 특정 정당이나 정치단체를 후원하는 행위를 금지하였습니다. 그런데 국가공무원법이 공무원의 후원을 금지하지도 않았고, 정치자금법이 후원행위를 금지하지 않은 마당에 행정부 규정으로서 공무원의 후원행위 자체를 금지하고 있는 국가공무원복무규정은 과도하게 기본권을 침해한 것이 아닌지 따져 볼 필요가 있습니다.

특히 헌법이 부여한 국민의 기본권을 제약하는 것은 헌법이 제시한 법률유보원칙에 맞아야 합니다. 정치후원행위는 국민의 정치적 기본권으로 보는 것이 맞을 것입니다. 국가공무원법과 정치자금법은 정치후원행위에 대하여 시행령에 구체적인 사항을 밝히도록 명문화하지도 않았습니다. 따라서 현재 정치후원행위를 금지하고 있는 국가공무원복무규정은 헌법의 법률유보원칙을 위배했을 가능성도 제기됩니다.

물론 공무원의 정치적 중립성은 정치와 행정을 분리하려는 헌법의 취지를 보장하려는 방법론이라는 것을 인정합니다. 그러나 공무원의 정치후원행위를 금지하는 것이 국민의 공익을 향상한다는 직접적 근거가 있어야 합니다. 법률로 국민의 기본권을 제약하는 것이 정당한 까닭은 이러한 제약이 국민 모두의 공익을 향상하는 것으로 믿기 때문입니다. 그런데 공무원의 정치후원행위를 금지하는 것이 구체적으로 국민의 공익과 연결되지 않는다면 어떻게 될까요? 실제로 어떤 정치인이나 정당을 후원하는 공무원이 자신의 직무를 편파적으로 수행하여 해당 정치인이나 정당에게 유리하게 운영할 수 있을까요? 만약 그러한 편파적 공무를 수행하는 자가 있을까 걱정된다면 그러한 권한을 가진 고위 공무원의 정치후원행위를 금지하는 것이 맞지, 모든 공무원의 정치후원행위를 무분별하게 금지하는 것이 정당할까요? 도대체 교사가 하는 공무가 어떻게 어떤 정치인이나 정당에게 편파적인 영향을 끼칠 수 있을까요? 교원 공무의 성격상 정치적 편파성을 발휘하기 어려운 지위에 있음에도 불구하고 국가공무원이라는 이유만으로 정치후원행위를 금지하는 것이 정당한가요? 공무원의 정치후원 금지로 얻는 공익과 잃는 기본권이 얼마나 균형을 갖추고 있는지 법익 균형성을 살펴보아야 합니다.

그래서 국가공무원복무규정 제27조 제2항 제5호가 헌법정신을 위배하는지 따져보아야 합니다. 첫째, 이 행정부 규정이 헌법의 과잉 금지 원칙을 위배하였는지 따져보아야 합니다. 둘째, 이 행정부 규정이 헌법의 법률유보원칙을 위배하였는지 따져보아야 합니다. 셋째, 이 행정부 규정이 법익의 균형성을 충족하는지 따져보아야 합니다.

참고문헌

1) 법제처 (2022.1. 검색). 국가법령정보센터. [Online] https://www.law.go.kr/LSW/main.html.

2) 매일경제(2022.1. 검색). 민주노동당 후원금 낸 교사·공무원에 벌금형. [Online] https://www.mk.co.kr/news/society/view/2011/01/58279/

3) 헌법재판소 (2022.1. 검색). 공무원의 집단행위와 교원노조의 정치활동 금지 사건(2011헌바32). [Online] https://www.ccourt.go.kr/site/kor/ex/bbs/View.do?cbIdx=1106&bcIdx=941683

4) 법률신문(2014.5.16.). '민노당 후원 교사' 첫 유죄 확정(대법원2012도12867). [Online] https://m.lawtimes.co.kr/Content/Case-Curation?serial=84615

5) 국가법령정보센터 (2022.1. 검색). 공직선거법. [Online] https://www.law.go.kr/LSW/main.html.

6) 한겨레(2020.12.22.). '촛불교사' 백금렬 씨 1심 자격정지형 … "소리꾼 길 가렵니다". [Online] https://www.hani.co.kr/arti/area/honam/975448.html.

7) 헌법재판소 (2020.1. 검색). 교원의 정당 및 정치단체 결성·가입에 관한 위헌 확인(2018헌마551). [Online] https://www.ccourt.go.kr/site/kor/ex/bbs/View.do?cbIdx=1106&bcIdx=941813

8) 정부입법지원센터 (2022.1. 검색). 정부 입법현황: 국가공무원법. [Online] https://www.lawmaking.go.kr/lmSts/govLm/2000000280026/detailRP

9) 홍석노 (2008). 「교육제도 법정주의의 헌법적 의미와 성격(기능)」. 안암법학, 27, 39-68.

10) 최상옥, 박성민 (2012). 「2012 경제발전경험모듈화사업: 한국 직업공무원제도의 정착」. 기획재정부.

11) 정은균 (2017). 『학교 민주주의의 불한당들』. 서울:살림터.

12) 국가법령정보센터 (2022.1. 검색). 헌법재판소법. [Online] https://www.law.go.kr/법령/헌법재판소법

13) 교육희망 (2020.4.23.). 해직 상태로 정년 맞은 ○○○선생님을 만나다. [Online] https://news.eduhope.net/22230

14) 한겨레 (2011.1.27.). 낙인찍힌 '정치 검찰' … '멍에 벗은' 전교조. [Online] https://www.hani.co.kr/arti/PRINT/460918.html

15) 한겨레 (2013.12.31.). 대법 "시국선언만으로 교사 중징계 못 해". [Online] https://www.hani.co.kr/arti/society/society_general/617853.html

16) 경향신문 (2013.6.27.). '시국선언 교사 징계 유보' 김상곤 경기교육감 무죄 확정. [Online] https://m.khan.co.kr/national/court-law/article/201306271100061

17) 최동훈(2012). 「한국 공무원의 정치적 중립 개념 인식. 주관성 연구」. 24, 63-83.

6장

교사 참정권에
이르는 길

이번 장에서는 교사가 참정권을 확보하는 방법을 세 가지 차원에서 정리하려고 합니다. 첫째, 입법적인 차원에서 현재 공무원의 정치적 중립이라는 면에서 과도하게 금지하고 있는 여러 법을 개정하는 노력이 필요합니다. 둘째, 사회에 대한 요구 전략 차원에서 정당 가입권, 단체행동권, 선거운동권, 후원권, 출마권 등 다양한 참정권의 경중과 시급성을 기준으로 단기적 목표와 장기적 목표를 구분해 보고자 합니다. 셋째, 시민운동 차원에서 교원단체들이 참정권 회복을 위하여 실천할 방법을 제안하고자 합니다.

법률 개정을 통한
헌법적 정치 중립 의미 회복

1987년에 개정한 헌법은 제7조 제2항에서 "공무원의 신분과 정치적 중립성은 법률이 정하는 바에 의하여 보장된다."라고 선언하고 있습니다. 이에 따라 국가공무원법, 정당법, 공직선거법, 교원노조법 등에서 교원의 참정권을 제약합니다. 그러나 수많은 연구자는 교육의 정치적 중립성은 교원의 참정권 제약을 통해 달성되는 것이 아니라 교육이 정당에 독립적으로, 집권 세력에게 직접 통제받지 않도록, 전문적 노력을 통해 보편성과 공정성을 보장하는 것이라고 말하고 있습니다. 그중에서 배소연(2020)은 「교육의 정치적 중립성의 헌법적 의미 회복을 위한 비판적 검토」라는 연구물에서 다음과 같이 밝힙니다.

> "헌법공동체를 유지하고 발전시킬 책임 있는 미래 세대는 정치교육을 포함한 교육을 받을 권리를 가지므로, 교육 영역에서 정치적 요소를 배제하거나 논란이 될 수 있는 주제를 다루지 않는 소극적인 방법만을 고수하는 것은 교육의 정치 중립성의 헌법적 가치를 최대한 보장한 것으로 보기 어렵다."[1]

이는 제가 2장에서부터 4장까지 다룬 내용과 일맥상통합니다. 교육의 정치적 중립성을 보장하면서도 교사의 정치적 기본권을 보장하도록 법률을 개정하려면 다음과 같은 기본원칙을 두어야 할 것입니다.

첫째, 교육의 정치적 중립성과 공무원의 정치적 중립성을 구분하여 다루어야 합니다. 교육의 정치적 중립성은 교육 관련 법을 개정하여 보완합니다. 반면, 공무원의 정치적 중립성은 국가공무원법과 기타 여러 법을 손질하여 다룹니다. 학교의 정치적 중립성을 보장하기 위해서는 교사의 참여적 중립성을 보장해야 하고, 외부 정치 세력이 학교의 교육과정 중립성을 침해하지 않도록 보완할 필요가 있습니다.

둘째, 공무원의 정치적 중립성은 공무를 수행하는 것에 한정하여 규정합니다. 정당 활동, 정치후원, 단체행동, 선거운동 등 명확히 공무 외 가능한 활동에 대해서는 일반 시민 수준으로 허용해야 합니다.

셋째, 일반 공무원뿐만 아니라 정무직, 별정직 등 정치적 영향력에 따라 다양한 성격의 공무원이 있는 현실을 참작하면 정무적 성격의 직무를 담당하는 공무원에 대해서는 적절한 한계를 둘 필요가 있습니다. 이에 대해서는 사회적 공론화 과정이 필요하다고 봅니다. 어느 직위까지 혹은 분야까지 참정권에 제한을 둘 것인지 법익의 균형성을 따져야 할 것입니다.

이미 21대 국회에서 더불어민주당 강민정과 민형배 의원 등 여러 의원이 발의한 입법안들이 있습니다. 어떤 안은 총체적인 면을 건들지 않고 시급한 국민경선 차원의 선거참여권을 회복하는 것을 제안하기도 하고,[2] 다른 안은 여러 안을 모아서 포괄적으로 참정권을 요구하는 것도 있습니다.[3] 저는 정당의 이해관계와 현재 정세로부터 한 걸음 물러나서 교사의 참정권, 정당 가입 및 정치단체 참여권, 정치후원권, 출마권, 단체행동권 각각을 온전히 회복하려면 법률의 어느 부분을 조정해야 할지 제시하는 수준으로 제안하고자 합니다.

교사와 학교는 정치 중립적 교육을 실현할 주체로서 학생이 정치적 입장을 자유롭게 세울 수 있도록 개방적인 교실 풍토와 학교 문화를 만들어야 합니다. 교사와 학교는 파당성과 정치 외압을 거부하고 교육과정을 중립적으로 운영하면 됩니다. 교사는 근무시간 외에는 일반 국민처럼 참정권을 갖도록 법률을 개정하면 됩니다. 다음에 언급할 법률 제안들은 교원을 중심으로 규정해 보겠습니다. 비록 교원과 공무원이 묶여서 제한받는 상황입니다만 이 책에서는 교사의 참정권만을 중심으로 논의합니다.

교육기본법 제6조는 현행대로 교육의 정치적 중립성을 충실히 규정하고 있습니다. 그러나 학교가 정치 외압을 적극적으로 방어할 수 있는 권한을 줄 필요가 있습니다. 국회는 교육기본법 제6조를 개정하여 정당 및 정치단체, 언론이 정치 외압을 가할 때 학교장이 고발할 수 있는 권한을 부여하여야 합니다.

국회는 국가공무원법, 정당법, 공직선거법, 정치자금법, 교원노조법을 고쳐야 합니다. 국가공무원법 제65조를 고쳐서 "공무 수행 중"이라고 범위를 명확히 제한하면 됩니다. 국가공무원법 제66조의 집단행위에 대해서 명확히 규정할 필요가 있습니다. 헌법재판소는 집단행위를 공익에 반하고 직무를 해태하는 경우만을 규정하였습니다. 따라서 제66조의 내용에 이러한 사항을 명확히 규정할 필요가 있습니다. 물론 여기에는 공무원이 헌법상 국민의 봉사자라는 점, 최소 금지의 원칙, 다른 노동자와의 형평성을 참작하여 아래와 같이 제안해 보았습니다.

국회는 정당법 제22조의 제1항 제1호와 제2호, 제3호를 삭제하여서 국공립학교와 사립학교에 근무하는 교원의 정당 가입을 허용해야 합니다. 교원이 정당에 가입하게 되면 정치자금법 제8조에 의거하여 자동적으로 후원권이 회복됩니다.

공직선거법 제9조 제1항과 동법 제60조를 개정하여 "공무 수행 중"으로 제한하여 규정하여야 합니다. 공직선거법 제85조는 "공무원 등 선거 관여 금지"에 대한 것으로 공무원에 대한 금지 사항은 동법 제9조 및 제60조와 중복됩니다. 따라서 제1항과 제2항은 삭제하는 것이 바람직합니다. 제86조를 변경하여 학교에서 정치교육과 선거교육을 할 수 있도록 예외를 두어야 합니다.

공직선거법 제53조의 제1호와 제7호를 삭제하여서 국가공무원 및 지방공무원, 그리고 사립학교 교원이 퇴직하지 않고도 출마할 수 있도록 변경하여야 합니다.

국회는 교원노조법 제3조를 개정하여야 합니다. 교원이 국민에 대한 봉사자로서 공무 수행 중에 정치 행위를 금지하는 것은 매우 중요한 원칙입니다만 교원노조 단체까지 그러한 원칙이 적용되어야 하는지에 대해서는 회의가 큽니다. 1999년에 위헌결정을 받은 이후로 현재 일반적인 노동조합은 상당한 정치적 자유를 누리고 있습니다.[4] 교원노조 단체가 활동하는 영역 자체가 정치에 속한 일이고, 교원이 참정권을 가지게 된 상황을 가정할 때 교원의 집합인 교원노조가 정치 행위를 할 수 없는 것도 모순적이며, 일반 노동조합과의 형평성을 고려하더라도 교원노조의 정치 행위를 인정하는 것이 바람직합니다. 따라서 국회는 교원노조법 제3조를 삭제하는 것이 합당합니다.

지금까지는 국회가 법을 개정하여 교사의 참정권을 부여하는 방법을 정리했습니다만 정부는 각종 시행령을 이에 맞게 조정해야 합니다. 시행령 중 교원의 복무에 핵심이 되는 국가공무원복무규정을 개정하는 것이 필수적입니다. 국가공무원복무규정 제27조는 상세하게 정치적 행위를 규정하고 있습니다. 따라서 국가공무원법 제65조와 마찬가지로 "공무 수행 중"으로 금지 사항을 명확하게 국한하는 것이 필요합니다.

법률	개정 전	개정 후
교육기본법	(없음)	제6조 ③ 제9조에 따라 설립한 학교의 장은 정당법 제2조의 정당, 국가공무원법 제65조의 정치단체, 언론중재법 제2조의 언론사에 의한 정치적 외압이 발생할 때 고발 등과 같은 조치를 취해야 한다.
국가공무원법	제65조(정치운동의 금지) ① 공무원은 정당이나 그 밖의 정치단체의 결성에 관여하거나 이에 가입할 수 없다. ② 공무원은 선거에서 특정 정당 또는 특정인을 지지 또는 반대하기 위한 다음의 행위를 하여서는 아니 된다. 제66조(집단행위의 금지) ① 공무원은 노동운동이나 그 밖에 공무 외의 일을 위한 집단행위를 하여서는 아니 된다.	제65조(정치운동의 금지) ① (삭제) ② 공무원은 공무 수행 중에 선거에서 특정 정당 또는 특정인을 지지 또는 반대하기 위한 다음의 행위를 하여서는 아니 된다. 제66조(집단행위의 금지) ① 공무원은 공익에 반하고 직무를 해태하는 집단행위를 하여서는 아니 된다.
정당법	제22조(발기인 및 당원의 자격) ① (생략) 다만, 다음 각 호의 어느 하나에 해당하는 자는 그러하지 아니하다. 제1호. 국가공무원법」 제2조(공무원의 구분) 또는 「지방공무원법」 제2호. 「고등교육법」 제14조 제1항·제2항에 따른 교원을 제외한 사립학교의 교원 제3호. 법령의 규정에 의하여 공무원의 신분을 가진 자	제22조(발기인 및 당원의 자격) ① (생략) 다만, 다음 각 호의 어느 하나에 해당하는 자는 그러하지 아니하다. 제1호. (삭제) 제2호. (삭제) 제3호. (삭제)
공직선거법	제9조(공무원의 중립의무 등) ①공무원 기타 정치적 중립을 지켜야 하는 자(機關·團體를 포함한다)는 선거에 대한 부당한 영향력의 행사 기타 선거결과에 영향을 미치는 행위를 하여서는 아니 된다. 제60조(선거운동을 할 수 없는 자) ① 다음 각 호의 어느 하나에 해당하는 사람은 선거운동을 할 수 없다. 4. 「국가공무원법」 제2조(公務員의 구분)에 규정된 국가공무원과 「지방공무원법」 제2조(公務員의 구분)에 규정된 지방공무원. 제85조(공무원 등의 선거관여 금지) ① 공무원 등 법령에 따라 정치적 중립을 지켜야 하는 자는 직무와 관련하여 또는 지위를 이용하여 선거에 부당한 영향력을 행사하는 등 선거에 영향을 미치는 행위를 할 수 없다.	제9조(공무원의 중립의무 등) ①공무원 기타 정치적 중립을 지켜야 하는 자(機關·團體를 포함한다)는 공무 수행 중에 선거에 대한 부당한 영향력의 행사 기타 선거결과에 영향을 미치는 행위를 하여서는 아니 된다. 제60조(선거운동을 할 수 없는 자) ① (생략) 4. 공무 수행 중인 「국가공무원법」 제2조(公務員의 구분)에 규정된 국가공무원과 「지방공무원법」 제2조(公務員의 구분)에 규정된 지방공무원. 제85조(공무원 등의 선거관여 금지) ① 공무원은 공익에 반하고 직무를 해태하는 집단행위를 하여서는 아니 된다.

공직선거법	② 공무원은 그 지위를 이용하여 선거운동을 할 수 없다.	② (삭제)
	③ 누구든지 교육적·종교적 또는 직업적인 기관·단체 등의 조직 내에서의 직무상 행위를 이용하여 그 구성원에 대하여 선거운동을 하거나 하게 하거나, 계열화나 하도급 등 거래상 특수한 지위를 이용하여 기업조직·기업체 또는 그 구성원에 대하여 선거운동을 하거나 하게 할 수 없다.	③ (동일)
	④ 누구든지 교육적인 특수관계에 있는 선거권이 없는 자에 대하여 교육상의 행위를 이용하여 선거운동을 할 수 없다.	④ (동일)
	제86조(공무원 등의 선거에 영향을 미치는 행위 금지) ① (생략) 　제3호. 정당 또는 후보자에 대한 선거권자의 지지도를 조사하거나 이를 발표하는 행위	**제86조(공무원 등의 선거에 영향을 미치는 행위 금지)** ① (생략) 　제3호. 정당 또는 후보자에 대한 선거권자의 지지도를 조사하거나 이를 발표하는 행위. 다만, 초중등교육법 제2조의 학교에서 선거교육을 목적으로 실시하는 것은 제외한다.
	제53조(공무원 등의 입후보) ① 다음 각 호의 어느 하나에 해당하는 사람으로서 후보자가 되려는 사람은 선거일 전 90일까지 그 직을 그만두어야 한다. 　제1호. 「국가공무원법」 제2조(公務員의 구분)에 규정된 국가공무원과 「지방공무원법」제2조(公務員의 區分)에 규정된 지방공무원. 　제7호. 「정당법」 제22조제1항제2호의 규정에 의하여 정당의 당원이 될 수 없는 사립학교교원	**제53조(공무원 등의 입후보)** ① (생략) 　제1호. (삭제) 　제7호. (삭제)
교원노조법	**제3조(정치활동의 금지)** 교원의 노동조합(이하 "노동조합"이라 한다)은 어떠한 정치활동도 하여서는 아니 된다.	**제3조(정치활동의 금지)** (삭제)

법률	개정 전	개정 후
국가공무원 복무규정	제27조(정치적 행위) ① 법 제65조의 정치적 행위는 다음 각 호의 어느 하나에 해당하는 정치적 목적을 가진 것을 말한다. 　제1호. 정당의 조직, 조직의 확장, 그 밖에 그 목적 달성을 위한 것 　제2호. 특정 정당 또는 정치단체를 지지하거나 반대하는 것 　제3호. 법률에 따른 공직선거에서 특정 후보자를 당선하게 하거나 낙선하게 하기 위한 것 ② 제1항에 규정된 정치적 행위의 한계는 제1항에 따른 정치적 목적을 가지고 다음 각 호의 어느 하나에 해당하는 행위를 하는 것을 말한다. 　제1호. 시위운동을 기획·조직·지휘하거나 이에 참가하거나 원조하는 행위 　제2호. 정당이나 그 밖의 정치단체의 기관지인 신문과 간행물을 발행·편집·배부하거나 이와 같은 행위를 원조하거나 방해하는 행위 　제3호. 특정 정당 또는 정치단체를 지지 또는 반대하거나 공직선거에서 특정 후보자를 지지 또는 반대하는 의견을 집회나 그 밖에 여럿이 모인 장소에서 발표하거나 문서·도서·신문 또는 그 밖의 간행물에 싣는 행위 　제4호. 정당이나 그 밖의 정치단체의 표지로 사용되는 기(旗)·완장·복식 등을 제작·배부·착용하거나 착용을 권유 또는 방해하는 행위 　제5호. 그 밖에 어떠한 명목으로든 금전이나 물질로 특정 정당 또는 정치단체를 지지하거나 반대하는 행위	제27조(정치적 행위) ① (동일) 　(각호 생략) ② 제1항에 규정된 정치적 행위의 한계는 제1항에 따른 정치적 목적을 가지고 공무 수행 중에 다음 각 호의 어느 하나에 해당하는 행위를 하는 것을 말한다. 　(각호 생략) 제5호. (삭제)

2021년에 제정된 국가교육위원회법은 교육의 정치적 중립성을 보장하기 위한 대표적인 입법 활동이라고 할 수 있습니다. 국가교육위원회법 제1조에서 법의 목적을 아래와 같이 규정합니다.

"이 법은 국가교육위원회를 설치하여 교육정책이 사회적 합의에 기반하여 안정적이고 일관되게 추진하도록 함으로써 교육의 자주성, 전문성 및 정치적 중립성을 확보하고 교육 발전에 이바지함을 목적으로 한다."

바라는 것은 국가교육위원회가 교육의 전문성과 자주성 및 정치적 중립성을 위하여 교사의 참정권을 부여하는 문제를 적극적으로 검토하는 것입니다. 현재 교사의 참정권을 전면적으로 구속하고 있는 다양한 법들의 문제점을 찾아보아야 합니다. 공무원의 정치적 중립을 목적으로 규정한 국가공무원법, 정당법, 공직선거법, 정치자금법, 국가공무원복무규정 등이 헌법이 보장하고 있는 교육의 전문성과 자율성을 침해하지 않는지 들여다보아야 합니다. 또한, 헌법이 보장하는 교육의 정치적 중립성이 교육기본법을 통하여 잘 구현되고 있는지 살펴볼 필요도 있습니다.

참정권 회복의
로드맵

근본적으로 보장받아야 할 교사의 참정권에 어떠한 순위를 매긴다는 것이 모순적으로 보일 수 있습니다. 그러나 공무원의 정치적 박탈 상태를 헌법정신으로 삼고 있는 헌법재판소의 태도, 60년의 세월 동안 박탈된 상태가 유지되고 있었다는 점, 교사의 정치적 배제를 유지하려고 하는 국민의 입장을 고려할 때 교사의 참정권 중에서 거부감이 적은 것들을 골라볼 필요가 큽니다. 이에 국가 정치에 미치는 영향력과 지속성, 접근성을 기준으로 교사의 여러 참정권을 평가하여 보겠습니다. 이런 노력이 의미 있는 까닭은 교사의 참정권 회복에 대해 국민의 거부감이 여전한 상황에서 단계적이면서도 현실적인 방법이기 때문입니다.

첫째, 영향력에 따라 구분할 수 있습니다. 국가의 교육정책을 결정하는 자리에 가서 직접 교육정책을 생성하는 정치 방법들이 있습니다. 주로 공직 선거에 출마하여 시도의회 의원, 교육감, 지방자치단체장, 국회의원, 대통령 등이 되는 방식으로 가장 강력한 힘을 발휘할 것입니다. 반면, 투표는 모두에게 주어진 가장 보편적인 방법이지만 개인이 발휘할 수 있는 영향력 면에서는 가장 낮을 것입니다.

둘째, 정치 주체가 시공간적으로 벌이는 활동의 지속성에 따라 구분이 가능할 것입니다. 선거에서 누구를 공직에 앉히는 행위, 어떤 인물이나 어떤 당을 위해 선거운동을 하는 행위 등은 개인이 총체적인 역량을 발휘하는 정치이지만 사회관계망서비스에 의견을 올리거나, 정당에 가입하거나, 정치후원금을 내는 행동 등은 개인의 일상생활 속에서 실천할 수 있을 만큼 간헐적인 정치라 하겠습니다. 그만큼 겉으로 드러나지 않은 잠재성을 간직하는 일입니다. 전자는 강한 지속성을 갖는 정치적 행위라고 하면 후자는 약한 지속성을 갖는 정치적 행위라고 할 수 있습니다. 그렇지만, 이런 잠재적인 여러 행위가 축적되면 여론을 바꾸는 힘이 되기 때문에 영향력 면에서 사소한 것이라고 보기는 어렵습니다.

셋째, 접근성에 따라 쉬운 접근과 어려운 접근으로 나누어 볼 수 있습니다. 선거에서 투표하는 행위와 사회관계망서비스에 의견을 올리는 행위 등은 누구나 쉽게 정치에 참여하는 방식이며 모두에게 개방된 방식입니다. 그러나 정무직 공무를 맡는 일, 시도의회나 국회 의정활동을 하는 일, 행정 수반이나 국무위원이 하는 일 등 접근성 자체가 낮은 행위는 매우 드물게 나타나는 방식이라고 할 수 있으며 일정 정도 폐쇄성을 갖는 것도 사실입니다. 어쩌면 공직 자체가 가지고 있는 희소성이 있기에 벌어지는 일이라 생각됩니다.

이렇게 참정권을 현실적인 요소인 영향력, 지속성, 접근성에 따라 나누어 본 이유는 교사가 정치 참여로 가는 길에서 넘어야 할 산을 고려해야 한다는 점입니다. 기왕이면 교사는 국민의 공론장에서 국민의 염려에 동감하고 사회적 합의를 이룰 수 있는 참정권부터 주장하는 것이 합리적인 전략일 것입니다. 영향력, 지속성, 접근성을 가장 낮은 수준부터 높은 수준으로 열거해 보면 가장 먼저 국민 모두 수용할 수 있는 참정권과 가장 어려운 참정권을 순서대로 나열할 수 있을 것입니다.

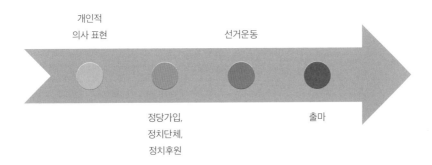

참정권 회복의 로드맵

개인적
의사 표현

선거운동

정당가입,
정치단체,
정치후원

출마

첫째, 모든 국민이 가지고 있는 참정권이기에 현재 교사가 발휘할 수 있도록 법적으로 보장하고 있는 참정권의 영역이 있습니다. 주변 사람과의 정치적 대화, 사회관계망서비스, 언론 기사 등 교사가 자신의 정치적 의견을 사적으로 밝히는 것은 정치에 미치는 영향력이 낮은 편이고, 일상생활 속에서 큰 노력 없이 영향력을 끼칠 수 있으며, 이러한 행위를 하기도 쉽습니다. 헌법재판소는 그동안 판결문을 통해 교사 개인의 사적인 의사 표현의 자유를 인정하고 있습니다. 물론 사적 생활 안에서 이루어지는 의사 표현마저 반대하는 보수 세력이 일부 있을 수도 있습니다만, 우리 헌법이 인정하는 시각은 아니라고 생각합니다.

둘째, 정당과 정치단체 가입, 정치후원은 일반 국민이 가지고 있는 정치적 자유권입니다. 이 참정권은 정당과 정치인을 간접적으로 지원하면서 정치적 영향력을 행사하는 모습을 띱니다. 또한, 선거운동이나 출마와 같이 개인의 총체적 역량을 발휘하는 것이 아닙니다. 정당이나 정치단체에서 활동하는 것이나 후원금을 지원하는 것은 일상생활에서 적은 노력으로 충분히 이어갈 수 있는 정치 참여 행위일 것입니다. 이렇게 일반 국민의 생활세계에 밀접한 참정권을 교사에게 주는 것에는 일정 부분 동의를 얻을 수 있다고 생각합니다.

　물론 현재 국민 일부가 보기에 교사가 교실에서 정치적 발언을 일삼을 수 있다는 막연한 불안감을 가지고 있는 것은 사실입니다. 그러나 지금 당장 교사가 정당 가입권과 정치단체 가입권, 후원권을 갖는다고 해서 교실에서 정치적 발언을 할 수는 없습니다. 이미 교육기본법은 철저하게 교육의 정치적 중립성을 교사에게 요구하고 있고 위법적인 행동을 하는 교사는 언제든 중징계, 파면이나 해임, 정직 등과 같은 처벌을 피할 수 없습니다.

　따라서 국민에게 교육의 정치적 중립성은 언제든 교실과 학교 안에서 지켜지고 있는 원칙이라는 신뢰감을 줄 필요가 있습니다. 현재 법 제도와 학교 문화 안에 정치적 중립성을 보장하는 장치들이 충분하게 마련되어 있기에 교사의 정당 및 정치단체 활동권과 정치후원권을 회복할 수 있다는 점을 알리고 설득하는 과정이 필요합니다.

　셋째, 단체행동권은 국민에게 미치는 영향력이 크고 집회와 시위를 포함한다는 점에서 활동성 또한 큽니다. 그러나 제도권 정치만큼 교육정책과 교육 정치를 직접 바꿀 수 있는 접근성을 갖고 있지는 않습니다. 따라서 일반 국민의 눈높이에서 볼 때 정당 가입이나 정치후원보다는 강력한 참정권으로 느낄 것입니다.

　국민은 교사가 공무 외에 공익을 저해하지 않는 차원에서 집단적으로 의사를 표현하는 것에 대하여 호의적일 가능성이 있습니다. 또한, 국민은 교사 본연의 직무를 해태하지 않는 범위 안에서 단체행동권을 요구하는 것에 대해 긍정적일 수 있습니다.

　넷째, 선거운동권은 제도 권력에 영향을 미치는 다소 강력한 방식이며 국민의 눈높이에서 보기에도 교사가 파당성을 보일 가능성이 크다고 여길 수 있는 정치 참여 방식일 것입니다. 그만큼 행정적 차원이나 입법 및 사법적 차원에서 걸림돌도 큰 것이 사실입니다. 국가공무원복무규정은 촘촘하게 선거운동을 금지하고 있고, 국가공무원법과 공직선거법은 공무원의 선거운동에 대한 강력한 처벌 규정이 있으며, 법원의 판결 역시 교사의 정치적 표현행위가 선거와 직접 관련이 있는지, 특정 후보나 정당을 지지할 의도성이 있는지에 따라 양형이 달라지고 있습니다. 또한, 공직선거법 제85조와 제86조에서 3년 이하의 징역이나 600만 원 이하의 벌금을 규정할 만큼 강력합니다.

그러나 교사 주체의 입장에서 보면 교육정책을 실현할 사람을 지지하고 지원하는 활동이 허락되는 것은 중차대한 문제입니다. 공직 선거 후보자를 지지하는 위치에 서 있든지, 아니면 본인이 공직 선거 후보자 캠프에 있든지 후보의 교육공약에 직접 영향을 미칠 수 있기 때문입니다. 더 적극적으로는 교육정책이 중심이 되는 교육 중심 후보를 내세울 수도 있다는 점에서 강력한 참정권이라고 할 것입니다.

다섯째, 공직 선거 출마권은 제도 권력 자체가 되는 일이므로 행정원칙으로 볼 때 교사의 신분이 정책집행자에서 정책결정자로 바뀌는 일이라고 봅니다. 아마도 일반 국민은 대통령, 국회의원, 시도의회 의원, 지자체장 등 선출직 공무원이 되는 것은 정치인이 되는 것이므로 공무원을 그만두어야 한다고 생각할 것입니다. 현재 공직선거법 제57조의6 제2항은 공무원이 정당 내 경선을 벌이는 상황에서도 내부경선 출마를 하지 못하도록 합니다.

공직선거법 제53조 제1항 제1호는 공직 선거 당선 여부와 상관없이 공무원이 후보자로 등록하는 것이라 할지라도 선거일 90일 전까지 사퇴하라고 규정합니다. 선거의 속성상 떨어질 가능성이 더 클 것임에도 불구하고 무조건 공무원을 떠나야 한다고 강요함으로써 사실상 공식적으로 공무원이 공직 선거에 접근할 수 있는 길을 막아버린 셈입니다. 그만큼 현재 공직선거법은 공무원이 선출직 공무원이 되는 준비과정부터 정치적 영향력을 차단하는 장치를 엄하게 마련해 두고 있습니다.

지금까지는 국민이 공무원이 참정권을 가지는 것에 대한 거부감이 있을 것을 가정하고 국민의 눈높이에서 영향력, 지속성, 접근성, 세 가지 기준으로 참정권들을 단계적으로 구분하여 보았습니다. 그러나 정치개혁이라고 하는 것이 현재 구조와 제도에 의해서만 결정되는 것이 아니라 정치행위자의 때맞은 결맞음이 작동하여 이루어지는 것이라는 점에서 보면,[5] 공무원에게 있어 불모지와 같은 정치생태계 안에서 어떻게 토대를 마련해 가는 것이 중요한지 논의하는 관점이 필요합니다.

또 한 가지 중요한 관점으로 생각하면 국민과 입법자가 교사 참정권에 대해 가지고 있는 막연한 염려를 불식하고 긍정적인 점에 초점을 맞추어 볼 필요가 있습니다. 물론 국가공무원법, 정당법, 공직선거법, 정치자금법 등 법률이 교사와 공무원의 정치적 중립을 요구하기 위하여 제한하는 취지를 존중합니다. 그에 따라 학교가 정치적 중립성을 견지하면서 보호자와 학생들에게 공정하게 대우해야 합니다. 마찬가지로 공무원이 국민을 대할 때 파당적이지 않아야 합니다. 정치적 중립성을 소중하게 여기는 태도는 헌법정신을 존중하는 것이기 때문입니다.

그러나 공무를 수행하는 공무원으로서 교사가 특정 정당에 가입하거나 후원을 한다고 해서 정치적 파당성을 보이게 되리라는 것은 허망한 예측이며, 이를 두려워하여 기본권을 제한하는 것은 계급주의 사회에서 하류 계급에게 자유권을 박탈하는 논리와 비슷합니다. 지금부터는 교사와 교원단체가 시민에게 제안할 수 있는 참정권의 정당성에 대해 살펴보도록 하겠습니다.

정당 및 정치단체 활동, 정치후원권 회복

교사가 정당 및 정치단체에 가입할 자유와 정치후원금을 낼 수 있는 자유를 즉시 회복해야 합니다. 앞서 본 바와 같이 이 두 가지 권리는 모두 일반 국민도 가지고 있다는 점, 교사의 사적 세계에서 간접적으로 정치에 참여하는 일이라는 점, 두 가지 권리와 교사의 교실 교육활동과 직접적 연관성을 가지기 어려운 점, 교육기본법으로 교육활동의 정치적 중립성을 보장한다는 점 등 큰 명분이 있다고 생각합니다. 또한, 국민과 입법기관을 설득할 명분도 충분하다고 생각합니다.

다른 여러 나라, 독일, 영국, 캐나다, 프랑스, 호주, 미국, 뉴질랜드, 이탈리아, 포르투갈, 덴마크, 스웨덴, 네델란드, 핀란드 등 세계 민주주의 선진국으로 일컬어지는 나라들은 교원에게 정당 가입과 정치후원의 자유를 부여하고 있다는 점도 매우 큰 이유가 됩니다.

대한민국 정치는 정당정치라 하여도 과언이 아닙니다. 심지어 여당 국회의원들이 행정부의 국무위원을 역임하기도 할 만큼 정당은 입법부와 행정부에 막대한 영향력을 끼칩니다. 그러나 정당 안에서 민주주의는 건강합니까? 각 정당의 당헌과 당규에 교육을 위한 어떤 내용이 포함되어 있습니까? 국가 재정의 20%에 이르는 막대한 재정이 쓰이는 교육 분야임에도 불구하고 각 정당은 교육정책을 합당하게 받아안을 만큼 준비하고 있습니까? 치솟는 사교육비, 지옥에 가까울 만큼 처절한 입시경쟁, 엉성한 학교 돌봄, 행정에 경도된 학교, 실종된 교육과정 자율성 등 해결할 문제가 산적한 교육 영역에 대하여 왜 정당정치에서는 집중하지 않을까요?

그동안 교육의 정치적 중립성을 핑계로 교사가 정당이나 정치단체에 가입할 수 없고 정치후원을 할 수 없는 구조이기 때문에 정당들이 교육에 무관심하다고 생각합니다. 앞에서 살펴본 바에 따르면 우리 사회에서는 큰 목소리를 내는 계층이 정당에 더 참여합니다. 교사가 정당과 정치단체에 가입하는 것만으로도 정당은 교육 문제에 깊이 있게 접근할 수 있습니다. 이것은 교사가 공무를 수행하는 것과는 아무런 관련이 없는 일입니다. 오히려 교사들이 교육현장에서 드러나는 문제점을 간접적인 방식으로 정당에 전달할 기능을 담당할 수 있다고 생각합니다.

또한, 정당 민주주의에도 기여할 수 있다고 생각합니다. 교사와 공무원은 중등도 이상의 민주시민성을 가지고 있기에 정당과 정치단체 안에서 소속된 단체의 민주주의 수준을 향상시킬 수 있다고 생각합니다. 정당에 당비를 내는 진성당원이 많아지고 이들의 목소리가 정당 의사결정에 중심적으로 작동한다면 정당공천도 민주적으로 운영될 수 있다고 봅니다. 교사와 공무원이 진성당원이 되어 그런 역할을 할 수 있습니다. 정당과 정치단체 내부에서 이루어지는 다양한 활동, 내부경선, 지자체장 후보 공천, 시도의회 후보 공천, 국회의원 후보 공천에서 각종 잡음이 끊이지 않는 모습은 어쩌면 정당의 비민주성을 간접적으로 방증하는 것은 아닐까요?

이준석 국민의힘 대표는 2021년 10월 서울대에서 열린 한 토크콘서트에서 "지금까지는 기초의원이라고 하면 동네에서 중장년층 남성이, 보통 직업은 동네에서 자영업을 하시고, 밤늦게까지 동네 유지처럼 술 드시고 다니면서 '어 형님, 동생' 하신 다음, 같이 좀 불법도 저지르면서 유대관계를 쌓고, 조직을 만들어 당원 200명 정도 모으면 공천되고 하는 식의 시스템이었다"라고 현실을 폭로하였습니다.[6]

우리 국민의 정당 가입률은 5.8% 수준입니다. 정당에 가입한 사람 중에서 매월 당비를 납부하는 진성당원의 비율은 64.8%이므로 우리 국민 중에서 진성당원의 비율은 겨우 3.8%밖에 되지 않는 셈입니다.[7] 그렇다 보니 정당공천제는 기초의원 선거에서 소수의 당원을 지배한 지역구 당원협의회 운영위원회위원장의 영향력이 절대적이고 이들과의 개인적인 연고가 있으면서 조직 동원력과 재력이 있는 지역 토호만을 선출할 위험성이 있습니다. 때로는 선거인단 규모가 작아 선거인단을 매수하는 일도 종종 발생하고 있습니다.[8] 기초의회 의원들은 지역구 자기 당 국회의원에게 하수인 식으로 지시를 받게 되므로 여야 대립에 함몰되고 소신껏 의정활동을 펼칠 수 없게 됩니다.[9] 사실 당시 부산지역 더불어민주당 기초의원들이 이준석 대표를 강하게 비난하는 배경에는 중앙당의 여야 대결 구도가 한몫했을 것입니다. 기초의원들이 자신이 소속된 정당에 대한 충성을 보여주는 방법은 상대 당 원내대표에 대한 극렬한 비판이니까요. 아군이 아니면 무조건 적군이 되는 상황입니다.

현대 정당민주주의 정치제도 안에서 건전한 시민 정신을 가진 교원과 공무원이 정당을 건강하게 만들 수 있습니다. 150만 명에 이르는 교원과 공무원 중의 상당수가 정당에 가입하여 바른 목소리를 낼 수 있습니다. 또한, 이들의 후원을 바탕으로 후견인제도의 폐단을 극복하고 국민 이익만을 바라보는 국회의원을 만들 수 있습니다. 자본 논리가 정당 내의 패권과 독재를 만들어내기도 하는데, 교원·공무원의 정치단체 가입과 후원은 건강한 정당을 만들어낼 수 있습니다.

교사가 정당과 정치단체에 가입하고 정치후원을 할 수 있는 것은 교사 참정권을 회복하는 토대가 되는 것입니다. 사라진 교사의 목소리를 찾는 것뿐만 아니라 대한민국의 교육과 학교 발전을 위해서도 매우 시급한 일입니다. 정당의 발전에도 밑거름이 될 수 있습니다.

선거운동과 출마의 자유

　선거운동과 출마의 자유를 확보해야 합니다. 출마는 교사가 본격적으로 제도 정치권에 들어가서 직접 정치를 하는 것을 의미합니다. 출마권을 확보하는 전제에 선거운동권이 있습니다. 앞서 말한 바와 같이 대한민국 정치는 정당정치입니다. 대통령과 국회의원뿐만 아니라 광역 및 기초 지자체장, 광역의회 의원 및 기초의회 의원 모두 정당공천제에 따라 정당 안에서 크든 작든 내부경선을 치르게 되어 있습니다.

　현재는 공직선거법으로 공무원이 출마하는 것 자체가 금지되어 있습니다. 아무리 공무원이라 할지라도 당선이 확실하지도 않은 상태에서 정당이나 정치권에 접근한다는 이유만으로 공무원의 직을 그만두어야 한다는 것은 헌법의 과잉 금지 원칙을 위배할 가능성이 있습니다. 당연히 당선이 결정되기까지 휴직 상태에서 공무원의 신분을 유지할 수 있도록 보장하여야 합니다. 또한, 출마한 교사 출신 후보가 공정하게 다른 후보와 비슷한 경쟁력을 갖추기 위해서 교원들도 선거운동을 할 수 있어야 합니다.

　현재 공무원은 공직 선거뿐만 아니라 정당 내 경선 단계에서마저 선거운동이 금지되어 있습니다. 교사가 출마하게 되면 그를 지지하는 기반은 결국 교원인데 이들이 선거운동을 할 수 없게 되는 형국이 되면서 교원 출신 출마자가 당선될 가능성이 극히 낮아지게 됩니다. 결국, 교사의 정체성을 가지고 교육 문제를 화두로 하여 정치를 하고자 하는 사람은 시작하면서부터 불이익을 안게 됩니다. 결국, 정당 내 내부경선과 본선에서 엄청난 불이익을 감수하고 상대방과 경쟁을 해야 합니다.

　따라서 공직선거법은 출마와 선거운동에 관한 공무원의 제약을 풀어야 합니다. 공직 선거에 출마하는 공무원에게 휴직할 수 있는 권리를 주어야 합니다. 당내 경선과 공직 선거에서 공무원이 자유롭게 선거운동을 할 수 있어야 합니다. 현재 21대 국회에는 공무원과 교원의 정치적 기본권을 요구하는 10만 국민청원과 각종 법률개정안이 올려져 있습니다.

2020년 11월 16일에 과도기적인 공직선거법 일부개정법률안으로서 강민정 더불어민주당 국회의원이 주도하여 낸 안은 정당에 가입할 수 없는 자도 정당 내에서 국민경선에 참여할 수 있는 권한을 부여하는 법률개정안을 내놓았으나 2022년 2월 현재 행정안전위원회 심사단계에 머물러 있습니다.[10] 행정안전위원회 소속 전문위원 장지원은 강민정 의원안, 민형배 의원안, 이재정 의원안과 함께 국회 10만 명 동의 청원을 검토하면서 공무원의 정치적 중립 의무는 공무를 수행하면서 요구되는 것이며, 개인 자격의 선거운동을 금지하는 것은 정치적 기본권을 과도하게 침해한 것이라는 의견을 고려해 보아야 한다고 하였습니다.[11]

절차적 단계

지금까지 제시한 참정권을 확보하기 위하여 단계적으로 다음과 같은 절차적 방안이 가능할 것입니다. 첫째, 전교조, 교사노조와 같은 교원노조와 실천교육교사모임, 좋은교사운동본부, 새로운학교를위한네트워크 등 연구단체들이 교육정책을 결정하는 다양한 선출직 공무원과 의사소통 채널을 형성하고 확대하는 것입니다. 이렇게 만들어진 채널은 교사 정체성을 가진 자가 공직 선거에 진출할 수 있는 교두보가 될 것입니다.

둘째, 간접 참정권을 확보해야 합니다. 간접 참정권으로는 정당과 정치단체를 결성하고 참여하는 것과 정치후원권을 포함합니다. 모든 국민이 누리면서도 현실 정치에 미치는 영향력이 간접적이기에 국민과 현재 정치권을 설득하기 용이합니다.

셋째, 교사 출신 인물들이 국회와 지방의회에 진출할 수 있도록 각 정당이 비례대표를 확보해 주어야 합니다. 교육, 국방, 소방, 치안 등 국가공무원은 출마권과 선거운동권이 없어서 현장 전문성이 정책에 반영될 가능성이 낮기 때문입니다. 국회와 지방의회 선거에서 정당을 압박하여 교사 출신에게 비례대표 공천권을 줄 수 있게 설득할 필요가 있습니다. 또한, 공직선거법을 바꿔 교사가 당내 경선뿐만 아니라 본선에서도 선거운동을 할 수 있도록 허용하여야 합니다.

넷째, 공직선거법을 바꿔 의무적인 사퇴 조항을 없애고 경선 후보 신분일 때에는 교직을 유지할 수 있도록 해야 합니다. 또한, 선출직 공무원이 되면 사퇴가 아니라 휴직을 할 수 있어야 합니다. 공직 선거에 출마하는 것에는 매우 높은 낙선 가능성을 동반하기 때문에 당연히 경선이 진행되는 시기에는 휴직을 인정해 주어야 할 것입니다.

단계	목적	방안
1	교원단체가 선출직과 정책 채널 형성	현재도 진행하는 방식으로 더욱 확장해야 함.
2	간접 참정권 확보	정당 참여권 확보 정치후원권 확보
3	국회, 지방의회 진출	교사 비례대표 공천권 확보 선거운동권 확보
3	출마 자유	경선 후보 시에는 교직 유지 가능 공직 시 휴직권 확보

참정권이라는 것을 물을 퍼담을 수 있는 항아리에 비유해 보겠습니다. 대선과 총선은 민심에 따라 정권이 유지되기도 하고 교체가 되기도 합

니다. 그런 점에서 민심은 물이라고 할 수도 있겠습니다. 어느 쪽 항아리가 민심의 물을 많이 받느냐에 따라 집권 세력이 될지 결정될 것입니다. 대통령 선거와 국회의원 선거, 지방자치단체장 선거, 지방의회 선거 등에서 국민 누구나 공직 선거 투표권이라는 밥숟가락 하나씩은 가지고 원하는 곳에 물을 부어줍니다. 국민 한 사람 한 사람이 "어느 쪽 항아리에 물을 붓느냐?"에 따라 당락이 결정되는 것입니다. 밥숟가락 한 개 가지고 태어나는 것은 누구나 누려야 할 권리가 아니겠습니까?

그에 비해 정당 및 정치단체에 가입하거나 후원하는 권리는 물바가지 정도의 효과는 가지고 있는 것 같습니다. 간접적이기는 하지만 정당의 의사결정에 참여할 힘이 있기 때문입니다. 선거운동과 출마할 수 있는 권리는 국민이 부어주는 물을 받는 항아리를 갖는 것이라 할 수 있겠습니다. 저는 이런 원리로 인하여 선택권인 물바가지에 해당하는 정당 및 정치단체 가입권과 정치후원권을 국민에게 먼저 요구해야 한다고 주장하였습니다. 반면, 선택을 받는 물항아리에 해당하는 선거운동권과 출마권을 나누어 주장해야 한다고 보았습니다.

참정권 회복을 위한
대중운동

분단이 굳어진 지 어언 70년이 되었습니다. 어느새 국민의 마음속에는 북한에 사는 동포를 한민족으로 여기는 민족성이 약해지고 있습니다. 그만큼 70년의 세월은 사람들의 마음속에서 강력한 역사적 권능을 발휘하고 있는 것입니다. 현재의 모습을 자연스럽게 인식하고 순응하기 때문입니다. 마찬가지로 교원과 공무원의 사적 참정권이 박탈된 지는 딱 10년 모자란 60년이 되고 있습니다. 그만큼 일반 국민은 교원과 공무원의 참정권 박탈 상황을 자연스러운 모습으로 인식하고 있다는 것입니다. 공무원의 정치적 중립성은 대한민국을 굳건히 수호할 토대이므로 이것을 지키기 위해 공무원의 사적 참정권을 박탈하는 것이라는 논리가 팽배한데 어떻게 교사와 공무원의 사적 참정권과 공무의 중립성을 분리할 수 있을까요?

정치적 자유라고 하는 것이 타협의 대상이 될 수는 없을지라도 현재 대한민국 국민의 인식을 고려할 때 섬세하게 대중을 설득하려는 끊임없는 노력이 필요합니다. 또한, 국민 여론에 막대한 영향을 미치는 언론에 대응하는 노력이 필요합니다. 18세 청소년에게 선거권이 주어지고, 16세 청소년이 정당을 가입할 수 있게 된 마당에 이제 교사가 국민의 신뢰를 받을 수 있는 민주시민교육을 할 수 있다는 것을 알려야 합니다. 다음은 교원단체가 어떻게 대중운동을 전개하면 좋을지 제안하겠습니다.

첫째, 교원의 참정권이 미치는 영향력, 지속성, 접근성에 따라 전략적으로 제도 정치권과 시민사회에 요구하는 노력이 필요합니다. 예를 들어보는 것이 이해에 도움이 될 것 같습니다.

2022년 8월 현재 국회에서 과반수 의석을 차지하고 있는 더불어민주당의 이재명 의원은 작년 대선 후보 시절에 더불어민주당 민생·개혁 입법 추진 간담회 자리에서 교원과 공무원이 근무시간 외에 정치활동을 하는 것을 보장해야 한다는 개인적인 인식을 드러내고 국회에서 처리할 것을 당부하였습니다.[12] 이에 호응하여 교원노조와 교원연구단체, 학부모 단체 등 7개 교육단체가 함께 국회가 교원의 정치기본권을 보장하는 입법을 추진하라는 공동 성명을 냈습니다.[13] 공동 성명에서 요구한 것을 〈교육플러스〉 인터넷 저널의 2021년 11월 26일 자 기사를 토대로 뽑아보면, '공직 선거에 출마 시 90일 전 사퇴 조항 삭제', '당선 시 공무담임권 보장을 위해 휴직 보장', '지방의원 출마목적의 정당 가입 허용', '경선 투표 참여권 보장', '정치 후원금 허용' 등을 주장하였습니다.

참정권의 영향력, 지속성, 접근성을 기준으로 작성한 로드맵을 기준으로 위의 요구안을 순서대로 정리해 보는 것은 의미가 있겠습니다. 요구안 중 '경선 투표 참여권 보장' 안은 가장 사회에 미치는 영향력이 낮고, 적은 활동성을 가지며, 쉽게 접근할 수 있다는 점에서 가장 낮은 단계라고 할 수 있습니다. '정치후원금 허용' 안은 후원을 통한 간접적인 영향력, 간헐적인 활동, 쉬운 접근성으로 인하여 다음 단계로 선정해 볼 수 있습니다.

'지방의원 출마목적의 정당 가입 허용' 문제는 정당 가입권이 가지는 영향력을 오히려 높이면서 시민이 부담을 갖는 요구안이라고 말할 수 있습니다. 일반 시민이 교원의 정당 가입권을 인정하는 바탕에는 자신들과 적어도 비슷한 정도의 간접 정치력을 보장해 주겠다는 의도가 깔린 것입니다. 따라서 지방의원이 되기 위해 정당에 가입할 권한을 달라고 주장한다면 거부감을 드러낼 가능성이 큽니다. 일반 시민에게 있어 지방의원이 된다는 것은 직접 정치할 권력을 갖는 것, 개인의 모든 에너지를 지속적으로 집중하여 활동하며, 대중이 접근하기 어려운 희소한 권력을 갖는 것 등의 성격을 갖기에 국민이 거부감을 표현할 가능성이 있습니다. 따라서 그 안은 '정당 가입으로 근무시간 외의 일반 시민화' 정도로 요구함이 거부감을 낮추는 방식일 것입니다.

'공직 선거에 출마 시 90일 전 사퇴 조항 삭제', '당선 시 공무담임권 보장을 위해 휴직 보장', 두 안은 모두 직접 정치적 영향력이 높고, 완전히 정치영역에서 활동하는 것이며, 일반 시민이 가지기 어려운 접근성을 요구하는 것이기 때문에 시민의 반발에 부딪힐 가능성이 큽니다.

그렇기에 첫째, 참정권 회복을 위한 대중운동은 시민에게 공감을 불러일으켜야 합니다. 단순히 운동을 이끄는 중추 세력의 선동적 이념형으로 선언하면 국민의 공감을 얻기 어렵습니다. 따라서 시민단체는 시민들이 거부감이나 반발을 불러일으키는 주의나 주장을 섣불리 내세우지 않도록 조심할 필요가 있습니다. 교원 참정권의 완전한 회복을 최종 목표로 삼고 운동을 전개한다고 할지라도 시민이 쉽게 인정할 수 있는 전략적 명분을 내세우는 노력은 목적의식만큼 중요한 것입니다.

둘째, 지역을 중심으로 풀뿌리 참정권 운동을 펼칠 수 있습니다. 각 지역에서 보호자의 지지를 받기 위한 노력이 필요합니다. 공교육인 학교는 모든 지역에 분포하고 있다는 지리적 이점이 있습니다. 다양한 교원단체들이 나서서 단위 학교 보호자들의 마음에 다가가는 노력이 필요합니다. 교사들의 정치운동이 해당 학교가 영향을 받는 교육정책을 올바로 세우는 길이라는 것을 홍보할 기회를 다각적으로 마련해야 합니다. 교원단체들은 일반 시민들에게 교사가 배제되어 정책과 제도가 만들어지는 문제점을 알리고, 그렇게 교육 현장에서 멀어진 교육정책으로 인하여 수많은 학생이 피해를 받고 있다는 점을 적극적으로 알릴 필요가 있습니다. 교사가 참정권을 회복하면 정당에 참여하고 정당이 올바른 교육정책을 형성하는 데 큰 도움이 될 수 있을 것이라 홍보할 필요가 있습니다.

작은 단위의 교원노조나 교원단체 지부가 큰 역할을 할 수 있습니다. 정부가 내놓는 교육정책에 대해서 사안에 따라 학부모회와 협력할 수 있다고 생각합니다. 그동안 교원노동조합과 교원연구단체는 수많은 교육정책에 대하여 학부모 단체와 협력했던 경험이 있습니다. 그런 경험을 바탕으로 이번에는 학교 단위의 작은 조직이 주체가 되어 각 학교에 구성된 학부모회와 소통하면서 교원의 참정권에 대해 인정받을 수 있습니다. 모든 학교에서 가능한 방법이지는 않겠지만 가능한 역량을 가진 인물이 있는 학교부터 이러한 전략을 실천해 보면 좋겠습니다. 물론 각 학교 안에서 중요한 학교 일에 대하여 학부모회와 교원단체가 대립적인 입장에 설 수 있습니다만, 교육청이나 정부가 추진하는 교육정책에 대해서는 학생의 이익을 중심으로 연대할 것들이 많이 있습니다. 이러한 채널은 교사 참정권 운동에 굳건한 토대가 될 것입니다.

셋째, 교원단체는 교사 참정권에 호의적인 언론과 동반하여 지속적인 홍보 활동을 해야 합니다. 또한, 학교와 교사를 근거 없이 비방하는 언론에는 맞대응해야 합니다. 그동안 보수 언론은 전교조 및 교육 운동을 하는 교사들을 의식화 교사라고 혐오하는 여론을 조장해 왔습니다. 보수 언론의 혐오 조장 기조는 오랫동안 군부정권에 편승하여 국민의 마음에 근거 없는 불안감을 조장하여 배제와 차별 심리를 심어주었습니다. 교사에게 정치적 자유를 주면 교사가 학교와 교실을 편견과 세뇌로 오염시킬 것이라는 불안 말입니다. 그러나 이러한 언론의 수구적인 태도는 오히려 학교와 교사의 정치적 중립을 흔들고 민주시민교육을 가로막고 있습니다. 따라서 학교와 교사도 근거 없는 언론의 정치 외압에 대하여 언론 중재 신청과 같은 방법으로 강력하게 맞대응해야 합니다. 이러한 과정에서 교원단체는 교사를 보호하고 교육청과 교육부는 학교와 교사를 지원하는 노력을 해야 합니다.

넷째, 교원단체는 새롭게 참정권을 확보한 학생을 지도할 수 있는 민주시민교육의 상을 마련해야 합니다. 이를 위해 교사가 참여적 중립성이라는 전문성을 발휘하여 민주시민교육을 할 수 있다는 점을 알려야 할 것입니다. 참여적 중립성에 토대를 둔 민주시민교육은 교육기본법이 제시하는 교육의 정치적 중립을 갖추는 것이지 국가공무원법상 금지한 정치적 행위를 하는 것이 아니라는 점을 분명히 해야 합니다. 교사도 자신이 교실과 학교에서 학생을 대하는 장면에서 이루어지는 시민교육은 교육기본법의 정치적 중립을 완성하는 것이라는 점을 분명히 인지해야 합니다. 그렇지 않으면 국가공무원법에서 말하는 정치 금지와 회피의 논리에 경도되어 민주시민교육을 실행할 기회를 잃어버리게 될 것입니다.

참고문헌

1) 배소연(2020). 「교육의 정치적 중립성의 헌법적 의미 회복을 위한 비판적 검토: 교육입법, 교육행정, 교육판례 분석을 중심으로」. 공법연구, 48(4), 173-201.

2) 강민정 외 (2020). 공직선거법 일부 개정 법률안(의안번호 2105371). [Online] http://likms.assembly.go.kr/bill/main.do

3) 민형배 외 (2020). 국가공무원법 일부 개정 법률안(의안번호 2104671). [Online] http://likms.assembly.go.kr/bill/main.do

4) 국가법령정보센터(2022.08. 검색). (헌재 결정례 정보)노동조합법 제12조 등 위헌 확인. [Online] https://law.go.kr/detcInfoP.do?mode=1&detcSeq=137629

5) 임혁백 (2014). 『비동시성의 동시성: 한국 근대정치의 다중적 시간』. 서울: 동화인쇄.

6) 부산일보 (2021.10.21.). "동네서 술 마시다가 기초의원 공천받아" … 이준석 발언에 부산 정치권 '갑론을박'. [Online] http://mobile.busan.com/view/busan/view.php?code=2021101215263932833

7) 내일신문 (2019.3.13.). 우리 국민 '정당 가입률' 5.8% 수준. [Online] http://m.naeil.com/m_news_view.php?id_art=306730

8) 한국선거학회 (2010). 『정당의 지방선거 후보자 공천과 정당공천제도 개선에 관한 연구』. 중앙선거관리위원회 위탁연구 연구보고서.

9) G1방송 (2020.7.12.). <YES or NO> 기초의원 정당공천제 찬반양론. [Online] http://www.g1tv.co.kr/news/?newsid=229168&mid=1_7

10) 강민정 의원 등 (2020.11.17.). 공직선거법 일부개정법률안 (의안번호 2105371). [Online] http://likms.assembly.go.kr/bill/BillSearchSimple.d

11) 장지원 전문위원 (2021.2.). 『공직선거법 일부개정법률안 및 공무원·교원 정치기본권 보장 관련 법률개정에 관한 청원 검토 보고』. 제384회 국회(임시회) 제3차 행정안전위원회.

12) 오마이뉴스 (2021.11.24.). 이재명 "교원·공무원 트위터까지 위법이라는 것은… " [Online] http://omn.kr/1w5ht

13) 교육플러스 (2021.11.26.). 이재명의 '교사 정치활동 보장' 발언에… 7개 교육단체, 교원정치기본권 보장 입법 촉구. [Online] http://www.edpl.co.kr/news/articleView.html?idxno=3543

7장

교사 참정권이
회복된 세상

이 책에서 강조하였던 교사의 참정권 회복을 단지 교사가 잘 가르치기 위해 필요한 조건이라고 보는 것은 아닙니다. 교사의 존재가 가르치는 것이기 때문에 교사의 참정권이 추가적으로 필요한 부분도 있겠지만, 근본적으로 대한민국 국민이기에 참정권을 보장받아야 한다는 것입니다. 물론 교사가 공교육을 담당하고 있기에 직무상 교육의 정치적 중립성을 확실히 지켜야 합니다. 또한, 국가의 공교육을 담당하는 공무원이기에 직무와 관련하여서는 정치적 중립을 준수하는 것이 타당합니다. 그러나 현재처럼 공무 내외를 막론하고 원천적으로 참정권을 완전히 박탈하는 상황은 교육과 국민을 위해서도 바람직하지 않습니다.

이에 이번 장에서는 교사가 참정권을 갖게 되었을 때 기대할 수 있는 공익을 예상해 보려고 합니다. 국가공무원법은 교사를 특별히 구분하지 않고 공무원의 기본권을 제약하였으나 이 책에서는 교사의 참정권에 집중하여 예상되는 변화를 보는 것이 적절합니다. 따라서 이번 장에서 언급하는 참정권 회복 효과는 교사의 경우에 한해서 보도록 하겠습니다.

민주주의 지평의
확대

1장에서 서프러제트를 소개하면서 그 당시 영국 사회에 만연한 여성에 대한 차별적 시선을 언급한 적이 있습니다. 조선시대 1894년 갑오개혁을 통해 노예가 해방되던 때에 사회 주류세력은 여전히 노예의 근성과 예속성을 핑계로 노예의 인권에 대해 부정적이었습니다. 비슷한 사례로, 중국에서는 여성의 전족[i] 풍습이 존재하였고 이를 금지하였을 때 많은 반발이 있었습니다. 많은 남성들이 여성스러움을 전족에서 찾는다고 주장하였고, 심지어 여성 당사자가 자신의 정체성은 전족에 있다면서 고집스럽게 발을 묶었습니다.

노예와 여성에 대한 참정권 금지제도는 노예와 여성에 대한 철저한 대상화 과정이 담겨 있습니다. 여성과 노예는 스스로 공적인 사회 주체로서 공화적 판단을 하지 못할 것이라는 편견 기제가 작동하면서 여성과 노예에 대한 차별을 정당화하는 것 말입니다. 전 세계 국가들이 헌법을 두고 그 안에서 주권재민과 만민평등을 선언하기 얼마 전까지만 해도 과거 신성

---

i) 전족(纏足). 중국의 옛 풍습의 하나로 여자의 엄지발가락 이외의 발가락들을 어릴 때부터 발바닥 방향으로 동여매어 자라지 못하게 한 일이나 그런 발을 이른다. 발뒤꿈치에서 발끝까지 약 10cm 정도인 작은 신발에 발을 욱여넣어 기형적으로 발이 자라며 신체 구조까지 변형을 일으킨다.

과 계급 지배의 유산인 노예제도가 없어지지 않았다는 점을 통하여 보면 우리 인류의 사회문화적 진화는 매우 더디고 어렵다는 점을 알 수 있습니다. 대부분 국가는 전쟁을 거치면서 발생하는 수많은 적국의 포로 또는 식민지 백성을 노예로 가두고, 사회 안에 촘촘히 나누어진 계급을 보호하기 위하여 계급 간 혼인을 엄격히 금지하였습니다. 조선의 서얼제도가 대표적인 계급 보호제도라고 할 수 있을 것입니다. 이러한 제도는 애써 그 사회 질서를 온존하기 위하여 각종 세습법과 폭력적인 규정을 이용하여 다수의 어린이와 사회적 약자들을 노예계급으로 재생산하였습니다. 그리고 이들에게는 기본권을 박탈함으로써 사회 질서와 지배 구조를 보호하였던 것입니다. 이러한 억압적 지배 질서 아래에서 국민 대다수는 복종의 미덕과 주권의 상실, 자치의 실종을 체득하면서 살아온 것입니다. 따라서 국가가 노예를 해방하는 것과 그들에게 참정권을 부여하는 개혁은 사회의 기득권 저항 세력을 극복하고 민주주의 제도로 성큼 다가서는 길이었습니다. 실제로 노예가 참정권을 갖는다는 것은 헌법이 선언하는 만민평등과 주권재민 사상을 구현하는 것이기 때문입니다.

마찬가지로 여성의 참정권도 같은 의미를 지닙니다. 참정권이 한 사람에게 어떤 의미를 갖는 것일까요? 사회 및 국가 공동체가 그 사람이나 그 집단을 사회구성원 주체로서 그 공동체의 운명이 걸린 중요한 일에 대한 의사결정을 내릴 수 있는 존재임을 인정하는 것이라고 볼 수 있습니다. 영국 국가의 주권을 공동으로 소유한 자가 국민 모두라는 점을 고려할 때, 서프러제트 운동의 성공은 사실 영국 성인 남성만큼 여성 인구가 주권자로 포함되었다는 점에서 민주주의의 지평이 확대된 것으로 해석할 수 있습니다.

민주주의가 발전하는 과정은 주권을 더 많은 사람에게 나누는 과정이라고 할 수 있습니다. 고대 민주주의의 시원으로 보고 있는 아테네에서는 노예와 여성, 어린이를 제외한 시민들만 정치적 중요 사안을 결정하는 데 참여할 권한을 가지고 있었습니다. 이후, 세계근현대사에서 벌어진 노예해방운동과 여성 참정권 운동은 주권을 더 많은 사람에게 확대한 운동입니다. 같은 참정권 운동이지만 노예해방운동에 비해 여성 참정권 운동의 역사는 잘 알려져 있지 않은 것 같습니다.

세계 최초로 여성에게 투표권을 부여한 나라는 영국이 아니라 뉴질랜드입니다. 뉴질랜드는 1893년에 케이트 쉐퍼드가 의회에 올린 여성투표권 청원을 통과시키는 것으로 여성 투표권을 인정하였습니다. 물론 1798년 프랑스 혁명 시기에 활약한 올랭프 드 구즈, 1872년 불법 투표를 한 미국의 수잔 엔서니, 영국의 서프러제트 운동을 이끈 에멀린 팽크허스트 등 세계 여러 국가의 여성들은 여성의 존재를 참정권에서 인정받으려고 노력하였습니다. 여성이 참정권을 쟁취하게 된 일이 가지는 의의는 민주주의 지평이 100% 확대된 것입니다. 전체 투표가 가능한 남성만큼 여성인구의 존재가 있을 것이라고 대략적인 판단을 할 수 있기 때문입니다. 이렇게 민주주의는 지평을 확대해 발전하여왔습니다.

이코노미스트 인텔리전트 유닛(Economist Intelligent Unit, EIU)은 167개에 이르는 국가들의 민주주의 지표를 매해 발표하고 있습니다. 비록 이 단체가 민주주의 지표를 분석하는 목적이 기업 경영을 돕고자 전 지구적인 역동성을 파악하는 것이고 정치 경제적 외양을 분석하는 것이라는 점에서 일정한 한계를 전제로 할지라도 대한민국의 민주주의 지표를 분석 및 비교할 수 있다는 점에서 살펴볼 가치가 있습니다. 2021년에 발표한 자료에 따르면 대한민국은 16위를 기록한 엄연히 "완전한 민주주의" 범주에 들어가는 나라가 되었습니다.[1] 앞에서 말한 것처럼 2019년에는 23위로 "불완전한 민주주의" 단계였다는 점을 고려하면 대한민국의 민주주의 수준은 상당히 빠르게 나아지고 있는 것이 분명합니다. 주목하여 볼 점은 다섯 가지 영역 중에서 '정치적 참여' 영역에서 가장 낮은 7.22점을 맞았다는 점입니다. 이 점수는 대한민국 평균 점수 8.16에 비하여 상당히 낮은 점수인데 이 현상의 원인을 곰곰이 따져볼 필요가 있습니다.

정치적 참여라는 관점에서 보면, 교사와 공무원이 일반 시민과 나란히 참정권의 자유를 누리게 된다면 수치상으로 전체 국민 중 정치에 참여하는 비율이 급상승할 것입니다. 양적인 문제뿐만 아니라 질적인 변화도 예상할 수 있습니다. 현재 5% 정도의 국민이 정당에 참여하고 있지만 실제 정당 활동에 참여하는 비율은 이중 절반에도 못 미치고 있는 형편입니다. 그런데 100만 명이 넘는 교사와 공무원이 정당과 시민단체에 참가하는 모습을 보인다면 국민의 의식에 깊은 변화를 일으킬 것입니다. 물론 모든 교사와 공무원이 간접적인 정치활동을 할 것이라 기대하는 것은 아닙니다만 적어도 대한민국이 "완전한 민주주의" 범주에 걸맞도록 시민들의 정치의식 변화를 촉구할 수 있는 계기가 될 것입니다. 일반 국민이 정당과 정치단체에 적극적으로 참여하지 않는 상황에서, 교사와 공무원의 참정권 회복은 일반 국민에게 참정권의 소중한 의미를 되살리고 정치 무관심의 사회적 문제를 되짚어 볼 수 있는 등 사회문화 전반에 선한 영향력을 행사할 것이 분명합니다.

교육정책의 변화와
지속가능성

코로나19로 인하여 원격수업이 일상적으로 일어나게 되었고 대면 수업이 부족했기에 기초학력 저하 현상이 일어났다고 걱정이 많습니다. 특히 학력의 중간층이 무너져 쌍봉형 그래프를 그리고 있다고 합니다. 학업 성취도가 높았던 학생들은 학교 교육의 비정상적인 운영에도 불구하고 보호자의 개인 재력에 의존한 사교육의 도움을 받아 학력을 꾸준히 유지하는 반면, 본디 학교 교육에 절대적으로 의존하던 중간층은 아래로 가라앉는 현상을 보인 것입니다. 사회경제적 계층 배경이 학력에 영향을 미친 전형적인 현상입니다. 그런데 대한민국처럼 빈부 차가 극심한 사회는 교육이 두꺼운 계층사다리가 되어 계층이동이 활발해야 사회정의가 실현된다고 보는 경향이 있습니다. 즉 적어도 교육은 모든 사람에게 공평한 기회를 보장해야 한다는 공정 개념입니다.

　이런 공교육의 역할이 코로나19로 인하여 위협을 받았습니다. 코로나19를 계기로 수면 아래에서 흐르기에 드러나지 않았던 사교육의 계층 고착화 경향성이 드러났다고 말하는 것이 더 솔직하겠습니다. 우리 사회에서 실제 이루어지고 있는 다양한 사학습(私學習)의 모습 속에는 자유와 행복 보장만 있는 것이 아니라 사회정의에 대한 위협 요인이 포함되어 있습니다.

헌법이 선언하고 국가가 보장하는 공교육은 보편성과 수월성을 함께 추구하는 복합적 이념을 갖습니다. 보편성은 학생과 일반 시민의 사회권을 보장하기 위한 형평성과 행복 보장을 최고 가치로 두는 반면, 수월성은 신자유주의 논리에 따라 개인의 능력 개발과 경제 인재 양성을 최고 가치로 두기 때문에 둘은 길항적 관계를 갖습니다. 따라서 어떠한 정권이 들어서는가에 따라 보편성이 중심 논리로 서기도 하고 수월성이 보편성을 억누르기도 합니다. 이런 면에서 국민이 교육정책의 특정 가치를 알아보고 그 교육정책이 우리 사회에 공익을 향상할 수 있는지 가늠하는 기회가 반드시 필요합니다. 만약 교육 분야의 일이기 때문에 일반 국민이 생소하다면 당연하게도 교육 분야에서 전문성을 가진 교원단체가 나서서 교육정책의 공익성과 타당성을 따져보아야 할 것입니다. 그리고 일반 국민이 합당하게 총의를 생성하는 데도 교원단체가 기여할 일이 있을 것입니다.

2022년 6월에 치러진 제8회 교육감 선거에 출마한 후보 공약 중에는 공통으로 기초학력 향상 방안이 있었습니다. 지금도 교육청은 학교 현장에 기초학력을 향상하기 위해 상당한 예산을 학교로 내려보내고 있습니다. 그러나 과연 소비하는 예산만큼 성과를 거두고 있는지 의문스럽습니다. 거의 모든 학교에서 같은 방식으로 방과후 보충 프로그램을 돌리고 있고 해당 교과의 지도교사가 보충 지도를 하지만 해가 바뀌면 여전히 대상 학생 수는 줄지 않고 그 학생이 다시 학습 부진 대상자로 선정되기 때문입니다.

이 현상에 대한 진단은 다양하겠지만 기본적으로 국가 수준 교육과정의 난이도에서 그 원인을 찾을 수 있습니다. 대한민국의 국가 교육과정은 높은 난이도로 소문이 났습니다. 이렇게 어려운 것을 배우는 덕분에 국제적 PISA 평가에서 우수한 성적을 거두는지도 모르겠지만, 어려운 교육과정은 이에 적응하지 못하는 많은 학습 부진 학생을 양산하는 원인이 되고 있습니다. 또한, 국가 학업 성취도처럼 획일적인 표준화 지향 평가를 보면 언제나 하위 학생들이 특정됩니다. 의무교육인 데다가 유급 없이 진급하는 학년제를 운용하는 대한민국에서 난이도 높은 국가 교육과정에 적응하지 못하는 학생을 특정하여 12년 동안 학습 부진이라는 낙인을 매해 찍어대는 상황이라고 할 수 있습니다.

초등학교의 돌봄교실을 8시까지 연장해서 운영한다고 합니다. 그런데 그 정책에는 어린이들의 복지에 대한 고려가 부족합니다. 만 9세 이하의 어린이가 아침 9시에 등교한다고 치더라도 정규 수업을 다 마치고 다시 돌봄교실에서 오후 8시까지 있게 되는 것입니다. 장장 11시간을 학교에서 머물게 되는 것으로 어린이의 성장에 좋지 않은 영향을 줄 것으로 여겨집니다. 따라서 어린아이들이 머무를 공간을 설정할 때 학교에만 국한하지 말고 학교 주변 안전한 공간들, 도서관, 문화의 집, 지자체 관리 놀이센터 등으로 다각화해야만 합니다. 서울시 도봉구청, 중구청 등 이미 많은 지자체에서 성공적으로 지자체 중심 돌봄 센터를 운영하고 있습니다. 학교의 열악한 행정 역량을 고려할 때 설령 학교가 돌봄 시설을 제공한다고 할지라도 돌봄 행정에 관한 사무를 지자체가 담당하여 돌봄 복지를 확대하는 것이 마땅합니다.

2022년 8월 현재 윤석열 정부의 교육부는 초등학교 입학 연령을 만 5세로 앞당기겠다고 합니다. 이에 대해 교육과 관련한 학부모 단체나 교원 단체는 졸속으로 추진하는 정책이라며 반대를 분명히 밝혔습니다. 유아의 발달 수준을 전혀 고려하지 않고 경제 논리에 따라 급조된 교육정책이라는 비판이 일고 있습니다. 이렇게 중요한 정책을 내놓으며 국민의 여론을 미리 살피지 않는 윤석열 정부의 서투름이 안타깝습니다.

학력 향상 정책과 돌봄 연장 정책, 그리고 입학 연령 정책에 이르기까지, 대통령, 교육부 장관, 교육감 등 선출직 공무원들이 최종적으로 결정하는 데 일반 국민과 교육 전문가의 의견이 합당하게 반영되지 못하고 있습니다. 일반 국민이 생소한 사안에 대하여 교원단체는 공익의 입장에서 안내하고 공론장에서 여론을 형성하고 정부는 이를 수용하는 민주적 거버넌스를 제도적으로 마련해야 합니다. 그래야 지속할 수 있는 공교육 및 학교 교육이 가능합니다. 21세기 지속가능한 공교육과 학교 교육을 위해서 민주적인 거버넌스를 구축하는 것은 선택이 아니라 필수적인 제도라고 할 수 있습니다.

위에서 열거한 많은 논쟁적 교육 정책들에는 이미 대안이 마련되어 있는 것도 있고 다각적인 접근방법에 익숙한 교육 현장의 전문가들이 많이 있는 것도 사실입니다. 다음 나열하는 것은 위의 시급한 교육 현안에 대하여 현장 중심의 대안을 사례로 제시하는 것입니다. 이런 의견을 제시하는 까닭은 이대로 정부가 정책을 만들어야 옳다는 것이 아니고, 정부가 참정권을 가진 교사와 교원단체를 정책파트너로 존중하고 거버넌스를 마련해 나가야 한다는 것입니다.

첫째, 기초학력을 개선하는 데에 가장 기본적인 성취 수준을 마련하고 목적 지향적으로 사업을 추진해야 합니다. 둘째, 온종일 돌봄 체제를 마련하기 위해서는 범국가적 대책 차원에서 논의기구가 마련되어야 하고 지자체 중심 돌봄 행정이 이루어져야 국민의 큰 요구를 수용할 수 있습니다. 셋째, 정부가 입학 연령을 낮추는 방안에 대해서는 국가교육위원회가 나서서 대한민국 교육의 중장기적 비전을 지니고 국민 여론을 형성해야 합니다. 또한, 정부는 유치원 교사, 어린이집과 초등교사 단체의 의견을 수렴하는 민주적 거버넌스 체제를 마련해야 합니다.

교원단체가 교육 분야의 전문성을 가지고 정부의 교육정책에 협력하고 정당과 국회에 올바른 교육정책을 제안하는 역할을 할 수 있어야 합니다. 교사에게 공무 외 정치적 의사 표현이 가능하게 될 때 교원단체가 주체적 입장으로 설 수 있게 되고 민주적 거버넌스를 마련할 수 있게 됩니다. 민주적 거버넌스는 지속가능한 교육정책을 마련하고 유지하는 토대가 될 것입니다. 그리고 어떤 정권이 들어서느냐와 상관없이 교육계 안에서 보편적으로 인정되는 가치를 추구하는 지속가능성이 확보될 것입니다.

2022년 8월 현재 논란을 빚고 있는 만 5세 초등학교 입학 정책은 대표적으로 정부가 여론을 무시한 교육정책이라고 할 수 있습니다. 건전한 숙의와 참여형 교육정책이 되려면 정부는 정당과 국회에 공론화를 요구하고 여러 교원단체 및 시민단체들과 접촉하며 숙의의 시간을 갖는 것이 타당합니다. 이미 교원단체는 그런 사안에 대한 전문적 의견과 대안을 가지고 있기 때문입니다.

만약 교사가 공무 외 시간에 정당원으로서 활동한다면 정당은 교사의 의견을 직간접적으로 수렴한 제도를 만들 것이고 교육정책에 대한 공식적인 입장을 가질 것입니다. 또한, 정당은 교원단체와 상시적인 채널을 만들어 의견을 수렴할 것입니다. 교사가 공직 선거에서 선거운동을 할 수 있다면 교육감 후보들이 내세우는 공약이 더욱 현장 적합성을 띨 것입니다. 또한, 대선, 총선, 지방선거 후보들의 공약 속에서 교육 공약이 당당히 한 분야로서 자리매김하면서 교육을 더 중요한 국가 대업으로 인식할 것입니다.

여기서 말씀드리는 것은 교사의 참정권 회복이 교육정책을 표층적인 인기 영합에 치우쳐 일회적으로 인식하는 현재의 문제를 극복하는 데 도움이 된다는 점입니다. 교사가 정당의 한 구성원이 되면 정당의 변화를 이끌 수 있습니다.

정당의
변화

시민 대부분이 정치에 참여하는 방식을 거칠게 직접 참여와 간접 참여 방식으로 구분해 볼 수 있습니다. 시민이 직접 공직 선거에 출마하는 직접 참여 방식은 기회의 문이 극히 좁다는 점에서 대중적인 간접 참여 방식을 중심적으로 논의하고 직접 참여 방식은 뒤로 미루는 것도 좋을 것 같습니다.

우리나라 국민 중 정당에 가입한 비율은 5% 정도입니다.[2][3] 대한민국의 정치는 정당정치라는 점에서 보면 우려스러운 통계치입니다. 이렇게 낮은 비율을 설명할 수 있는 요인 중에서 가장 적합한 것은 유권자가 정당과 국회를 신뢰하지 못하는 태도일 것입니다. 유권자는 정부, 대법원, 대기업, 노동조합, 시민단체 등 다양한 기관과 정치단체 중에서 유독 정당과 국회를 가장 불신하고 있습니다. 이러한 현상은 당장 유권자가 정당에 가입할 가능성을 낮출 뿐만 아니라 정당정치를 기둥으로 삼는 대한민국 정치 전반의 신뢰도를 하락시키는 원인이 되고 있습니다. 특정 정당에 가입한 사람이라고 할지라도 자기 정당의 중심적 의사결정자가 일반 당원이 아니라 중앙당 지도부나 국회의원이라고 인식하고 있는 형편입니다. 그렇다보니 일반 시민들이 정당 활동의 가치를 알지 못하고 소극적이게 되는 것입니다. 또한, 정당의 민주성이 낮을수록 일반 시민의 불신도 커지게 되는 것입니다.

요즈음 들어 온라인 국민청원 및 제안, 유튜브, 팟캐스트 등 다양한 온라인 소통 매체를 통해 정당을 거치지 않고 정부나 지자체에 직접 의견을 개진하는 정치활동이 두드러지고 있습니다. 대안이 생겼으니 마냥 좋다고만 할 수도 없습니다. 그만큼 시민 각 개인이 정치에 참여하는 기회나 시간이 늘었는지에 대해서는 긍정적인 답을 하기 어렵습니다.

대표적인 간접 참여 방식으로 손꼽히는 사회단체에 대한 참여율도 최근 7년 동안 지속적으로 하락하고 있습니다. 지방선거 투표율은 60%를 넘기지 못하고 있고 특히, 30대 이하 연령층이 매우 낮은 투표율을 보이고 있기에 공직 선거 당선자의 대표성을 높일 방안이 시급한 상황입니다. 현재 발생하고 있는 공직 선거의 높은 기권율을 설명하는 다양한 이유가 있겠지만 무엇보다도 유권자들이 찍을 만한 정당이나 후보가 없다는 점이 투표를 포기하게 만들고 있습니다. 지역 정당이 허용되지 않는 정당법을 가진 대한민국에서 현재의 거대 정당 두 군데는 다양한 요구를 가진 시민들을 포용할 수 없는 한계를 갖고 있습니다. 이제 우리 사회의 다양한 분야를 직접적으로 대표할 수 있는 특화된 정당들이 나와야 유권자들이 자신들의 생각을 투표로 담을 것입니다. 2022년 현재 거대 양당인 더불어민주당과 국민의힘, 두 당은 서로를 견제하기에만 급급하고 상대 당을 적으로 모는 정치 전략으로 인하여 공룡 정당, 포괄 정당적인 성격을 갖습니다. 그만큼 사회의 약소 세력이나 전문적 영역들을 대변할 정당들이 설 자리는 줄어든다고 보아야 할 것입니다.

현재 당비를 납부하는 진성당원 비율이 낮은 상황에서 정당 내부에서는 강력한 후견인에게 휘둘리거나 중앙당 수뇌부의 힘 있는 세력이 의사결정을 주도하는 비민주적인 상황들이 보입니다. 교사와 공무원이 충분히 후원비를 납부하는 진성회원이 된다면 정당 내에서 일반 정당원이 더 발언권을 갖고 민주적인 의사결정 체제를 이루는 데 도움이 될 것입니다.

현재 거대 정당인 더불어민주당과 국민의힘은 일관된 교육정책을 만들지 못하고 있습니다. 거대 정당들은 고교학점제와 수능 정시 강화의 불일치, 사회통합 원칙과 맞춤형 개별화 교육의 불일치, 고교 다양화와 편법적 교육과정 운영의 불일치 등 불일치하는 비전문적 교육정책들을 나열하고 있을 뿐입니다. 거대 양당의 당헌과 당규에는 이렇게 충돌하는 교육 이상에 대한 대안을 찾아보기 어렵습니다. 헌법이 규정한 정치적 중립을 핑계 삼아 교육에 대해 그동안 거대 정당들이 무관심했다는 방증입니다.

교사들이 정당의 당원이 되고 후원회원이 된다면 정당들은 교육에 대하여 전향적인 관심을 가질 것입니다. 정당의 당헌과 당규뿐만 아니라 공직 선거에서도 교육 분야의 공약이 꽃피울 기회를 가질 수 있습니다. 역설적이게도 교육을 보호한다는 정치적 중립성 원칙이 교육에 대한 정치의 무관심을 불러오게 되었습니다. 따라서 교사의 참정권을 회복하는 것이 교육에 대한 예산의 확대, 지속가능한 교육정책 마련, 정당의 심도 있는 교육철학 정립 등에 도움이 됨을 주지하여야 합니다.

2017년 기준으로 대한민국의 공무원은 지방직을 포함하여 무려 100만 명에 이르고 있는데 이들이 정당에 참여하여 당비를 납부하고 정당 여론을 형성한다면 정당의 민주성이 한 차원 발전할 수 있는 계기를 만들 수 있습니다. 또한, 여러 교육정책에서 배제되었던 교사들이 전문성을 바탕으로 여러 정당에서 교육정책을 수립하는 데 참여하면 교육의 공공성을 더 높일 수 있습니다. 4·19 혁명을 거치며 교사와 공무원에 대한 정권의 부정한 간섭을 막고자 도입한 '정치적 중립성'은 이제 '정치 배제'가 아니라 '개방적 정치 참여'로 해석되어야 하고, 교사가 정치적 민주성을 발휘하여 민주시민교육을 할 수 있도록 정치기본권을 부여해야 합니다.

물론 이러한 변혁의 부수적 효과는 사회 일반에 많은 영향을 주겠지만 무엇보다도 가장 큰 효과는 학교 교육의 본질적 변화입니다. 정치적 이방인에 머물러 있던 교사들이 사회적 민감성을 가지고 자신의 수업에서 참여적 중립성을 지켜가며 학생들의 민주시민성을 신장할 수 있게 됩니다. 또한, 정치적 기본권을 가진 교사는 학교가 지식을 주입하는 입시학원으로 변질하는 것을 탈피하여 학생들과 삶에 결부되는 교과 내용을 가르치고 우리 사회의 문제를 들여다볼 수 있는 예리한 시선을 가르칠 것입니다. 또한 사회를 해석하고 비평하며 새로운 길을 모색할 수 있는 성숙한 민주시민성을 배양할 수 있는 공간으로 학교를 탈바꿈하는 데 기여할 수 있습니다. 이런 연유로 인하여 국가는 교육의 정치적 중립을 위하여 교사의 정치기본권을 보장하여야 합니다.

첫째도, 둘째도, 셋째도
민주시민교육

여러분은 스페인 알타미라의 동굴벽화에 그려져 있는 화려한 소 떼 그림을 보거나, 프랑스 라스코 동물벽화에 그려져 있는 말 떼, 소 떼를 보면서 혹은 울산 언양면에 소재한 반구대 암각화에 새겨져 있는 무수한 고래 떼를 보면서 무슨 생각을 합니까? 대부분 사람은 구석기인과 신석기인이 도대체 왜 온갖 수고를 무릅쓰고 그런 그림들을 바위에 새겼을지 궁금해할 것입니다. 미술사가와 역사가 대부분은 그림이 품고 있는 주술적인 의미에 주목합니다.[4]

　한반도 울산지역에 살았던 신석기인들은 반구대 암각화 그림을 새기면서 부족 공동체의 안녕과 지속성을 기원하였다고 합니다. 왜냐하면, 고래, 사슴, 멧돼지, 호랑이 등은 이들이 생존하는 데 꼭 필요한 사냥감이기도 하고 때로는 먹이를 두고 다투어야 하는 경쟁자이기도 하였기 때문입니다. 이들의 생김새와 행동 양식을 이해하는 것과 사냥하는 기술을 아는 것이야말로 부족 공동체가 가진 일급 정보임이 분명합니다. 이들의 모습을 담은 암각화를 제작하면서 부족을 하나로 묶는 동질성을 부여하는 신에게 풍요와 안녕을 기원했을 가능성도 있습니다.

　그러나 주술성은 역사학자가 암각화를 보는 일반적인 시선에 근거한

것으로 실제 반구대 암각화를 제작한 특정한 신석기인들의 마음속에 얼마만큼 신에게 의지하는 주술성이 담겨 있느냐는 확인할 수 없는 미지의 영역입니다. 따라서 더 객관적인 관점을 견지하기 위해서는 주술성보다 표면적으로 드러나는 실용적인 용도를 논의하는 것이 바람직하다고 생각합니다. 여기서 한 단계 깊게 생각해 볼 일은 주술적 행위가 무엇 때문에 발생하는가 하는 점입니다.

주술사가 주술적 행위를 하는 것은 공동체적 목적에 닿아 있습니다. 즉, 자신이 속한 부족 공동체의 현재와 미래의 안녕을 기원하는 것입니다. 현재와 미래의 안녕을 기원하는 행위로는 교육과 학습이 대표적입니다. 현재 구성원에게 부족 공동체가 가진 지식과 기술을 가르치고 또한 이를 위해 기록으로 남기는 행위는 부족 공동체의 생존과 지속성을 확보하기 위해 꼭 필요한 공동체 전체의 과업입니다.

반구대 암각화에 새긴 고래는 부족 공동체가 사냥할 수 있는 최고의 동물이면서 가장 위험한 동물일 수 있었습니다. 그래도 한번 사냥에 성공하면 고래는 부족 전체가 한두 달 먹고 지낼 만한 크기의 식량이 될 수 있었을 것입니다. 그러나 고래에 대해 잘 모르고 덤볐다가는 사상자가 빈발할 만큼 고래는 위험한 동물입니다. 강한 이빨과 빠른 몸놀림을 하는 범고래는 사냥하기 적합하지 않았습니다. 작살을 내리꽂을 때 고래의 두꺼운 피부를 뚫을 만큼 강한 힘으로 한 번에 뛰어들어야 했습니다. 섣불리 공격했다가 고래의 꼬리나 가슴지느러미에 맞게 되면 목숨을 잃을 수도 있었습니다. 수면에 떠 있는 작은 바위는 눈여겨 살펴보아야 했습니다. 왜냐하면, 귀신고래는 바위 색깔의 주둥이를 한 데다가 눈만 살짝 수면에 내놓고 바깥을 살피기 때문이었습니다. 작은 고래가 보일 때는 새끼 고래가 아닌지 살펴야 했습니다. 잘못하면 어미 고래에게 공격받을 위험이 있기 때문이었습니다. 또한, 잡은 고래를 어떻게 해체하여서 부족 공동체 구성원 모두에게 공평하게 나누어야 하는지 등은 매우 중요한 문제였습니다. 반구대 암각화 입면에는 이런 중요한 정보가 빼곡히 담겨 있습니다.

반구대 암각화는 신석기인들이 자연환경과 인문환경에 적응하고 살면서 필수적으로 알아야 하고 가치를 존중해야 할 지식과 기술을 담고 있습니다. 그리고 그것들을 직접 가르치든지 간접 견학하든지 교육과 학습을 통하여 현재 세대와 다음 세대에게 전해지기를 바랐을 것입니다. 즉, 신석기 시대 공동체는 가르친다는 교육적 목적을 가지고 반구대 바위 표면에 그림으로 새겨 놓았다는 해석이 타당합니다.[5]

반구대 암각화는 축제와 제의가 펼쳐지는 공간 안에서 배경이 되었습니다. 어른들은 아이들에게 새겨져 있는 고래의 생김새와 행동, 그리고 자신의 부족과 고래와의 관계를 일일이 가르쳐주며 자연스럽게 부족 공동체가 가지고 있는 지식이 다음 세대에게 전달되었을 것입니다. 부족 공동체의 축제와 제의가 주술적인 행위를 통하여 부족 공동체의 안녕과 번영을 기원하는 것이었다면, 교육은 매우 구체적으로 부족 공동체의 소중한 지식과 정보를 다음 세대에게 전달하는 방식으로 부족 공동체의 안녕과 번영을 이루어 내는 것이었습니다.

인간종은 출현과 동시에 교육하는 존재입니다. 이미 수십만 년의 역사 속에서 교육은 그 시대가 추구하는 인간으로 성숙하도록 이끄는 드러난 노력이거나 은연중에 미치는 노력이었습니다. 고대 그리스는 교양을 가르쳐서 시민을 기른다고 하였고, 근대 초기 국가에서 부르주아지는 자신의 자녀를 교양인이 되도록 견문을 넓히는 여행을 보냈습니다. 제국주의 전쟁으로 물든 근대를 탈피하였고 21세기 현대 사회가 된 마당에 교육은 어떤 사람을 길러야 할까요?

반면 교육이 한 공동체 전체를 잘못된 길로 인도하는 사례도 있습니다. 잘못된 사례로서 인성만을 강조하는 교육자들은 그 시대 국가의 질서를 따르게 하는 것이야말로 도덕교육의 당면 과제라 생각하여 인내, 질서, 준법 등만을 강조하기도 하였습니다. 그 사회가 가진 문제점을 성찰하는 비판적 사고는 사회를 파괴하는 해악이라고 생각하였던 것입니다. 특히 제국주의 시대의 청소년 교육은 선진적인 제국이 열등한 식민지를 다스리는 것이 신의 섭리이며 백인의 책임이라는 인종차별주의와 군국주의의 혼종 논리를 가르쳤습니다.

20세기에 가장 잔인한 학교 교육의 유산이라고 불릴 만한 일은 독일의 히틀러유겐트와 일본의 가미카제 특공대입니다. 독일의 학교들은 "너희들은 조국의 미래다. 총통에게 충성하여 순수한 게르만 민족국가를 건설하자."라는 말로 청소년을 세뇌하여 유대인 학살을 자행하게 하고 자진 입대를 충동하였습니다. 전쟁의 막바지에 일본의 교육은 어린 고등학생들에게 "너희들에게도 천황에게 충성할 수 있는 은총이 내려졌다."라고 선동하여 죽음의 길로 내몰았습니다.[6] 이들은 간단한 비행술 훈련만 받고 편도 연료만 지급된 채 폭탄을 싣고 미국 군함에 날아들어 자폭하라는 명령에 충실하게 따르는 전쟁 부속품으로 길러졌습니다. 교육이 국가의 구조적 폭력에 복종하는 살인 기계를 만들었던 과거를 극복하기 위해 우리는 무엇을 강조해야 할까요?

그래서 민주시민교육은 대한민국헌법이 학교에 요구하는 교육의 총체입니다. 대한민국 역사 속에서 시대정신을 구현하는 교육을 살펴봅시다. 일제강점기 시기에 오산학교, 대성학교와 같은 민족학교의 목표는 3.1운동 속에 피어난 민족자결주의 정신을 실현하는 사람을 키우는 일이었습니다. 그러한 교육이 충분히 실현될 수 있었다면 대한민국임시정부의 역사는 다시 쓰였을 것이며, 우리 민족은 외세의 힘이 아니라 우리 광복군의 힘으로 독립을 맞이할 수 있었을지도 모릅니다. 4·19 혁명에 성공한 이후 만들어진 헌법에 호응하는 교육의 목표는 무엇이었을까요? 1960년 6월 15일에 시행한 대한민국헌법은 "정의 인도와 동포애로써 민족의 단결을 공고히 하고 민주주의 제도를 수립하고"라며 그 이념을 밝히고 있습니다. 1987년 6월 민주화운동이 성공하고 개헌 헌법은 무엇을 담고 있을까요? 1988년 2월 25일에 개정된 헌법이 포함하는 전문은 아래와 같이 민주주의 이념을 확정하고 있습니다.

"유구한 역사와 전통에 빛나는 우리 대한 국민은 3.1운동으로 건립된 대한민국 임시정부의 법통과 불의에 항거한 4.19민주이념을 계승하고, 조국의 민주개혁과 평화적 통일의 사명에 입각하여 정의·인도와 동포애로써 민족의 단결을 공고히 하고, 모든 사회적 폐습과 불의를 타파하며, 자율과 조화를 바탕으로 자유민주 적 기본질서를 더욱 확고히 하여 정치·경제·사회·문화의 모든 영역에 있어서 각인의 기회를 균등히 하고, 능력을 최고도로 발휘하게 하며, 자유와 권리에 따르는 책임과 의무를 완수하게 하여, 안으로는 국민 생활의 균등한 향상을 기하고 밖으로는 항구적인 세계평화와 인류공영에 이바지함으로써 우리들과 우리들의 자손의 안전과 자유와 행복을 영원히 확보할 것을 다짐하면서 1948년 7월 12일에 제정되고 8차에 걸쳐 개정된 헌법을 이제 국회의 의결을 거쳐 국민투표에 의하여 개정한다."

이 헌법 전문에 부합하는 교육은 민주 이념을 계승하고 조국의 민주개혁과 평화적 통일을 달성할 수 있는 국민을 키우는 것이며 이것이 교육의 목적이라고 할 수 있겠습니다. 한반도에 거주하였던 신석기인이 암각화에 자신들이 사냥하고 의존하던 동물을 새긴 마음과 같이 대한민국헌법은 "우리들과 우리들의 자손의 안전과 자유와 행복을 영원히 확보할 것"을 다짐하는 마음을 선언한 것입니다. 민주시민교육은 대한민국 사람과 미래세대가 민주주의 사회를 지키고 보존하며 밝은 미래를 개척할 수 있도록 가르치는 것입니다.

2016년 그해 우리가 잊지 못할 사건에는 무엇이 있을까요? 아마 상당수 사람이 촛불집회를 떠올릴 것입니다. 2016년 12월 9일에 국회가 박근혜 전 대통령의 탄핵 소추안을 가결할 때까지 거의 매주 촛불집회가 전국적으로 열렸습니다. 촛불집회를 평가하는 여러 면이 있을 것이지만 국민이 자율권을 발휘하여 스스로 통치되는 민주시민의 모습을 보여준 것이 무엇보다도 대단한 일이었다고 생각합니다. 시민들 각자의 마음속에서 오늘 처음 만난 바로 옆 사람과 이웃이 자유와 평등을 소중히 여기고 나의 존엄성을 인정해 줄 것이라는 신뢰는 우리 사회의 총체적인 자산이 분명합니다.

그런 자산을 유지할 수 있도록, 교사가 자라나는 청소년들을 민주시민으로 키우기 위해서 꼭 필요한 것이 교사의 참정권입니다. 18세 청소년은 투표권을 갖게 되고 대통령을 제외하면 공직 선거 출마가 가능합니다. 16세 청소년은 부모의 동의로 정당에 가입할 수 있게 되었습니다. 참정권을 갖는 사람이 늘어나는 것은 국가의 민주주의가 확대되는 것이므로 긍정적으로 평가합니다. 교사가 가르치는 학생이 선거권과 피선거권을 갖는다는 것은 어떤 변화를 만들게 될까요?

교실에서 정당인이 된 학생이 자신이 지지하는 선거 후보를 지지하는 발언을 해도 놔두어야 할까요? 서로 다른 진영에 소속한 학생들끼리 언쟁하다 보면 도를 넘어 인신공격이나 폭력으로 비화하지는 않을까요? 교사는 학생들 간 갈등이나 폭력이 일어나지 않도록 무턱대고 정치적 발언이나 표현을 금지해야 할까요? 학생들에게 주어진 참정권은 우리 사회를 변화시키는 강력한 힘을 가지고 있다는 점에서 정치적 칼이라고 할 수 있습니다.

학생이 정치적 칼을 어떻게 사용하느냐에 따라서 무기가 되거나 조각도가 되기도 합니다. 무기가 된다면 학생들이 칼을 든 무사가 되어 동료와 교사를 상처 내며 대립적인 정치 진영의 구조가 교실에서 재현할 가능성이 있습니다. 반면 조각도로 작용한다면 학생들 각자 조각도를 든 예술가가 되어 함께 교실공동체의 민주주의를 조각할 것입니다.

사회 구성원이 들고 있는 정치적 칼 자체를 아예 빼앗아서는 안 됩니다. 과연 학생 각자는 정치적 칼을 들고 상대방을 베고 찌를 것인지 교실공동체의 민주주의를 조각할 것인지 스스로 쉽게 결정할 수 있을까요? 교실공동체의 문화를 조성하는 결정자는 교사라고 생각합니다. 그렇다면 교사로서 학생들의 정치적 칼이 무기로 변질되지 않고 훌륭한 조각도로 자리매김할 수 있도록 이끌어야 하지 않을까요? 교사에게는 학생들을 새로운 민주시민으로 성장시킬 책임이 있습니다. 학교와 교실도 사회의 공론장이 될 수 있습니다. 교사가 어떻게 정치적 중립성을 지키느냐에 따라 교실은 학생의 민주주의 배움터가 되거나 아니면 언제 터질지 모르는 폭탄처럼 일촉즉발 상태의 갈등이 부풀어 오를 것입니다. 다양한 입장이 경쟁할 때 학급구성원 안에서 민주주의 가치를 존중하는 합의에 이르지 못한다면 학생들은 각자 소외될 것이고 교실은 민주주의의 무덤이 될 것입니다. 법은 교사가 사회 현안을 가져와서 학생들과 함께 토의하는 기회를 보장하여 교육의 자율성과 전문성을 보장해야 합니다. 민주주의적 토의와 토론속에서 학생은 민주주의 가치를 내면화합니다. 법은 외부 정치 세력이 학교 교육과정의 중립성을 침해하지 않도록 보호하여 교사가 참여적 중립성을 발휘하도록 보장해야 합니다.

교사는 교실을 사회적 공론장으로 작동할 수 있도록 참여적 중립성을 민주시민교육 수업의 원칙으로 자리 잡도록 노력해야 합니다. 학생들이 사회 현안을 다루면서 다양한 입장을 두고 논쟁하는 과정에서 인권, 자유, 평등과 같은 민주주의 가치의 진정한 의미를 깨달아야 합니다. 국민은 과거 권위주의 학교의 경험, 제도정치에 대한 혐오, 입시경쟁에 갇힌 시각 등을 극복하고 학교와 교사가 참여적 중립성을 지키며 민주시민을 양성하고 있다는 사실에 신뢰를 주어야 합니다.

앞에서 언급한 보이텔스바흐 합의는 교사의 의견을 강요하지 않고 논쟁적인 사안을 있는 그대로 논쟁적으로 가르치며 학습자 입장에 근거한 실천을 존중하고 지원할 것을 강조합니다. 이에 따라 교사는 학생과 수업의 공론장에 최대한 개방적인 자세를 가져야 합니다. 민주시민교육을 성공적으로 달성하기 위해서 우리 사회가 교사의 교육과정 자율성과 전문성을 인정해 주는 풍토가 필요합니다. 시민은 교사가 정치적 중립성을 지키는지 민주시민교육 교육과정을 감시할 책임도 있지만, 교사에게 참정권을 부여할 지혜도 가져야 합니다. 교사 개인에게 주어진 정당 가입 및 정치단체 활동 자유, 정치후원의 자유, 선거운동의 자유, 출마의 자유 등은 교사의 파당성을 높이는 것이 아니라 오히려 교사의 민주시민성을 높이는 기회를 제공할 것입니다. 교사가 민주시민으로 온전히 바로 서야 교실을 민주주의의 공론장으로 만들 역량을 키울 수 있습니다.

교육이 인류의 정체성에서 차지하는 비중이 절대적입니다. 현대를 사는 우리가 사회를 읽는 눈은 신화적 사고가 아니라 과학적 사고여야 합니다. 비록 신화와 과학이 현대인의 마음에 공존하는 것이 사실입니다만 사회를 결정하는 법, 제도, 규정, 조직 등은 인과적 논리와 증거에 기반한 결정을 해야 한다는 것은 자명합니다. 신화적 사고를 지나 과학적 사고의 시대를 사는 현대인에게 가장 발전된 정치제도는 민주주의입니다. 민주주의는 지속적으로 민주시민성을 갖춘 새로운 세대를 필요로 합니다. 학교는 민주시민성을 갖춘 새로운 세대를 양성할 수 있는 최고의 근현대 제도입니다. 학교는 자라나는 세대가 민주주의의 가치와 기제를 체험하는 공간입니다. 교사는 학생에게 민주주의 정치제도를 가르치고 민주시민성의 본을 보이고 학생이 민주주의 가치를 실현하도록 이끄는 존재입니다. 이것이 교사에게 정치적 기본권을 부여할 이유입니다.

참고문헌

1) EIU (2022.08. 검색). Democracy Index 2021: Less than half the world lives in a democracy. [Online] https://www.eiu.com/n/democracy-index-2021-less-than-half-the-world-lives-in-a-democracy/

2) UNN 인터넷 뉴스(2022.08. 검색). 정당 가입률 5.8%, 50~59세 당원 가입률 가장 높아. [online] http://news.unn.net/news/articleView.html?idxno=208732

3) 강신구 외 (2019). 『생활정치 활성화와 정당민주주의 실현을 위한 정당제도 개선안: 당원협의회를 중심으로』. 선거연수원 연구용역 결과보고서.

4) 전호태 (2012). 「한국의 선사 및 고대 초기예술과 반구대 암각화」. 역사와 경계, 85, 1-47.

5) 주수완 (2016). 「반구대 암각화 고래도상의 미술사적 의의」. 강좌미술사, 47, 89-107.

6) 전성은 (2011). 『왜 학교는 불행한가』. 서울: ㈜메디치미디어.

삶의 행복을 꿈꾸는 교육은 어디에서 오는가?

미래 100년을 향한 새로운 교육

혁신교육을 실천하는 교사들의 필독서

교육혁명을 앞당기는 배움책 이야기 혁신교육의 철학과 잉걸진 미래를 만나다!

한국교육연구네트워크 총서

01 핀란드 교육혁명
한국교육연구네트워크 엮음 | 320쪽 | 값 15,000원

02 일제고사를 넘어서
한국교육연구네트워크 엮음 | 284쪽 | 값 13,000원

03 새로운 사회를 여는 교육혁명
한국교육연구네트워크 엮음 | 380쪽 | 값 17,000원

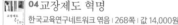
04 교장제도 혁명
한국교육연구네트워크 엮음 | 268쪽 | 값 14,000원

05 새로운 사회를 여는 교육자치 혁명
한국교육연구네트워크 엮음 | 312쪽 | 값 15,000원

06 혁신학교에 대한 교육학적 성찰
한국교육연구네트워크 엮음 | 308쪽 | 값 15,000원

07 진보주의 교육의 세계적 동향
한국교육연구네트워크 엮음 | 324쪽 | 값 17,000원
2018 세종도서 학술부문

08 더 나은 세상을 위한 학교혁명
한국교육연구네트워크 엮음 | 404쪽 | 값 21,000원
2018 세종도서 교양부문

09 비판적 실천을 위한 교육학
이윤미 외 지음 | 448쪽 | 값 23,000원
2019 세종도서 학술부문

10 마을교육공동체운동:
세계적 동향과 전망
심성보 외 지음 | 376쪽 | 값 18,000원

11 학교 민주시민교육의 세계적 동향과
과제
심성보 외 지음 | 308쪽 | 값 16,000원

12 학교를 민주주의의 정원으로
가꿀 수 있을까?
성열관 외 지음 | 272쪽 | 값 16,000원

한국교육연구네트워크 번역 총서

01 프레이리와 교육
존 엘리아스 지음 | 한국교육연구네트워크 옮김
276쪽 | 값 14,000원

02 교육은 사회를 바꿀 수 있을까?
마이클 애플 지음 | 강희룡·김선우·박원순·이형빈 옮김
356쪽 | 값 16,000원

03 비판적 페다고지는
세상을 변화시킬 수 있는가?
Seewha Cho 지음 | 심성보·조시화 옮김 | 280쪽 | 값 14,000원

04 마이클 애플의 민주학교
마이클 애플·제임스 빈 엮음 | 강희룡 옮김 | 276쪽 | 값 14,000원

05 21세기 교육과 민주주의
넬 나딩스 지음 | 심성보 옮김 | 392쪽 | 값 18,000원

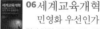
06 세계교육개혁
민영화 우선인가 공적 투자 강화인가?
린다 달링-해먼드 외 지음 | 심성보 외 옮김 | 408쪽 | 값 21,000원

07 콩도르세, 공교육에 관한 다섯 논문
니콜라 드 콩도르세 지음 | 이주환 옮김 | 300쪽 | 값 16,000원
2019세종도서학술부문

08 학교를 변론하다
얀 마스켈라인·마틴 시몬스 지음 | 윤선인 옮김
252쪽 | 값 15,000원

09 존 듀이와 교육
짐 개리슨 외 지음 | 심성보 외 옮김 | 376쪽 | 값 19,000원

10 진보주의 교육운동사
윌리엄 헤이스 지음 | 심성보 외 옮김 | 324쪽 | 값 18,000원

11 사랑의 교육학
안토니아 다더 지음 | 심성보 외 옮김 | 412쪽 | 값 22,000원

비고츠키 선집 시리즈 발달과 협력의 교육학 어떻게 읽을 것인가?

생각과 말
레프 세묘노비치 비고츠키 지음
배희철·김용호·D. 켈로그 옮김 | 690쪽 | 값 33,000원

도구와 기호
비고츠키·루리야 지음 | 비고츠키 연구회 옮김
336쪽 | 값 16,000원

어린이 자기행동숙달의 역사와 발달 I
L.S. 비고츠키 지음 | 비고츠키 연구회 옮김
564쪽 | 값 28,000원

어린이 자기행동숙달의 역사와 발달 II
L.S. 비고츠키 지음 | 비고츠키 연구회 옮김
552쪽 | 값 28,000원

어린이의 상상과 창조
L.S. 비고츠키 지음 | 비고츠키 연구회 옮김
280쪽 | 값 15,000원

비고츠키와 인지 발달의 비밀
A.R. 루리야 지음 | 배희철 옮김 | 280쪽 | 값 15,000원

정서학설 I
L.S. 비고츠키 지음 | 비고츠키 연구회 옮김
584쪽 | 값 35,000원

수업과 수업 사이
비고츠키 연구회 지음 | 196쪽 | 값 12,000원

비고츠키의 발달교육이란 무엇인가?
비고츠키교육학실천연구모임 지음 | 412쪽 | 값 21,000원

비고츠키 철학으로 본 핀란드 교육과정
배희철 지음 | 456쪽 | 값 23,000원

비고츠키와 마르크스
앤디 블런던 외 지음 | 이성우 옮김 | 388쪽 | 값 19,000원

성장과 분화
L.S. 비고츠키 지음 | 비고츠키 연구회 옮김
308쪽 | 값 15,000원

연령과 위기
L.S. 비고츠키 지음 | 비고츠키 연구회 옮김
336쪽 | 값 17,000원

의식과 숙달
L.S 비고츠키 | 비고츠키 연구회 옮김
348쪽 | 값 17,000원

분열과 사랑
L.S. 비고츠키 지음 | 비고츠키 연구회 옮김
260쪽 | 값 16,000원

성애와 갈등
L.S. 비고츠키 지음 | 비고츠키 연구회 옮김
268쪽 | 값 17,000원

흥미와 개념
L.S. 비고츠키 지음 | 비고츠키 연구회 옮김
408쪽 | 값 21,000원

정서학설 II
L.S. 비고츠키 지음 | 비고츠키 연구회 옮김
480쪽 | 값 35,000원

관계의 교육학, 비고츠키
진보교육연구소 비고츠키교육학실천연구모임 지음
300쪽 | 값 15,000원

비고츠키 생각과 말 쉽게 읽기
진보교육연구소 비고츠키교육학실천연구모임 지음
316쪽 | 값 15,000원

교사와 부모를 위한 비고츠키 교육학
카르포프 지음 | 실천교사번역팀 옮김 | 308쪽 | 값 15,000원

혁신학교
성열관·이순철 지음 | 224쪽 | 값 12,000원

행복한 혁신학교 만들기
초등교육과정연구모임 지음 | 264쪽 | 값 13,000원

서울형 혁신학교 이야기
이부영 지음 | 320쪽 | 값 15,000원

대한민국 교사, 어떻게 가르칠 것인가?
윤성관 지음 | 320쪽 | 값 15,000원

아이들을 어떻게 가르칠 것인가
사토 마나부 지음 | 박찬영 옮김 | 232쪽 | 값 13,000원

모두를 위한 국제이해교육
한국국제이해교육학회 지음 | 364쪽 | 값 16,000원

혁신교육, 철학을 만나다
브렌트 데이비스·데니스 수마라 지음
현인철·서용선 옮김 | 304쪽 | 값 15,000원

혁신교육 존 듀이에게 묻다
서용선 지음 | 292쪽 | 값 14,000원

다시 읽는 조선 교육사
이만규 지음 | 750쪽 | 값 33,000원

 독일 교육, 왜 강한가?
박성희 지음 | 324쪽 | 값 15,000원

 대한민국 교육혁명
교육혁명공동행동 연구위원회 지음 | 224쪽 | 값 12,000원

 핀란드 교육의 기적
한넬레 니에미 외 엮음 | 장수명 외 옮김 | 456쪽 | 값 23,000원

 경쟁을 넘어 발달 교육으로
현광일 지음 | 288쪽 | 값 14,000원

 한국 교육의 현실과 전망
심성보 지음 | 724쪽 | 값 35,000원

경쟁과 차별을 넘어 평등과 협력으로 미래를 열어가는 교육 대전환! 혁신교육 현장 필독서

 교실 속으로 간 이해중심 교육과정
온정덕 외 지음 | 224쪽 | 값 13,000원

 **학습격차 해소를 위한 새로운 도전
보편적 학습설계 수업**
조윤정 외 지음 | 240쪽 | 값 15,000원

 포스트 코로나 시대의 교육
성열관 외 지음 | 224쪽 | 값 15,000원

 마을교육공동체란 무엇인가?
서용선 외 지음 | 360쪽 | 값 17,000원

 내일 수업 어떻게 하지?
아이함께 지음 | 300쪽 | 값 15,000원

 강화도의 기억을 걷다
최보길 지음 | 276쪽 | 값 14,000원

 **학교의 미래,
전문적 학습공동체로 열다**
새로운학교네트워크·오윤주 외 지음 | 276쪽 | 값 16,000원

 체육 교사, 수업을 말하다
전용진 지음 | 304쪽 | 값 15,000원

 **마을교육공동체
생태적 의미와 실천**
김용련 지음 | 256쪽 | 값 15,000원

 평화의 교육과정 섬김의 리더십
이준원·이형빈 지음 | 292쪽 | 값 16,000원

 학교폭력, 멈춰!
문재현 외 지음 | 348쪽 | 값 15,000원

 마을교육과정을 그리다
백윤애 외 지음 | 336쪽 | 값 16,000원

 학교를 살리는 회복적 생활교육
김민자·이순영·정선영 지음 | 256쪽 | 값 15,000원

 **혁신교육지구와 마을교육공동체는
어떻게 만들어지는가?**
김태정 지음 | 376쪽 | 값 18,000원

 삶의 시간을 잇는 문화예술교육
고영직 지음 | 292쪽 | 값 16,000원

 아이들을 어떻게 가르칠 것인가
사토 마나부 지음 | 박찬영 옮김 | 232쪽 | 값 13,000원

 **미래교육을 디자인하는
학교교육과정**
박승열 외 지음 | 348쪽 | 값 18,000원

 **코로나 시대,
마을교육공동체운동과 생태적 교육학**
심성보 지음 | 280쪽 | 값 17,000원

 교실 속으로 간 이해중심 통합교육과정
온정덕 외 지음 | 224쪽 | 값 15,000원

 혐오, 교실에 들어오다
이혜정 외 지음 | 232쪽 | 값 15,000원

 **초등 백워드 교육과정
설계와 실천 이야기**
김병일 외 지음 | 352쪽 | 값 19,000원

 수업, 슬로리딩과 함께
박경숙 외 지음 | 268쪽 | 값 15,000원

참된 삶과 교육에 관한
생각 줍기